全国医学院校高职高专规划教材

供护理类专业用

社区护理学
第 2 版

主　编　谢日华　田玉梅

副主编　吕雨梅　郑　弘　邓莉莹

编　委（按姓名汉语拼音排序）

　　　　邓莉莹（邵阳学院）
　　　　高品操（湖南医药学院）
　　　　郝　萍（新疆医科大学护理学院）
　　　　刘　丽（哈尔滨医科大学大庆校区）
　　　　吕雨梅（哈尔滨医科大学大庆校区）
　　　　田玉梅（湖南医药学院）
　　　　王　芸（新疆医科大学护理学院）
　　　　魏　巍（河西学院）
　　　　谢海艳（长沙民政职业技术学院）
　　　　谢日华（湖南医药学院）
　　　　杨建洲（长治医学院）
　　　　张　晴（湖南医药学院）
　　　　郑　弘（湖南医药学院）

秘　书　张　晴

北京大学医学出版社

SHEQU HULIXUE

图书在版编目（CIP）数据

社区护理学 / 谢日华，田玉梅主编．—2版．—北京：北京大学医学出版社，2017.7
　ISBN 978-7-5659-1623-6

　Ⅰ. ①社…　Ⅱ. ①谢…②田…　Ⅲ. ①社区-护理学-教材　Ⅳ. ①R473.2

中国版本图书馆CIP数据核字（2017）第127189号

社区护理学（第2版）

主　　编：谢日华　田玉梅
出版发行：北京大学医学出版社
地　　址：（100191）北京市海淀区学院路38号　北京大学医学部院内
电　　话：发行部 010-82802230；图书邮购 010-82802495
网　　址：http://www.pumpress.com.cn
E - m a i l：booksale@bjmu.edu.cn
印　　刷：莱芜市圣龙印务有限责任公司
经　　销：新华书店
责任编辑：韩忠刚　刘云涛　　**责任校对**：金彤文　　**责任印制**：李　啸
开　　本：850mm×1168mm　1/16　　**印张**：11.75　　**字数**：321千字
版　　次：2012年1月第1版　2017年7月第2版　2017年7月第1次印刷
书　　号：ISBN 978-7-5659-1623-6
定　　价：23.00元
版权所有，违者必究
（凡属质量问题请与本社发行部联系退换）

全国医学院校高职高专规划教材编审委员会

主 任 委 员　王德炳
学 术 顾 问　程伯基
副主任委员　马晓健　邓　瑞　匡奕珍　李金成　陈文祥
　　　　　　唐　平　秦海洸　袁　宁
秘 书 长　　陆银道　王凤廷
委　　　员　（按姓名汉语拼音排序）
　　　　　　鲍缇夕　曹玉青　陈涤民　陈小红　陈小菊
　　　　　　邓开玉　段于峰　付林海　耿　磊　桂　芳
　　　　　　郭　兴　郝晓鸣　何辉红　贺志明　侯志英
　　　　　　胡祥上　黄雪霜　黄泽智　简亚平　江兴林
　　　　　　姜海鸥　蒋乐龙　金立军　雷芬芳　李　兵
　　　　　　李　青　李杰红　林新容　刘翠兰　刘美萍
　　　　　　柳　洁　吕　冬　栾建国　马尚林　马松涛
　　　　　　马新华　孟共林　聂景蓉　裴巧霞　彭　湃
　　　　　　彭艾莉　蒲泉州　饶利兵　申小青　舒安利
　　　　　　谭安雄　唐布敏　陶　莉　田小英　田玉梅
　　　　　　汪小玉　王化修　王嗣雷　王喜梅　王小莲
　　　　　　王玉明　魏明凯　邬贤斌　吴和平　吴水盛
　　　　　　谢日华　熊正南　徐友英　徐袁明　许健瑞
　　　　　　阎希青　阳　晓　姚本丽　义家运　易礼兰
　　　　　　应　萍　曾琦斐　张　申　张丽霞　张荔茗

序

医药卫生类高职高专教育是我国医学教育体系的重要组成部分，随着国家对医药卫生体制改革的逐步推进，社会对基层卫生服务人才的需求与日俱增，对新时期高职高专医学人才培养及教材建设提出了更高要求。北京大学医学出版社于 2011 年组织全国高职高专院校教师编写出版了本套高职高专教材，由于教材的内容精炼、案例经典、符合临床、实用性强，受到众多高职高专院校师生的好评。

高职高专医学教材应服务于人才培养目标，基于高职高专学生的认知特点，以学生为中心、以就业为导向、以职业技能和岗位胜任力培养为根本，与课程、临床岗位和行业需求对接，促进产教融合。为推进教材建设、更好地服务于人才培养目标、将本套教材锤炼为精品之作，北京大学医学出版社对参与这套教材编写与使用的院校进行了深入调研，于 2014 年下半年正式启动了本套教材的修订再版工作，首先召开了教材编审委员会议，统一了教材修订再版的总体精神，重新审定再版教材目录、对个别主编进行了调整，然后召开了全体主编人会议。本轮教材修订加大了"双师型"和临床实践一线作者的比例，更加紧密地结合国家临床执业助理医师、全国护士执业资格考试大纲，理论、知识强调"必需、够用"；精选案例以促进案例教学；专业课教材的学习目标按布卢姆教育目标分类编写，突出了职业技能和岗位胜任力培养。力求以学生为中心，引导自主学习，渗透职业教育理念。总之，本轮教材在延续上版优点的基础上，体例更加规范，版式更加精美，质量明显提升，适用性更强。

在本次修订再版工作中，各参编院校给予了高度重视和大力支持，众多参编教师投入了极大的热情和精力，在主编带领下克服困难，以严肃、认真、负责的态度出色地完成了编写任务，在此一并致以衷心的感谢！"知行合一、行胜于言"一定程度上体现了职业教育理念，相信在北京大学医学出版社精心组织、编审委员会顶层设计和全体作者对教材的精雕细琢下，这套教材一定能与时俱进、日臻完善，满足新时期高职高专医学人才培养的需求，在教学实践中经受住检验，在教材建设"百花齐放、百家争鸣"的局面中脱颖而出，成为好学、好教、好用的精品教材。

王德炳

前　言

随着社会经济的快速发展、生活水平的不断提高、疾病谱的改变和老龄化社会的到来，以及全国实施一对夫妇可生育两个孩子政策的放开，人们对健康保健的需求日益增加。为使人类健康与社会协调发展，满足人民群众对健康保健的需求，必须尽快发展社区护理和培养社区护理人才。社区护理是社区卫生服务的重要组成部分，承担着预防、保健、健康教育、康复护理、计划生育等工作。优质的社区护理服务取决于优秀的社区护理人才，而优秀的社区护理人才培养很大比重在于优质的社区护理教材建设。鉴于此，我们参照美国和加拿大最新版本的社区护理教材编写和更新了这本教科书，以供全日制高职高专社区护理专业及普通护理专业的学生、社区护理工作者和社区卫生服务工作者使用。

本教材结合国内外社区护理的现状，以流行病学方法和护理程序为主线，以个体、家庭、社区和人群为对象，指导社区护士如何开展社区保健护理和实施三级预防来实现满足社区居民健康需求和促进人群健康的目标。

本教材共分为8章，主要包括绪论、流行病学方法及其在社区护理中的应用、健康促进、护理个案管理、家庭健康与护理、社区特殊人群的健康与保健、特殊环境中的人群健康与保健、社区人群的健康问题等。在教材中增加了GLBT（同性恋和双性恋）特殊人群的健康与保健，删除了传染性疾病的概述。各章节增加了知识拓展和相应的案例分析，利于拓宽学生的视野和提高学生的思维能力。本书还包括15个附录，可以作为对社区相应人群进行健康评估和干预指导的工具。本书参考学时38学时，其中理论课30学时、实践课8学时。

在本教材编写过程中，我们得到了各位编者所在院校的大力支持，得到了湖南医药学院海外名师——加拿大渥太华大学文师吾教授的悉心指导，在此致以最诚挚的谢意！全体编委给予我的信任和支持，北京大学医学出版社刘云涛编辑对教材编写进展的关注和提出的建设性意见，在此一并表示感谢！此外，我还要特别感谢张晴，作为本教材的编写秘书，在教材编写的组织协调和统稿中付出了辛勤的劳动。

由于主编和编者水平有限，教材中错误和疏漏之处在所难免，恳请使用本教材的教师、学生和护理界同仁们多提宝贵意见，以便我们对本书加以修订和完善。

谢日华

2017年3月

目 录

第一章 绪论 …………………………… 1
  第一节 社区和社区护理 …………… 1
    一、社区概述 …………………… 1
    二、社区护理概述 ……………… 2
  第二节 社区护士的角色与职责 …… 5
    一、以服务对象为导向的角色 … 5
    二、以传播为导向的角色 ……… 6
    三、以人群为导向的角色 ……… 6
  第三节 社区护理模式 ……………… 8
    一、社区护理维度模式 ………… 8
    二、干预轮模式 ………………… 9
  第四节 社区卫生服务 ……………… 13
    一、社区卫生服务概述 ………… 13
    二、我国社区卫生服务体系和管理
        模式 ………………………… 15

第二章 流行病学方法及其在社区
       护理中的应用 ………………… 19
  第一节 常用的流行病学生命统计
       指标 ………………………… 19
    一、率和比的概念 ……………… 20
    二、常用的疾病频率测量指标 … 20
  第二节 常用的流行病学研究方法 … 22
    一、描述性研究 ………………… 22
    二、分析性研究 ………………… 25
    三、实验性研究 ………………… 27
  第三节 流行病学方法在社区护理实践
       中的应用 …………………… 28
    一、疾病与健康状态的社区流行病学
        监测 ………………………… 28
    二、病因调查与案例发现 ……… 29
    三、社区人群健康状况的评估 … 30
    四、社区护理实践和卫生服务的效果
        评价 ………………………… 30

第三章 健康促进 ……………………… 32
  第一节 健康促进和健康促进模式 … 32
    一、健康促进概述 ……………… 32
    二、健康促进模式 ……………… 33
  第二节 健康促进策略和健康促进规划
       评价 ………………………… 36
    一、健康促进策略 ……………… 36
    二、健康促进规划评价 ………… 39

第四章 护理个案管理 ………………… 41
  第一节 护理个案管理概述 ………… 41
    一、护理个案管理的模式及原则 … 41
    二、护理个案管理的目标 ……… 42
    三、护理个案管理者的职责 …… 42
    四、护理个案管理中的伦理问题 … 44
    五、护理个案管理的优点 ……… 44
  第二节 护理个案管理的程序 ……… 44
    一、个案选择 …………………… 45
    二、评估个案管理情况 ………… 45
    三、制订个案管理计划 ………… 45
    四、实施个案管理计划 ………… 47
    五、评价个案管理效果 ………… 47

第五章 家庭健康与护理 ……………… 49
  第一节 家庭结构和功能 …………… 49
    一、家庭结构 …………………… 49
    二、家庭功能 …………………… 51

目 录

第二节　家庭保健的理论基础 ……… 52
　一、护理理论 …………………… 52
　二、社会学理论 ………………… 53
第三节　家庭保健护理 ……………… 54
　一、家庭健康的流行病学 ……… 54
　二、护理评估 …………………… 56
　三、护理诊断 …………………… 56
　四、护理计划和实施 …………… 57
　五、家庭护理评价 ……………… 58
第四节　家庭访视 …………………… 59
　一、家庭访视的目的和类型 …… 59
　二、家庭访视的过程 …………… 59
　三、家庭访视的优点 …………… 61

第六章　社区特殊人群的健康与保健 … 63
第一节　社区儿童、青少年的健康与
　　　　保健 ………………………… 63
　一、儿童、青少年健康的流行病学 … 63
　二、儿童、青少年的保健与护理 … 66
第二节　社区成年妇女的健康与保健 … 67
　一、妇女健康的流行病学 ……… 67
　二、妇女的保健与护理 ………… 69
第三节　社区成年男性的健康与保健 … 71
　一、男性健康的流行病学 ……… 71
　二、男性的保健与护理 ………… 73
第四节　社区老年人的健康与保健 … 75
　一、老年人健康的流行病学 …… 75
　二、老年人的保健与护理 ……… 77
第五节　社区同性恋和双性恋人群的
　　　　健康与保健 ………………… 78
　一、GLBT人群健康的流行病学 … 79
　二、GLBT人群的保健与护理 …… 81

第七章　特殊环境中的人群健康与
保健 …………………………… 84
第一节　学校卫生保健 ……………… 84
　一、健康评估 …………………… 85
　二、护理诊断 …………………… 86
　三、护理计划和实施 …………… 86
　四、保健措施的评价 …………… 87
第二节　职业卫生保健 ……………… 88
　一、健康评估 …………………… 88
　二、护理诊断 …………………… 90
　三、护理计划和实施 …………… 90
　四、保健措施的评价 …………… 91
第三节　灾害护理 …………………… 92
　一、灾害的类型 ………………… 92
　二、灾害的分期和分级 ………… 92
　三、灾害与社区护理 …………… 93

第八章　社区人群的健康问题 ………… 97
第一节　慢性躯体健康问题 ………… 97
　一、慢性躯体健康问题的影响 … 98
　二、慢性躯体健康问题的流行病学 … 98
　三、慢性躯体健康问题的控制与社区
　　　护理 ………………………… 100
第二节　心理健康问题 ……………… 102
　一、心理健康问题的影响 ……… 102
　二、心理健康问题的流行病学 … 102
　三、心理健康问题的控制与社区
　　　护理 ………………………… 104
第三节　吸毒 ………………………… 106
　一、吸毒的影响 ………………… 106
　二、吸毒的流行病学 …………… 107
　三、吸毒的控制与社区护理 …… 109
第四节　社会暴力 …………………… 110

一、社会暴力的分类 …………… 110
　　二、社会暴力的流行病学 ………… 111
　　三、社会暴力的控制与社区护理 … 113
　第五节　传染性疾病的预防与保健 … 114
　　一、传染性疾病的流行趋势 ……… 115
　　二、传染性疾病的流行病学 ……… 116
　　三、传染性疾病的控制与社区护理… 117

附录1　健康教育评估与干预指导 …… 120

附录2　家庭健康评估与干预指导 …… 123

附录3　社区儿童、青少年健康评估与
　　　　干预指导…………………… 126

附录4　社区妇女健康评估与干预
　　　　指导…………………………… 130

附录5　社区成年男性健康评估与干预
　　　　指导…………………………… 134

附录6　社区老年人健康评估与干预
　　　　指导…………………………… 138

附录7　GLBT人群健康评估与干预
　　　　指导…………………………… 141

附录8　学校场所中的人群健康评估 … 144

附录9　工作场所中的人群健康评估 … 147

附录10　灾害评估与计划指导 ……… 150

附录11　慢性疾病的危险因素评估
　　　　量表 ………………………… 154

附录12　心理疾病的危险因素评估
　　　　量表 ………………………… 156

附录13　物质滥用的危险因素评估
　　　　量表 ………………………… 158

附录14　家庭暴力的危险因素评估
　　　　量表 ………………………… 160

附录15　传染性疾病的危险因素评估
　　　　量表 ………………………… 162

中英文专业词汇索引………………… 165

主要参考文献………………………… 168

第一章 绪 论

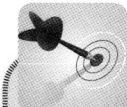

学习目标

通过本章内容的学习,学生应能够:
识记:
1. 说出社区的定义、构成要素、分类及其特点。
2. 列举社区护士的角色和职责。
理解:
1. 分析社区护理维度模式和干预轮模式。
2. 分析社区卫生服务的对象和方式。
运用:
1. 正确评估社区护士在各种场所中承担的角色。
2. 运用社区护理维度模式,正确评估社区人群的健康状况,并制订干预措施。

社区护理学是把护理学和公共卫生学的理论和实践相结合,促进和维护个体、家庭、社区和人群健康的一门学科,是 21 世纪护理学科发展的重要方向。

第一节 社区和社区护理

一、社区概述

(一)社区的定义

社区(community)由许多家庭、机关和团体组成,是构成社会的基本单位。但目前社区尚无统一定义,不同学者和组织对社区有不同的解释。德国学者认为:社区是以家庭为基础的历史共同体,是血缘共同体和地域共同体的结合。美国学者认为:社区是以地域为基础的实体,由正式和非正式组织、机构和群体等组成,彼此相互依赖、行使社会功能。我国社会学家费孝通认为:社区是若干社会群体(家族、氏族)或社会组织(机关、团体)聚集在某一地域里所形成的一个生活上相互关联的大集体。世界卫生组织(World Health Organization,WHO)对社区的解释:以某种社会组织或团体结合在一起的人群。一个有代表性的社区,其人口为 10 万~30 万,面积为 0.5 万~5 万平方千米。

(二)社区的构成要素

现代社会学认为社区有5个构成要素：人群、地域、生活服务设施、文化背景及生活方式、生活制度与管理机构。其中人群和地域是构成社区的基本要素，是社区存在的基础；生活服务设施、文化背景及生活方式、生活制度与管理机构是社区人群互相联系的纽带，是社区发展的保障。

1. 人群　一定数量的人群是社区的主体，也是构成社区的第一要素。
2. 地域　地域是社区存在和发展的前提，是构成社区的重要条件。
3. 生活服务设施　基本的生活服务设施不仅是社区人群生存的基本条件，也是联系社区人群的纽带。
4. 文化背景及生活方式　相对共同的文化背景和生活方式是社区人群相互关联的基础。
5. 生活制度及管理机构　相应的生活制度和管理机构是维持社区秩序的基本保障，是构成"大集体"的必要条件。

(三)社区的分类

社区分类的方式有很多。根据与社区卫生实践的相关性，社区分为地域性社区、共同利益性社区、健康问题解决性社区三类。

1. 地域性社区（geographic community）　是根据地理界限和行政管理划分的区域，如一个市、区、县、街道、乡镇。地域性社区在社区卫生服务实践中起着重要作用，因为它可以作为一个明确的目标来分析当地的健康需求。例如，根据某一地区某一疾病的发病率和死亡率，扩大评估研究，获得的最终研究结果可作为该地区制订健康方案的基础和依据。此外，在地域性社区，媒体宣传和健康教育容易接触到目标人群，人们容易聚集起来共同实施某种干预措施和解决社区的一些特殊问题。

2. 共同利益性社区（common-interest community）　是由有共同兴趣、利益或者目标，而地域上分散的人群所构成的社区，如中华护理学会、中国抗癌协会。以健康问题为重点的共同利益性社区可以联合社区卫生机构，共同促进健康议程。实践中许多预防和健康促进措施的成功例子，如卫生服务的改善、社区在特殊健康问题上的意识增强等都来自共同利益性社区的努力。

3. 健康问题解决性社区（community of solution）　是由为解决健康问题的人群聚集起来而构成的社区。这类社区的大小取决于所面临的健康问题的严重程度、受影响的地域范围和解决该问题所需要的资源数量。例如水污染问题可以波及周边几个区、县、市，为解决这一问题，必须在所受影响的区域组织相关机构、专家和工作人员共同商量如何控制水源问题、工业废弃水的排放和处理问题。

二、社区护理概述

(一)社区护理的演变

社区护理经历了四个发展阶段：早期家庭护理阶段、地段护理阶段、公共卫生护理阶段和社区护理阶段，详见表1-1。

表1-1　社区护理的演变过程

阶段	护理重点	护理对象	服务重点
早期家庭护理（1859年以前）	贫困患者	个体	治疗疾病
地段护理（1860—1900年）	贫困患者	个体	治疗和开始预防疾病
公共卫生护理（1900—1970年）	有需求的群众	家庭	治疗和预防疾病
社区护理（1970年至今）	整个社区	人群	健康促进和疾病预防

1. 早期家庭护理阶段　早在1859年前，大多数贫困患者是在家中由家庭妇女提供照顾。但这些家庭妇女没有接受过任何护理专业知识和技能的培训，因此，仅仅能给患者提供一些基本的生活护理，以减少患者痛苦和促进患者康复。

2. 地段护理阶段　地段护理（district nursing）（又称访视护理）起源于英国。1859年，英国利物浦慈善家威廉·勒斯朋（Willian Rathbon）因其患病的妻子得到护士玛丽·鲁滨逊（Mary Robinson）的居家精心护理后而深感家庭护理之重要。1861年在南丁格尔的建议和帮助下，勒斯朋在利物浦皇家医院创办了护士培训学校，开创了访视护士服务。随着访视服务需求的增加，护士被指派到利物浦市各地段，地段护理遂由此诞生。随后，地段护理在美国迅速发展。1885年纽约州水牛城成立了第一个地段护理协会。到1890年，美国共成立了21个地段护理协会。地段护理主要是对居家贫困患者提供护理，同时也对其家属进行个人卫生、饮食、健康生活习惯和患者照顾指导。从事地段护理的人员大多为志愿者，少数为护士。

3. 公共卫生护理阶段　公共卫生护理起源于美国。20世纪初，地段护理的服务范围不再局限于贫困患者，而逐步扩大到群众的健康和福利。1893年，美国地段护士莉莲·沃尔德（Lillian Wald）在纽约亨利街成立了护理中心，在南丁格尔所用的"卫生护理"前冠以"公共（public）"一词，从而开创了公共卫生护理的新篇章。1910年，美国哥伦比亚大学率先开设了公共卫生护理的课程。1912年，美国成立了第一个公共卫生护理协会，制订了公共卫生护理服务的原则和标准。公共卫生护理为公众提供服务，以家庭为主要护理对象。从事公共卫生护理的人员大多是经过系统培训的公共卫生护士。

4. 社区护理阶段　20世纪70年代后，集医疗、护理和公共卫生于一体的社区卫生服务随之出现。美国护士协会将这种护理称为社区护理，从事社区护理的护士称为社区护士。1978年，WHO对社区护理给予肯定和补充，要求社区护理成为社区居民的"可及性、可接受性、可负担的"卫生服务。从此，社区护理在世界各地迅速发展。社区护理的主要对象是社区人群，其目的是促进人群健康和预防疾病。

（二）社区护理的定义

社区护理（community health nursing）又称为社区卫生护理或社区保健护理。根据美国公共卫生协会和美国护士协会的定义，社区护理是综合运用护理学理论和技术、公共卫生学和社会学知识，以健康为中心、人群为主体，以促进健康、预防疾病和残障为目标的实践，是一个综合性的过程，包括评估人群、识别有健康促进需求或者有疾病危险的群体、制订社区干预计划、实施和评价计划以及根据结果来推动社区卫生服务的实施。本教材认为社区护理是有机结合护理学和公共卫生学的理论和实践，系统地运用护理程序和流行病学程序及其他程序，借助有组织的社会力量，促进人群健康和预防疾病的过程。

基于社区的护理

基于社区的护理（community-based nursing）是运用护理程序对个体、家庭、人群在其居住、工作和学习等场所中提供的照顾。

基于社区的护理：重点是针对急慢性疾病状况的管理，主要服务对象是个体和家庭，提供的是直接服务。

（三）社区护理的特点

1. **以人群为主体** 社区护理的重要特征是以人群为主体、关心人群的健康状况及其环境。这里所说的人群可以是整个社区的老年人群，或者是分散的、有着共同特征的人群如心脏疾病高危人群，或者是居住在一个街道的人群等。由于以人群为主体，首先，社区护士要在社区环境中考虑实际问题。例如某社区甲型肝炎暴发，社区护士应该与当地卫生部门、政府机构等合作，探讨如何切断传播途径、找出可能的传染源和预防复发措施。其次，社区护士要善于发现社区中存在共同健康需求的人群。例如肥胖儿童有患2型糖尿病的风险，则可以考虑举办儿童饮食和运动等方面的健康教育。最后，社区护士需要不断探讨影响社区人群健康的环境因素和提高环境质量的解决办法。

2. **以健康为中心** 社区护理的最终目标是促进和维持人群的健康，而不是疾病和残障的治疗。尽管社区护士经常帮助服务对象解决现有的健康问题，但其主要目标是帮助服务对象达到生理、心理、情感、社会完好状态的最佳水平。健康促进内容包括服务对象自身行为的改善和促进健康的社会环境状况的宣传。

3. **自主性** 社区护理有自主性（autonomy），或者自我导向性，具有双重属性。一方面是指服务对象的决策自主性。由于在家庭或邻居中提供护理服务，所以服务对象被要求更加主动、积极地参与其自身卫生保健的决策。另一方面是指社区护士具有很大程度的专业自主性。社区护理工作范围广泛、服务对象复杂，因此，社区护士往往需独自进行各项社区护理实践，正确应用流行病学的知识和监测方法发现高危人群、独立判断社区人群现存和潜在的健康问题。

4. **连续性** 连续性（continuity）是社区护理的重要标志。不论社区护士的工作场所在哪里，他们与服务对象保持相对持续长久的关系，因此，社区护士可以评价护理干预的短期效果和长期效果。此外，社区护士能够提供比急诊护理范围更大的服务和护理。例如，当天不能解决的问题可能在下一步护理实践中予以解决和处理，情况有改变时可以再次进行评价。

5. **合作性（collaboration）** 社区护理是一项团队工作，需要个性化和专业化的结合。一方面，与服务对象、卫生保健人员、其他专业组织之间的合作有利于创建有效的社区护理服务方案。如果个性化的努力和专业化的方案单独分开，则会导致卫生服务的分散和脱节。在个性化实践中，跨专业合作显得很重要。如社区护士必须让家庭、医生、社会工作者、理疗师和咨询师了解服务对象的健康状况，然后再共同制订计划。特别是对易患或者危险区域的人群，跨专业的合作更为重要。另一方面，与服务对象的合作有利于社区护理目标的实现。社区护士如果视服务对象为合作伙伴，尊重和信任他们，邀请他们参与影响集体健康的决策，服务对象容易获得促进自身健康的信心和技能。

（四）社区护理的内容

1. **家庭健康护理** 主要是引导、教育家庭在生活方式、卫生习惯、营养、锻炼等方面形成良好的健康行为。

2. **特殊人群的保健和护理** 主要包括儿童、老年人、成年女性、成年男性、同性恋人群的定期检查、家庭访视、居家护理和保健指导。

3. **特殊环境中的人群保健和护理** 主要包括学校人群、职业场所人群和灾害区域人群的健康教育和保健。

4. **社区人群的健康问题与护理** 主要包括传染性疾病的预防和控制、慢性躯体疾病和心理问题的保健和护理、吸毒和社会暴力的预防和控制。

（湖南医药学院　谢日华）

第二节 社区护士的角色与职责

在社区护理实践中,社区护士承担多种角色,履行多种职责。角色主要分为三类:以服务对象为导向的角色、以传播为导向的角色、以人群为导向的角色。

一、以服务对象为导向的角色

以服务对象为导向的角色是指直接为个体、家庭甚至群体提供各种服务的角色,包括照顾者、教育者、咨询者、转诊者、角色榜样、个案管理者和康复训练者。

(一)照顾者

照顾者(caregiver)是社区护士的基本角色。作为照顾者,社区护士应灵活运用流行病学程序和护理程序为个体、家庭、社区各阶层的服务对象提供生理、心理、精神、社会、文化等方面的照顾。照顾者的职责包括评估服务对象的健康状况、确定护理诊断、制订护理计划、实施护理干预、评价效果和修订计划。

(二)教育者

教育是促使学习者采取积极的健康行为的过程。作为教育者(educator),社区护士应该为个体、家庭、社区及其他人员提供相关的健康信息和知识,让他们在健康问题上做出知情决策。社区护士的教育职责包括评估教育的需求和学习动机、提供和介绍健康相关的信息、评价健康教育的效果、承担本专业的指导工作如实习护生的临床带教。

(三)咨询者

咨询是帮助服务对象选择解决健康问题的可行性方法的过程。作为咨询者(counselor),社区护士必须向服务对象解释解决问题的过程及实施步骤。社区护士的咨询工作包括帮助服务对象确定需要解决的问题、协助服务对象找到解决问题的方法、制订标准、选择最佳的解决方法和实施、评价。

(四)转诊者

转诊是把服务对象直接转送到其他能够满足其需求的资源的过程。转诊资源(referral resource)是指为服务对象提供所需要资源的服务机构、信息资源机构、设备或物质机构。转诊是社区护士的重要职责之一,社区护士有责任满足服务对象的需求和指导患者获取资源。社区护士的转诊职责包括获取社区资源信息、确定转诊的必要性、制订或实施转诊计划和随访转诊。

(五)角色榜样

角色榜样(role model)是指值得他人模仿的行为。社区护士通过自身行为来影响与其密切接触人群的行为。例如,社区护士冷静地处理危机情况,则为服务对象树立了榜样。社区护士的行为不仅影响服务对象的健康相关行为,而且影响其他卫生服务专业人员和护理专业的实习学生。例如,社区护士对待服务对象的方式、表现出的工作能力等都会一定程度地影响实习学生的态度和实践。

(六)个案管理者

个案管理者(case manager)是指卫生专业人员为满足服务对象的需求,协调和指导卫生服务的选择和使用,从而实现资源使用的最大化、服务费用的最小化。个案管理的目的是确定高危人群和潜在高费用人群,利用现有的服务资源和人力资源,恰当选择、控制费用、整合卫生服务,以获取最佳效益。具体详见第四章。社区护士作为个案管理者,其职责包括确定个案管理的需要、评估服务对象的健康需求、制订满足需求的护理计划、监督其他服务措施和评价护理效果。

(七)康复训练者

康复训练(rehabilitation training)是康复医疗的基本手段和主要内容,它针对各种原因(如

偏瘫、截肢等）引起的机体功能障碍，运用康复治疗技术，使患者的残存功能得到最大限度的恢复，并以最佳状态回归社会。作为康复训练者（rehabilitation trainer），社区护士基于专业知识和技能，根据康复患者的残存功能性质、程度和不同需求，制订康复计划，协助服务对象坚持康复功能训练，并教会他们使用康复辅助器具，预防和减轻后遗功能障碍，使其恢复独立生活、学习和工作的能力，提高生存质量。

> **知识链接**
>
> **我国社区护士的任职条件**
> 1. 有国家护士执业资格并经注册。
> 2. 通过社区护士岗位培训（地市卫生行政部门）。
> 3. 独立从事家庭访视工作的社区护士，应具有从事临床护理5年以上的工作经验。

二、以传播为导向的角色

以传播为导向的角色是指加强卫生服务传播体系的执行，产生更好的服务效果的角色，包括协调者/服务管理者、合作者和联络者。

（一）协调者

协调是整合和组织各种服务，使其以最有效的方式来满足服务对象需求的过程。社区护士作为协调者（coordinator），其职责包括决定由谁为患者提供服务、明确服务项目在哪个环节容易产生重复或者脱节、与其他服务提供者沟通和交流服务对象的现状和需求、组织个案讨论、协助服务网络的开发。

（二）合作者

合作是双方或多方共同决定某项活动或工作的过程。成功的社区健康计划需要多个部门的共同合作。合作能够确保提供服务效果的一致性、无重复和脱节现象。社区护士必须与服务对象、专业和非专业人士共同合作。社区护士作为合作者（collaborator），其职责包括与其他卫生机构人员的沟通、共同决策、行动和评价的参与。

（三）联络者

联络者（liaison）整合了协调者、转诊者、倡导者的特点。通过社区护士的联络，患者可以与社区卫生服务机构建立长久而持续的联系和沟通。在转诊过程中，社区护士是服务对象与卫生机构联系的桥梁起点，是社区居民和政策决策者之间的联络员。

三、以人群为导向的角色

以人群为导向的角色要求社区护士通过改变影响健康的社会和环境因素，实现促进、维持和恢复整个群体健康的目标。包括案例发现者、领导者、变革代理人、社区动员者、联盟建设者、政策倡导者、社会营销者和研究者。

（一）案例发现者

案例发现（case finding）是社区护士的基本职责，是防止人群密集地区传染病流行的重要措施，也是监测人群或社区健康状况的一种方式。案例发现主要是针对个体情况进行分析，但其主要目的是评估和促进人群的健康水平。由于与服务对象保持长期而密切的联系，社区护士有机会观察服务对象的健康状况变化和健康问题的早期表现。例如社区护士对高血压患者进行家庭访视时，可能会发现最近导致大量家庭成员呕吐和腹泻的饮用水源问题。如果把服务对象作为一个整

体（个体、家庭、人群），社区护士可尽早发现潜在或现存的健康问题，并早期采取干预措施。

（二）领导者

领导力（leadership）是指影响他人行为的能力，是社区护士在实践中必备的技能。社区护士扮演个体、家庭、社区和人群的领导角色，其中个体不仅仅指患者，还包括其他专业卫生人员、非专业人员、政府官员和公众。由于追随者的身份复杂多样，社区护士必须根据具体情况展示其领导风范。社区护士作为领导者（leader），其职责包括确定领导行为的需要、根据具体情况和追随者选择适宜的领导方式、促使追随者采取行动、协调群组成员在实施和计划中所采取的活动和协助追随者评价行动措施的效果。

（三）变革代理人

变革代理人（change agent）是指发动改革而带来变化的人。变革代理人通常与领导者融为一体。社区护士系统地计划和实施变革能够促进人类健康。在为个体、家庭、社区和人群提供卫生服务时，社区护士充当着变革代理人的角色。例如，社区护士可以改变个体、家庭的不良饮食结构，改革学校开展性教育的方法。社区护士作为变革代理人，其职责包括识别变革的需要、引起他人对改革的关注、动员他人进行变革、发动或指导变革。

（四）社区动员者

社区动员是指社区人群确定一个共同的目标，动用所有资源来实现的过程。其目的是引起大家的关注，特点是全社区人群的参与。社区动员促使群体控制自己的生活方式、同时赋予人群改变影响自身健康因素的权利。社区护士作为社区动员者（community mobilizer），其职责包括协助社区成员确定所关注的健康问题、参与收集健康问题的相关资料、动员社区成员采取行动、协助社区成员确立目标以及采取实现目标的可行性措施、参与社区策略的研究和实施。

（五）联盟建设者

联盟建设是政治活动中常用的策略，是指为达到某种特定目的，建立临时或永久的个体或人群联盟的过程。建立联盟有利于解决社区问题。社区护士作为联盟建设者（coalition builder），其职责包括确定潜在性联盟成员、表明联盟间的相互利益、帮助联盟确定目标、协助联盟完善实施指南、参与联盟目标实现的方式选择和措施实施。

（六）政策倡导者

政策倡导者（policy advocator）是指协助政策颁布或改革影响人群健康的政策的个人或群体。在政策倡导工作中，社区护士承担的角色包括确定政策形成或改革的需要、制定政策相关目标、分析影响政策现状的因素、确定政策形成的关键人物、协助政策形成、上传下达政策。

（七）社会营销者

社会营销（social marketing）是一种运用商业营销手段达到社会公益的目的。无论从人群健康相关的行为，还是政策决策者颁布政策的角度来看，行为改变都是以市场利益交换为原则，即所有参与者通过交换达到预期目标。例如，吸烟者通过戒烟来获得通畅的呼吸。社区护士作为社会营销者（social marketer），其职责包括确定社会行为改变的需要、分析行为动机和影响行为的因素、确定目标人群、制订社会营销策略、协助实施策略方案、评价社会营销策略的效果。

（八）研究者

研究是指对所观察到的现象进行探索，从而达到理解、解释和最终控制的目的。社区护士作为研究者（researcher），其职责包括批判性回顾研究结果、在实践中合理运用研究结果、确定可研究性问题、设计和实施护理研究、收集资料和分析数据、公布研究结果。

（长沙民政职业技术学院　谢海艳）

第三节　社区护理模式

社区护士在实践中通常运用流行病学模式和护理模式。流行病学模式提供探讨影响人群健康和病因的方法，而护理模式则提供促进和恢复健康的干预措施。常用的护理模式包括普通护理模式和社区护理模式，而社区护理模式中最常用的有社区护理维度模式和干预轮模式。

一、社区护理维度模式

社区护理维度模式包括健康维度、健康保健维度和护理维度。健康维度主要是指导护士如何评估个体、家庭或者人群的健康状况；健康保健维度和护理维度主要是指导护士如何实施护理干预。

（一）健康维度

健康维度（dimension of health）包括生物维度、心理维度、物理环境维度、社会文化维度、行为维度和健康体系维度。

1. 生物维度（biophysical dimension）　影响健康的生物因素有年龄、生长发育水平、基因遗传和生理功能。年龄影响个体对疾病的易感性。基因遗传如血友病、镰状细胞贫血等往往与性别或者种族更相关。与生理功能相关的因素往往影响个体潜在和现存的健康问题，例如肥胖可导致心脏病、糖尿病。

2. 心理维度（psychological dimension）　包括内外心理环境的健康效果。内心理环境中，抑郁和低自尊导致健康问题的发生，如自杀、吸毒、家庭暴力。外心理环境中，社会支持、压力与健康问题相关，例如危机中，有大量情感支持的人难以企图自杀。

3. 物理环境维度（physical environmental dimension）　影响健康的物理环境因素有天气、土壤成分、温度、湿度、光热、辐射、污染和噪声等。社区护士运用此维度评估人群和个体。例如就人群而言，质量差的高速公路将会增加交通事故的发生；就个体而言，光线不足将会增加老年人摔倒的危险。

4. 社会文化维度（sociocultural dimension）　社会文化维度中，影响健康的因素有社会结构要素（就业、经济、政治、伦理、法律）、社会准则、行为模式和对待特殊健康问题（获得性免疫缺陷综合征、精神疾患）的态度。关于健康行为的一些社会措施也属于此范畴，例如严禁酒后驾车。此外，媒体对各种健康或者不健康行为的报道是社会文化维度影响疾病和健康的另一种方式。

5. 行为维度（behavioral dimension）　行为因素通常指在预防疾病和促进健康时容易改变的因素。与健康相关的行为有膳食结构、娱乐、运动、性生活以及防护措施的使用。例如饮食习惯可以增强或者削弱健康；娱乐活动促进身心健康或者增加健康风险；性生活增加受孕、性疾病传播的风险；不系安全带增加严重意外伤害的潜在危险。

6. 健康体系维度（health system dimension）　卫生保健服务的组织结构及其可用性、可及性、可承受性、适宜性、充分性、可接受性、使用性均影响个体或者人群的健康。可用性是指社区中的卫生服务类型和数量；可及性是指服务对象获取这些服务设施的能力；可承受性是指服务对象支付服务费用的能力；适宜性是指卫生服务体系满足其服务对象需求和要求的能力；充分性是指卫生服务体系满足需求的服务数量和质量；可接受性是指提供的服务与目标人群的期望值和信念的一致性；使用性是指人群中各成员实际上能够利用卫生服务的范围和程度。

高费用的卫生服务限制了大部分个体使用这些服务的能力。服务的持续性影响个体和人群的健康结局。不适当的医疗服务措施导致健康问题的出现，例如抗生素的滥用引起耐药菌株的产生，输血与西尼罗河病毒的传播有关。

(二)健康保健维度

健康保健维度(dimension of health care)来源于公共卫生的预防层级框架,包括一级预防、二级预防和三级预防。

1. 一级预防(primary prevention) 是指健康问题发生之前所采取的措施,包括健康促进和健康维护。健康促进集中于个体、家庭、人群的健康。健康维护主要针对特殊问题的发生,例如免疫接种作为某种感染性疾病的保护措施。WHO提出的人类健康四大基石"合理膳食、适量运动、戒烟限酒、心理平衡"是一级预防的基本原则。

2. 二级预防(secondary prevention) 是对现有健康问题的早期筛查、早期诊断和早期治疗。社区护理实践的重点是解决健康问题,防止或减缓疾病发生发展而采取的措施,如肥胖患者的减肥运动。

3. 三级预防(tertiary prevention) 让服务对象(个体或者人群)恢复到最佳功能状态,防止健康进一步恶化。在社区护理实践中,三级预防的重点是防止伤残和促进功能恢复,例如骨折后的运动和锻炼可以预防肌肉萎缩和挛缩。

(三)护理维度

护理维度(dimension of nursing)包括认知维度、人际关系维度、伦理维度、技能维度、程序维度和反思维度。

1. 认知维度(cognitive dimension) 护士识别服务对象的健康需求、计划和实施措施所必备的护理知识,其中还包括其他学科如流行病学、公共卫生学和社会学的一些知识。

2. 人际关系维度(interpersonal dimension) 包括情感因素和互动技巧。情感因素主要是指影响社区护士与不同人群进行有效实践能力的态度和价值观。互动技巧、与他人有效合作和沟通的能力,是社区护士人际关系维度的另一方面。

3. 伦理维度(ethical dimension) 社区护士按照伦理和道德原则执行任务。在社区护理伦理维度中,社区护士必须制订伦理决策,热情地为服务对象的利益而不是为自身利益采取行动。

4. 技能维度(skills dimension) 包括操作技能和智力技能,常见于护理实践各个领域。操作技能有注射能力、体格检查能力等,如预防接种、静脉注射、听力检查和身体评估。智力技能有评判性思维能力、分析数据能力和推理能力即诊断能力。

5. 程序维度(process dimension) 程序维度是指当给个体、家庭、人群提供服务时,社区护士所运用到的几个特殊程序的知识、态度和技能。其中护理程序是最基础、最常用的,而其他程序有流行病学程序、健康教育程序、家庭访视程序、个案管理程序以及政治程序。

6. 反思维度(reflective dimension) 社区护士通过理论开发、研究和评价,思考其所提供的照顾和护理措施。

综上所述,所有的护理活动均在护理程序过程中产生。例如健康维度用来指导服务对象的健康状态的评估和护理诊断,健康保健维度用来指导护理干预的计划、实施和评价。在护理维度中,护士使用智力技能和对健康问题病因的认知进行评估和护理诊断,使用人际关系技巧收集评估数据、动员社区人员参与计划制订及策略实施。在实施护理计划时,护士运用了健康教育程序和领导程序;在护理干预的评价和理论研发中,护士运用了反思维度。

二、干预轮模式

干预轮(intervention wheel)是用图形的方式阐明以人群为基础的公共卫生实践。最初,干预轮由明尼苏达公共卫生系公共卫生护理人员作为公共卫生护理干预模式而提出,美国称之为"明尼苏达模式(Minnesota model)",目前简称为"干预轮模式"。干预轮模式的主要目的是阐明公共卫生是怎样对个体和家庭、社区以及影响社区健康的体系进行干预,从而改善人群健康。干预轮模式包括三部分:以人群为基础、3个层面的实践和17种干预方法。

(一)以人群为基础

干预轮模式明确阐述所有的实践层面(社区、体系、个体/家庭)都是以人群为基础,主要是通过社区卫生状况的评估和优先次序来确定受益人群和高危人群。例如,2004年在明尼苏达州科他县完成的社区健康评估,确定了16个首优问题。其中一个首优问题是该县非正常婴儿的高出生率,如低出生体重儿、早产儿、出生后一年内死亡的婴儿。而导致该问题的高危因素有孕期饮酒、吸烟和吸毒,其他危险因素有非计划怀孕、多胎妊娠、母体营养不足、家庭暴力、贫困、居住条件差、语言障碍和必需资源的缺乏。

(二)3个层面的实践

公共卫生护理实践主要是对社区、构成社区的个体和家庭、影响社区健康的体系三个层面进行干预。各个层面的实践干预都以改善人群健康为总目标。

1. 个体层面的实践(individual-level practice) 重点是个体健康状况的改变,知识、态度、信仰、实践以及行为的改变。例如:指导青少年如何掌握有效拒绝的技巧,这是个体层面的二级预防策略。

2. 社区层面的实践(community-level practice) 重点是社区规章制度,整个社区或者社区亚组人群的健康意识、态度和行为的变化。例如:通过社会营销活动来加强社区规章制度,即严禁向未成年高中毕业生提供酒精,这是社区层面的一级预防策略。

3. 体系层面的实践(system-level practice) 重点是服务个体和社区的组织机构、政策、法规和卫生保健传播机构的社区内权力结构的改变。例如:常规检查酒吧以确保未向未成年人提供服务,这是体系层面的二级预防策略。

(三)17种干预方法

在原模式中,17种干预方法是按照字母顺序排列,但目前是按照功能相近的方法排列,即功能相近的干预排在同一区域,为更容易识别,各区域标记出不同颜色(图1-1)。

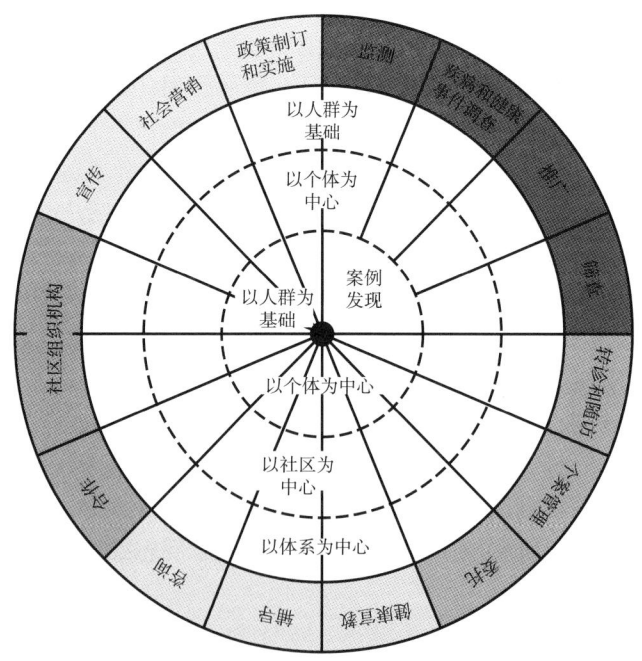

图1-1 干预轮模式

1. A楔区 包括监测、疾病和其他健康调查、推广、筛查和案例发现,这五项干预措施之间通常相互关联、共同实施。如监测往往与疾病和其他健康调查相联系,尽管都可以单独实施。

为最大程度地增加实际筛查的危险人数，筛查一般在监测或者疾病健康调查之后、在活动推广之前。案例往往是在筛查后被发现（图 1-1A）。

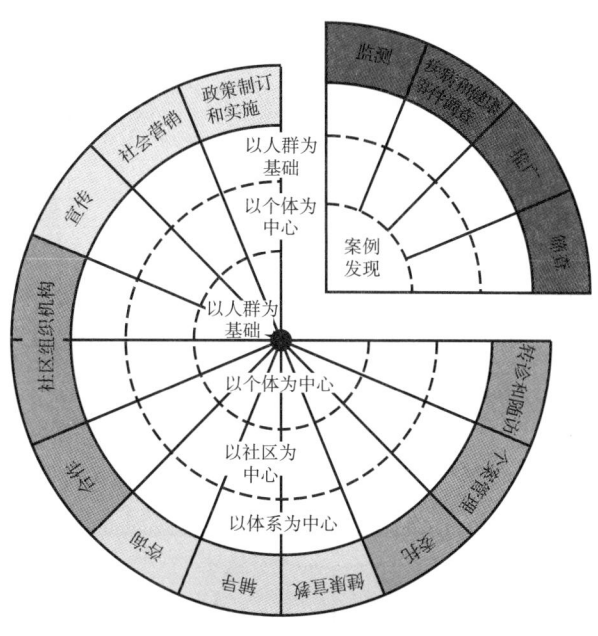

图 1-1A　A 楔区

2. B 楔区　包括转诊和随访、个案管理和委托。这三项干预措施在实践中往往共同实施（图 1-1B）。

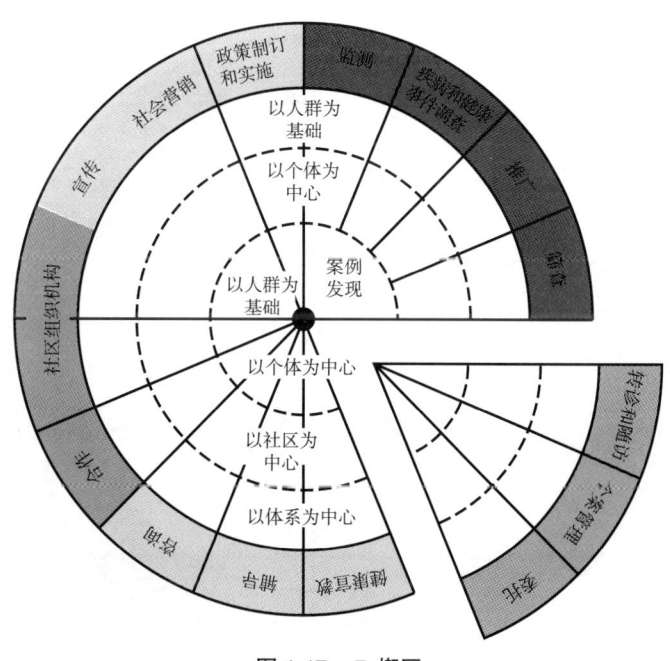

图 1-1B　B 楔区

3. C 楔区　包括健康宣教、咨询和辅导。这三项干预措施具有类似性，特别是健康宣教和咨询经常匹配（图 1-1C）。

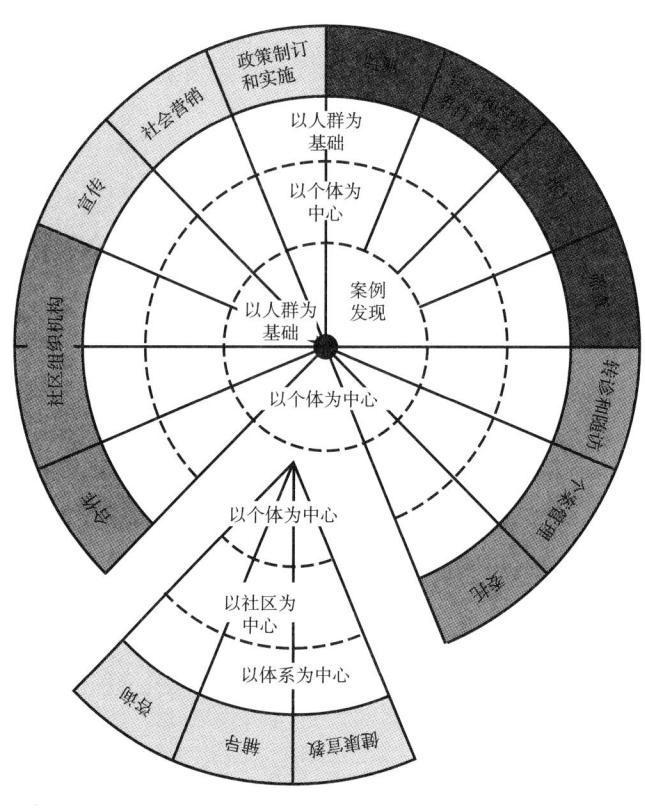

图1-1C C楔区

4. D楔区 包括合作、联盟建立和社区组织。尽管三项干预措施有差别,但它们经常结合在一起,主要由于它们都是集体活动,并通常在实践体系和社区层面开展(图1-1D)。

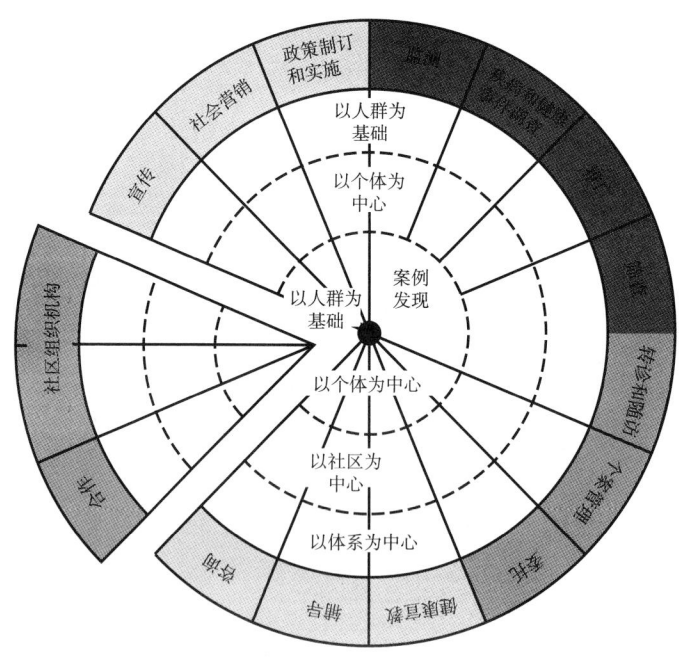

图1-1D D楔区

5. E楔区 包括宣传、社会营销、政策制订和实施。在实施过程中,它们具有关联性(图1-1E)。实际上,宣传往往被视为政策实施的前奏,而社会营销视为开展宣传活动的一种方法。

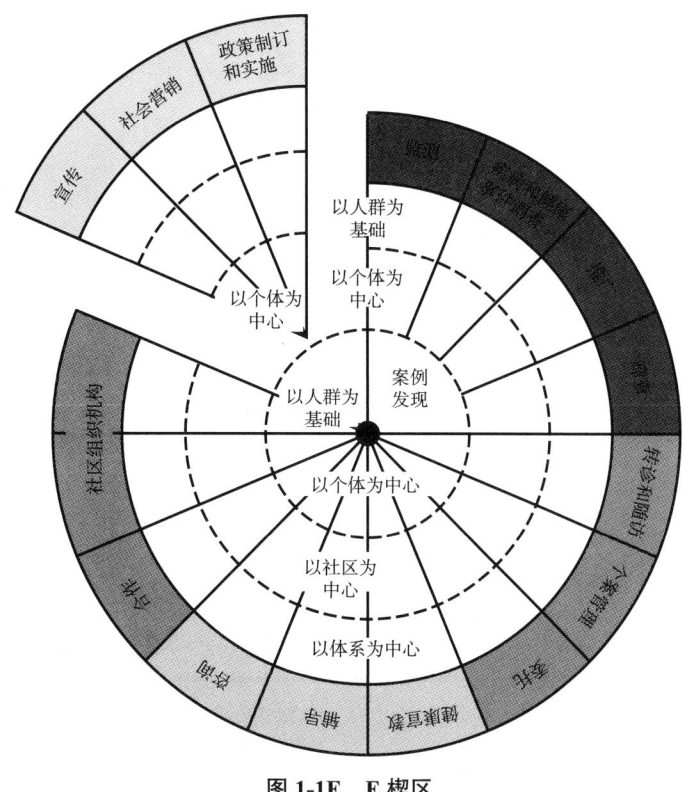

图 1-1E　E 楔区

A 楔区、B 楔区和 C 楔区中的干预措施，主要是针对个体、家庭、团体；D 楔区和 E 楔区中的干预措施，主要在于对社区和保健体系的影响。

综上所述，干预轮模式将公共卫生的核心功能、评估、政策制定从一定程度上整合到各个实践层面的各项干预措施之中，也整合了影响健康的各因素。该模式重点在于健康促进和疾病预防，但模式中的干预措施大多是针对现有的健康问题（如案例发现、监测、疾病和健康事件调查、筛查、个案管理）。

（长沙民政职业技术学院　谢海艳）

第四节　社区卫生服务

社区护理是社区卫生服务（community health service）的重要组成部分，而社区卫生服务又是社区建设的重要组成部分。因此，探讨社区卫生服务及其体系和管理模式有助于我们了解这些体系是如何建立、如何发挥作用甚至有时在实施过程中为何失败；有助于我们了解影响社区卫生护理实践的积极和消极因素；有助于我们进一步完善卫生服务体系和实现社区护士的目标——健康促进。

一、社区卫生服务概述

（一）社区卫生服务的概念

社区卫生服务是指在政府领导、社区参与、上级卫生机构指导下，以基层卫生机构为主体，全科医师为骨干，合理使用社区资源和适宜技术，以健康为中心、家庭为单位、社区为范围、需

求为导向,以社区特殊人群为重点,以解决社区主要卫生问题、满足基本卫生服务需求为目的,融预防、医疗、保健、康复、健康教育和计划生育技术服务为一体的,有效、经济、方便、综合、连续的基层卫生服务。

知识链接

美国卫生和人类服务业务部门及其职能

机构	职能
儿童和家庭管理局	保障家庭、儿童、个人和社区的经济和社会福利
社区生活管理局	确保获取社区支持和资源满足老年人和残疾人需求
卫生保健质量和研究署	支持研究以提高医疗质量,降低成本,促进安全
有毒物质和疾病登记局	预防有害的暴露和与有毒环境物质有关的疾病
疾病控制和预防中心	预防和控制疾病,促进健康和提高生活质量
医疗保险/医疗补助服务中心	医疗保险,医疗补助,儿童健康保险计划
食品药品管理局	确保公共卫生、用药、生物制品、医疗器械、食品、化妆品等的安全性和有效性
卫生资源与服务管理局	为无医疗保险的弱势群体提供优质的医疗照顾
印第安人健康服务	为印第安人和阿拉斯加土著人提供全面的健康服务
国立卫生研究院	支持和开展生物医学和行为研究,促进医学知识传播
物质滥用/精神健康服务管理局	预防和处理心理疾病及成瘾问题

(二)社区卫生服务的功能

社区卫生服务具备"六位一体"的功能。"六位"是指:健康教育和健康促进、社区预防、社区保健、社区医疗、社区康复、计划生育技术指导。"一体"是指在社区卫生服务中心(站)提供上述综合、连续的优质服务。

1. **健康教育和健康促进** 是通过有组织、有计划、有系统的社会活动和教育活动,促使人们自觉地采取有益健康的行为和生活方式,从而消除和减轻影响健康的危险因素、预防疾病、促进健康和提高生活质量。社区健康教育是社区卫生服务的核心,是初级卫生保健的重要任务之一。

2. **社区预防** 包括传染病和多发病的预防、卫生监督和管理、慢性病的控制。为预防各种疾病的发生、发展和流行,需要采取积极措施。这些措施除做好计划免疫外,还要抓好基本卫生建设,例如粪便污水处理、饮用水和食品管理等;执行传染病的报告、消毒隔离检疫等制度,以便消灭传染病;对社区常见的慢性病包括糖尿病、溃疡病、风湿病、慢性支气管炎、肝炎等建立防治档案,按制度规定执行防治措施,以便评价防治效果。

3. **社区保健** 以优生优育、提高人口素质和提高生活质量为目标。其内容包括提供社区孕产妇的围生期保健、社区妇女保健、儿童保健、老年人保健和精神卫生等。

4. **社区医疗** 是目前社区卫生服务中工作量最大的部分,但不是社区卫生服务的重点内容。社区卫生服务人员以门诊和出诊为主要形式,为社区居民提供高质量、便捷的服务。其特点是以社区为范围,以家庭为单位进行连续性、个体化的医疗卫生服务。服务内容包括:为居民诊治常见病、多发病、慢性病;提供出诊、巡诊、转诊及家庭病床服务;建立居民健康档案,掌握社区居民和家庭的健康背景资料;开展姑息疗法,为临终患者及其家庭成员提供心理支持等。

5. **社区康复** 是指患者或残疾者经过临床治疗后,为促进其身心进一步康复,在社区或家

庭通过社区康复点或设立家庭病床，采用医学和社会人文科学等综合措施，尽量使患者疾病好转或痊愈，生理功能得以恢复，心理障碍得到解除；使残疾者能更好地获得生活和劳动能力，重新为社会做贡献，平等地享受社会的权利和义务。

6. 计划生育技术指导　社区是开展和宣传计划生育的"前沿阵地"。落实计划生育措施包括实施"全面两孩"政策，改革完善计划生育服务管理，服务家庭，优生优育，为计划生育者提供生育支持、技术指导和宣传教育。

（三）社区卫生服务的对象

1. 健康人群　是指没有疾病和虚弱现象，在躯体、心理和社会适应方面保持完好状态的人群。健康人群是社区卫生服务的主要对象。

2. 亚健康人群　亚健康是介于健康和疾病之间的中间状态。所谓的亚健康人群是指那些没有任何疾病或明显的疾病，但呈现出机体活力、反应能力及适应能力下降的人群。调查表明：亚健康人群约占总人口的60%，故亚健康人群应成为社区卫生服务的重点对象。

3. 高危人群　是指明显存在某些有害健康因素的人群，其疾病发生的概率明显高于其他人群，包括高危家庭中的成员和存在明显危险因素的人群。

4. 重点保健人群　是指由于各种原因需要得到特殊保健的人群，如儿童、老年人。

5. 患病人群　社区患病人群主要由居家的各种疾病患者组成，包括常见病患者、慢性病患者等。

6. 残疾人群　社区残疾人群主要包括居家的、因损伤和疾病导致的功能障碍者或先天发育不良者。

（四）社区卫生服务的方式

社区卫生服务的方式可根据社区服务半径、人口特征、服务需求、卫生资源等采取灵活、多样形式的服务。一般以主动上门服务为主。其主要方式有：

1. 门诊服务　在社区卫生服务中心/站提供基本医疗服务，是社区卫生服务最主要的服务方式。

2. 出诊服务　一种是根据预防、随访工作或保健合同规定的时间上门服务，另一种是应居民要求临时安排的上门服务。

3. 急诊服务　社区卫生服务中心提供急诊服务、院前急救，帮助患者利用急救网络系统。

4. 转诊服务　社区卫生服务中心/站与大中型综合医院、专科医院建立稳定、流畅的双向转诊制度，并向患者提供转诊服务，保证患者得到连续的医疗服务。对于诊断不明确、疑难重症、缺乏诊断治疗设备的患者将其从社区卫生服务中心/站转至大中型综合医院、专科医院；康复期、出院后需要继续随访的患者可从上级医院转至社区卫生服务中心/站。

5. 电话/网络咨询服务　开通电话、提供就医指南、医疗与心理咨询。

6. 家庭护理、家庭访视和家庭病床服务。

7. 长期照顾、临终关怀服务、姑息医学照顾。

8. 合同制服务　居民签订社区卫生服务合同书，与全科医生建立一对一的契约关系，全科医生根据合同要求提供医疗卫生服务。国外经验表明，合同制服务是建立稳定的医患关系的前提。

9. 医疗器具租赁服务与便民服务　对于家庭护理必备的医疗器具如简易康复器、雾化吸入器等可以提供租赁服务，并指导患者及家属正确使用。这样既减轻患者经济负担，又使医疗器具得到合理使用。

二、我国社区卫生服务体系和管理模式

（一）社区卫生服务体系

为有效地完成社区卫生服务任务，按照我国卫生事业发展的要求和一定的责任、权利及其职

能分工而形成的系统集合,称为社区卫生服务体系。社区卫生服务体系包括社区卫生行政管理组织、社区卫生业务指导组织和社区卫生服务机构三部分(图1-2)。

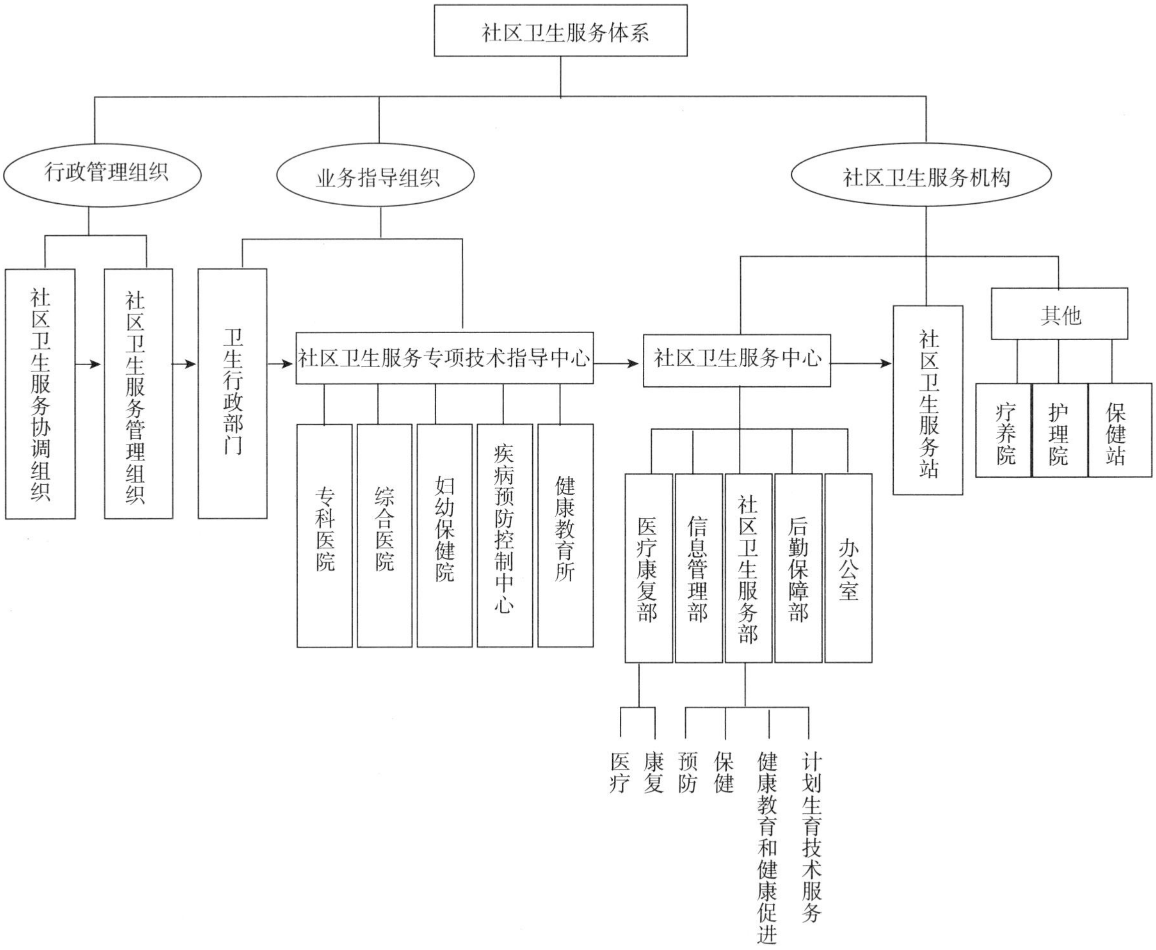

图1-2 我国社区卫生服务体系

社区卫生服务机构的主要形式是社区卫生服务中心/站。一般以3万～5万的服务人口或以街道办事处所辖行政管理范围为单位,设置一个社区卫生服务中心,且社区居民步行15min可以到达。如果15min不能到达服务中心,则设置社区卫生服务站作为补充。社区卫生服务中心的命名原则是:区名+所在街道名+识别名(可选)+社区卫生服务中心。社区卫生服务站的命名原则是:所在街道名+所在居民小区名+社区卫生服务站。社区卫生服务中心图标如图1-3所示。

图1-3 社区卫生服务中心图标

（二）社区卫生服务的管理模式

实行规范化管理是发展社区卫生服务的重要策略和措施。为加强我国社区卫生服务的标准化、规范化、科学化管理，社区卫生服务机构必须建立健全管理体制，不断完善社区卫生服务管理模式。在发展社区卫生服务的进程中，根据社区需求、卫生资源配置状况、区域性规划等实践经验，全国各地探索出四种社区卫生服务管理模式，如设立社区卫生服务管理中心、分散管理、社区卫生服务中心（站）一体化管理和委托管理。

1. 设立社区卫生服务管理中心　这种模式主要包括三种方式：中心直属卫计委管理、中心隶属卫计委某一级科室管理和中心隶属地方街道社区服务管理中心管理。

（1）中心直属卫计委管理：中心属于卫计委下设的预算制独立法人的全额事业单位。目前各地主要采取这种管理方式，旨在保证社区卫生服务的卫生人员、卫生经费、药品、医疗设备、医疗质量等规范化、统一化管理。这种方式的主要特点是：①在财务管理上实行收支两条线；②在药品管理上实行部分药品零差价销售；③在组织管理上成立管理理事会；④在运作模式上实行两个层面三级管理。通过区卫计委和社区卫生服务管理中心之间的"委托-管理"模式和"社区卫生服务管理中心"内部的项目管理模式，实现了一个区卫计委指导，中心执行、采购，社区卫生服务中心/站提供服务的三级管理新模式。此外，社区卫生服务管理中心下辖社区卫生服务中心（站），在管理和服务上对社区卫生服务中心（站）进行系统一体化管理。

（2）中心隶属卫计委某一级科室管理：将社区卫生服务管理中心设在卫计委某一科室，专人负责管理工作，这也是对社区卫生服务管理的职能分工。

（3）中心隶属地方街道社区服务管理中心管理：社区服务管理中心作为独立的法人组织，受街道办事处委托，基于街道范围内提供社会服务，以解决街道办事处政府失灵和市场失灵下的某些社会职能。

2. 分散管理　社区卫生服务中心（站）由医院自行管理，地方卫生行政部门负责验收、准入、业务指导、培训、医疗纠纷等管理。这种方式的主要特点是：享受国家规定的社区卫生服务优惠政策；所有投入都由主办单位、个人或集体以股份形式承担；市场化运作方式；以基本医疗和专科特色为主，预防、公共卫生、健康教育等业务化意识淡薄。

3. 社区卫生服务中心（站）一体化管理　社区居民步行15min不能到达社区卫生服务中心，则在所辖范围设置若干社区卫生服务站作为补充。其行政、业务、财务、人员等方面仍归社区卫生服务中心统一管理。

4. 委托管理　在卫计委组织下，以招标或其他方式委托某一机构或组织经营管理社区卫生服务。这种模式有利于激发运行机制、经营自由灵活，但关键是政府和卫生行政部门必须做好规划，以保证被委托机构朝公益性机构发展。

（湖南医药学院　谢日华）

本章小结

本章主要介绍了社区的构成要素、分类；社区护理的4个发展阶段、社区护理的5个主要特点；社区护士的角色；社区护理中最常用的社区护理维度模式和干预轮模式；社区卫生服务"六位一体"的功能、对象及主要方式、社区卫生服务体系和管理模式。

案例分析

王敏是某市区的社区护士，上周一看望了5位服务对象：①张先生，空腹抽血测糖耐量试验和2型糖尿病知识宣教；②谢先生，因腹部伤口感染，一天换药2次；③杨女士，进行了抗凝血剂治疗的指导，并抽血检测凝血时间；④郭女士，阿尔茨海默症患者，其家人想转送其至护理院进行照顾和护理；⑤彭先生，充血性心力衰竭患者，最近从医院出院，需要观察和随访水肿、高血压和心肺功能情况。

问题与思考：请分析社区护士王敏承担了几种角色，在实践中实施了哪些护理措施。

第二章 流行病学方法及其在社区护理中的应用

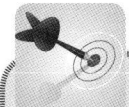

学习目标

通过本章内容的学习，学生应能够：

识记：
1. 说出率、比、构成比、发病率、患病率、死亡率、病死率、生存率的概念。
2. 说出灵敏度、特异度的概念。

理解：
1. 区别率、比和构成比，发病率和患病率。
2. 识别病例对照研究和队列研究的不同。

运用：
1. 正确计算率、比、构成比、发病率、患病率、灵敏度和特异度。
2. 在社区护理实践中能正确开展现况调查。

流行病学（epidemiology）一词来源于希腊文：epi（在……之中、之上）、demos（人群）和 logos（学科），即"研究在人群中所发生事情的学问（学科 ology）"，在医学范畴中首先就是指人群的疾病问题。目前国内比较公认的流行病学定义为"流行病学是研究人群中疾病与健康状况的分布及其影响因素，并研究防治疾病及促进健康的策略和措施的科学"。它主要以人群为对象，运用收集、统计和分析数据的方法来回答一些问题，如什么人群易患病，社区健康中存在的问题及其原因。流行病学在社区护理中至关重要，它为社区护理人员提供了描述和分析人群健康保健问题的方法。

第一节 常用的流行病学生命统计指标

生命统计（bio-statistics）是指应用统计学方法对人口的生命事项，如出生、死亡、疾病、婚姻、平均寿命等进行系统的分析研究，以发现健康问题、拟定各项卫生计划，作为改进卫生服务的基本信息及参考指标，以降低疾病的发生率、死亡率和经济损失。

在研究疾病的流行病学时，我们经常要研究该病的不同人群、不同地点、不同时间的发病率、死亡率或患病率等，以便了解该病在什么地区、什么人群、什么时间发生率高。社区护士应该了解各项生命事项的统计及报告程序，尤其要熟悉生命统计中的有关概念、公式及其意义，将生命统计结果作为社区护理的重要指标内容。

一、率和比的概念

（一）率

率（rate）是指在一定条件下某现象实际发生数与可能发生该现象的总数之比。

$$率 = \frac{某现象实际发生数}{所有可能发生该现象的总数} \times K \quad K=100\%（1000）$$

（二）比

比（ratio）亦称相对比，是指两个有关的指标之比，说明两者相互对比的水平，可以用倍数或百分数表示。对比的两指标可以是绝对数、相对数，也可以是平均数或率。

$$相对比 = \frac{甲指标}{乙指标}（\times 100\%）$$

例如，某班学生男女性别之比（25∶25=1），某班学生在过去1个月内患消化道疾病与呼吸道疾病各5人，则比为5∶5=1。

（三）构成比

构成比（proportion）说明某一事物内部各组成部分所占的比重或分布，通常以百分数表示。

$$构成比 = \frac{某一组成部分的数值}{同一事物各组成部分的数值总和} \times 100\%$$

同一事物各构成部分的构成比总和一定等于1或100%。

二、常用的疾病频率测量指标

（一）发病率

发病率（incidence rate）表示一定期间内（通常为1年），某人群中某病新发生的病例出现的频率。

$$发病率 = \frac{一定期间内某人群中某病新发病例数}{同期暴露人口数} \times K$$

K=100%、1000/1000 或 10 000/10000……

分子是一定期间内的新发病例数。若在观察期间内一个人多次患病时，则应分别计为新发病例数，如流感、腹泻等。但对发病时间难以确定的一些疾病可将初次诊断的时间作为发病时间，如恶性肿瘤、精神疾病等。分母中所规定的暴露人口是指可能会发生该病的人群，对不可能患该病的人（传染病的非易感者，如已患过麻疹者或有效接种麻疹疫苗者）不应计入分母内。

发病率是用来衡量某时期内一个地区人群发生某种疾病的危险大小的指标。发病率的准确性取决于疾病报告、登记制度以及诊断的正确性。发病率可以按照不同特征，如性别、年龄、职业、民族、婚姻状态、病因等分别计算，即为发病专率。若发病率用于局部地区短时间内（少于1年）的疾病暴发，如食物中毒、传染病、职业中毒暴发流行等情况时，则称之为罹患率。

（二）患病率

患病率（prevalence rate）也称现患率或流行率，是指某特定时间内被观察总人口中某病新旧病例所占比例。患病率可按观察时间的不同分为时点患病率和期间患病率两种，时点患病率较常用。通常情况下，患病率时点不超过1个月。期间患病率中期间所指的是特定的一段时间，大多超过1个月。

$$时点患病率 = \frac{某一时点一定人群中现患某病新旧病例数}{该时点人口数（被观察人数）} \times K$$

$$期间患病率 = \frac{某观察期间一定人群中现患某病新旧病例数}{同期平均人口数(被观察人数)} \times K$$

K=100%，1000/1000 或 10000/10000……

期间患病率实际上等于某一特定期间开始时点患病率加上该期间内的发病率。患病率的分子是特定时间内观察到的新旧病例数，分母为同期观察到的总人口数。计算期间患病率时通常用该地区的平均人口数作为分母。

患病率取决于发病率和病程两个因素。当某地某病的发病率和该病的病程在相当长时间内保持稳定时，患病率、发病率和病程三者的关系：

患病率 = 发病率 × 病程，即：P=ID （P：患病率，I：发病率，D：病程）

例如：某大城市白血病患病率为急性白血病为 $6.7/10^6$，慢性白血病为 $56.1/10^6$，二者年发病率分别为 $32.4/10^6$、$29.0/10^6$，急性与慢性白血病的病程分别为：

急性病程（D）=P/I=6.7/32.4=0.21（年）≈ 2.5（月）

慢性病程（D）=56.1/29.0=1.93（年）≈ 23（月）

实地调查急性白血病病程为 2.4 个月，慢性白血病病程为 20 个月。其计算结果与实际调查相似。

（三）死亡率

死亡率（mortality rate）是指某人群在一定期间内的总死亡人数与该人群同期平均人口数之比。

$$死亡率 = \frac{某人群某年死亡总人数}{该人群同年平均人口数} \times 100000/10万$$

其分母中年平均人口数一般使用年中人口数，可采用：①该年6月30日24时（或7月1日0时）人口代替；②年初人口数加上年终人口数，再除以2。

死亡率反映一个人群总死亡水平，是衡量人群因病伤死亡危险大小的指标。一般以年为时间计算单位，是一个国家或地区文化、卫生水平的综合反映。上述方法计算的是普通死亡率或粗死亡率（crude death rate）。但不同国家（或地区）、不同年代人口的年龄、性别等构成不同，粗死亡率不能直接比较，必须进行年龄或性别的调整，计算调整（或标准化）死亡率，以排除因年龄或性别构成不同所造成的假象。

死亡率还可按疾病的种类、年龄、性别、职业、种族等分类计算，称为死亡专率。疾病死亡专率是一项重要指标，对于病死率高的疾病，如癌症、心肌梗死等流行病学研究作用很大，因为它可反映发病水平。死亡专率计算的分母必须是与分子相对应的人口。如计算宫颈癌死亡率，分母应为女性人口；计算40岁以上心肌梗死死亡率，分母应为40岁以上的人口，分子应为40岁以上死于心肌梗死的人数。

> **知识链接**
>
> **婴儿死亡率**
>
> 婴儿死亡率是指年内周岁内婴儿的死亡数占年内活产数的比值。一般以千分率表示。婴儿对外环境变化的适应能力和抗病能力极为薄弱，自然或社会环境对人口死亡影响，首先反映在婴儿身上。因此，婴儿死亡率是反映社会经济及卫生状况的一项敏感指标。与粗死亡率相比，不受人口构成影响，各国之间可以直接比较。但其不足是对死亡情况反映不全面，只包括了婴儿死亡情况，没有包括其他年龄组。

死亡率中还有超额死亡率（excess mortality rate）和累积死亡率（cumulative death rate）。超额死亡率是说明其因素的作用，如吸烟人群的死亡率减去不吸烟人群的死亡率，其差值则说明吸烟造成的影响。另一方面超额死亡率也说明某病的流行强度，如某地区本年肺炎流行严重，已知既往肺炎年平均死亡率，又知本年肺炎死亡率，用本年肺炎死亡率减去既往肺炎年平均死亡率，即为今年肺炎超额死亡率。累积死亡率是为了说明在某一年龄组以前死于某种慢性病的累积概率的大小。可把各年龄组的死亡专率相加，作为累积死亡率，一般用百分率表示。

（四）病死率

病死率（case fatality rate）是表示一定时期内（通常为1年），患某病的全部患者中因该病死亡者的比例。

$$病死率 = \frac{某时期内某病死亡人数}{同期患某病的患者数} \times K \quad K=100\%（1000/1000）$$

病死率表示确诊疾病的死亡概率，受疾病的严重程度、医疗水平和诊断能力影响，多用于急性传染病，较少用于慢性病。如果某病处于稳定状态时，病死率也可由死亡率和发病率推算得知。

$$病死率 = \frac{某病死亡率}{某病发病率} \times K \quad K=100\%（1000/1000）$$

（五）生存率

生存率（survival rate）又称存活率，是指接受某种治疗的患者或某病患者中，经过n年随访尚存活的患者数所占的比例。

$$生存率 = \frac{随访满n年尚存活的病例数}{随访满n年的病例数} \times K \quad K=100\%（1000/1000）$$

生存率反映疾病对生命的危害程度，可用于评价某些病程较长疾病的远期疗效，如癌症、心血管疾病、结核病等慢性疾病的研究。

第二节　常用的流行病学研究方法

在社区护理实践中，常用的流行病学研究方法有描述性研究、分析性研究和实验性研究。描述性研究主要包括现况调查、筛检和生态学研究。分析性研究主要包括病例对照研究和队列研究。实验性研究包括临床试验、现场试验和社区干预试验。

一、描述性研究

描述性研究（descriptive study）是指利用监测记录或对专门调查获得的数据资料，按照不同地区、不同时间及不同人群特征分组，描述人群中疾病或健康状态或暴露因素的分布情况。在揭示暴露与疾病的因果关系过程中，描述性研究是最基础的步骤。

（一）现况调查

现况调查（prevalence survey）又称横断面调查（cross-sectional study），是研究特定时点（或时期）和特定范围内人群中的有关变量（因素）与疾病或健康状况的关系，即调查这个特定的群体中个体是否患病和是否具有某些变量（或特征）等情况，从而探索具有不同特征的暴露与非暴露组的患病情况，或者患病组与非患病组的暴露情况，为深入研究提供线索和病因学假设。根据研究对象的范围，现况调查分为普查和抽样调查。

1. 普查（census） 是指为了解某病的患病率或某人群的健康状况，在特定时间对特定范围内人群中的每一成员进行的全面调查或检查。特定时间应该较短，甚至指某时点。一般为 1～2 天或 1～2 周，大规模的普查最长不应超过 3 个月。特定范围可以指某地区或某种特征的人群，或是某居民点的全部居民，或是某地区某单位的几个年龄组或从事某一职业人群中的每一个人。

普查可以同时调查几种疾病，发现人群中的全部病例。普查比较适用于患病率较高的疾病，一般要求对所调查的疾病有比较简易而准确的检测手段和方法，并对调查出的病例有可靠有效的治疗方法，否则不宜进行普查。

2. 抽样调查（sampling survey） 是相对于普查的一种比较常用的现况研究方法，指通过随机抽样的方法，对特定时点、特定范围内人群的一个代表性样本的调查，以样本的统计量来估计总体参数所在范围，即通过对样本中的研究对象的调查研究，来推论其所在总体的情况。目前在流行病学调查中使用的抽样方法有单纯随机抽样、系统抽样、分层抽样、整群抽样和多级抽样。在现况调查中，后三种方法较常用。

（二）筛检

筛检（screening）是指应用快速简便的试验、检查或其他方法，从外表健康的人群中查出可能有疾病或者有缺陷的个体。筛检是一种初步的检查方法，不是对疾病的诊断。因此，对筛检试验阳性者和可疑阳性者必须进行观察和进一步的诊断，确诊后的患者再进行治疗。筛检过程见图 2-1。

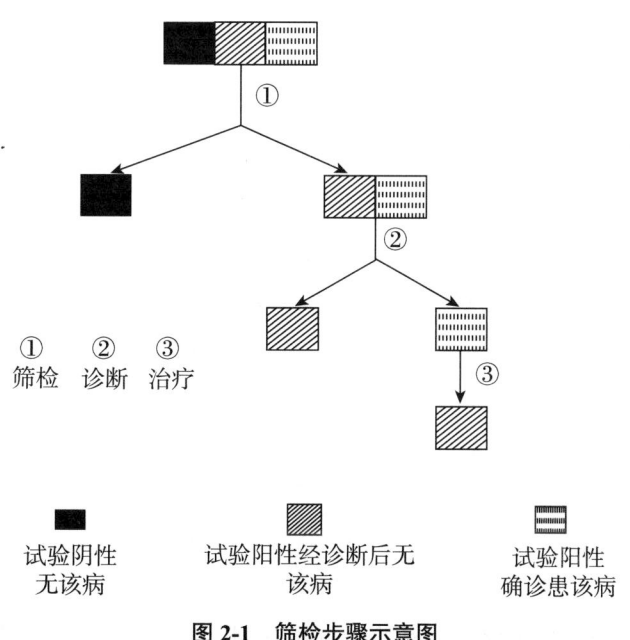

图 2-1 筛检步骤示意图

1. 筛检的试验结果 可出现 4 种情况。确诊的患者，可能被筛检试验判为有病（真阳性，A）或无病（假阴性，C）；确诊的非患者，可能被筛检试验判为有病（假阳性，B）或无病（真阴性，D），整理成表 2-1。

表 2-1 某病患者与非患者筛检结果

筛检结果	患者	非患者	合计
阳 性	真阳性 A	假阳性 B	R_1
阴 性	假阴性 C	真阴性 D	R_2
合 计	C_1	C_2	N

2．筛检的评价指标　主要有灵敏度、漏诊率、特异度、误诊率、约登指数、似然比、Kappa 值、阳性预测值、阴性预测值。

（1）灵敏度（sensitivity）：又称真阳性率（true positive rate），是指实际有病而按筛检试验被正确地判为有病的百分比，反映筛检试验发现患者的能力。

$$灵敏度 = \frac{A}{A+C} \times 100\%$$

（2）漏诊率：又称假阴性率（false negative rate），是指筛检试验将实际有病的人错判为无病的百分比，反映筛检试验漏诊患者的情况。

$$漏诊率 = \frac{C}{A+C} \times 100\%$$

（3）特异度（specificity）：又称真阴性率（true negative rate），是指实际无病，按筛检试验正确地判定为无病的百分比。

$$特异度 = \frac{D}{B+D} \times 100\%$$

（4）误诊率（fall-out rate）：又称假阳性率（false positive proportion），是指实际无病，但筛检试验判为有病的比例。

$$假阳性率 = \frac{B}{B+D} \times 100\%$$

（5）约登指数（Youden's index）：是灵敏度与特异度之和减去1，它表示筛检方法发现真正的患者与非患者的总能力。

$$约登指数 = \frac{A}{A+C} + \frac{D}{B+D} - 1$$

（6）似然比（likelihood ratio，LR）属于同时反映灵敏度和特异度的复合指标，即有病者中得出某一筛检试验结果的概率与无病者得出这一概率的比值。因检验结果有阳性与阴性之分，故似然比包括阳性似然比（positive likelihood ratio，+LR）和阴性似然比（negative likelihood ratio，–LR）

$$阳性似然比 = \frac{真阳性率}{假阳性率} = \frac{灵敏度}{1-特异性}$$

$$阴性似然比 = \frac{假阴性率}{真阳性率} = \frac{1-特异性}{灵敏度}$$

（7）Kappa值：常用于分析评价两种检验方法和同一方法两次检测结果的一致性。Kappa值的取值范围在 –1 和 +1 之间。若 Kappa 值 ≥ 0.75，说明一致性较好；若 Kappa 值 < 0.40，说明一致性较差。否则一致程度中等。

$$Kappa 值 = \frac{N(A+D)-(R_1C_1+R_2C_2)}{N^2+(R_1C_1+R_2C_2)}$$

（8）预测值（predictive value）：是应用筛检结果来估计受检者患病和不患病可能性的大小。根据筛检的阳性与阴性结果进行的估计分为阳性预测值和阴性预测值。

$$阳性预测值 = \frac{A}{A+B} \times 100\%$$

$$阴性预测值 = \frac{D}{C+D} \times 100\%$$

（三）生态学研究

生态学研究（ecological study）是指在群体的水平上研究某种暴露因素与疾病之间的关系，以群体为基本观察和分析单位，通过描述不同人群中某因素的暴露状况与疾病的频率，分析该暴露因素与疾病之间的关系。生态学研究分为生态比较研究和生态趋势研究。

1．生态比较研究（ecological comparison study）　是生态学研究中应用较多的一种方法。生态比较研究中最为简单的方法是观察不同人群或地区某种疾病的分布，然后根据疾病分布的差异，提出病因假设。该研究不需要暴露情况的资料和复杂的资料分析方法，如描述胃癌在全国各地区的分布，得到沿海地区的胃癌死亡率高于其他地区，从而提出沿海地区环境中如饮食结构等可能是胃癌的危险因素之一。

生态比较研究更常用来比较在不同人群中某因素的平均暴露水平和某疾病频率之间的关系，即比较不同暴露水平的人群中疾病的发病率或死亡率，了解这些人群中暴露因素的频率或水平，并与疾病的发病率或死亡率做对比分析，从而为病因探索提供线索。生态比较研究也可应用于评价社会设施、人群干预以及在政策、法令的实施等方面的效果。

2．生态趋势研究（ecological trend study）　是连续观察不同人群中某因素平均暴露水平的改变和（或）某种疾病的发病率、死亡率变化的关系，了解其变动趋势；通过比较暴露水平变化前后疾病频率的变化情况，来判断某因素与某疾病的联系。

二、分析性研究

分析性研究（analytical study）是对所假设的病因或流行因素进一步在选择的人群中探寻疾病发生的条件和规律，验证所提出的假设。常用的分析性研究有病例对照研究（case-control study）和队列研究（cohort study）。

（一）病例对照研究

病例对照研究是主要用于探索病因的一种流行病学方法。它是以确诊的患有某特定疾病的患者作为病例，以未患有该病但具有可比性的个体作为对照，通过询问、实验室检查或病史复查，搜集既往各种可能的危险因素的暴露史，测量并比较病例组与对照组中各因素的暴露比例。经统计学检验，若两组差别有意义，则可认为因素与疾病之间存在着统计学上的关联（图 2-2）。病例对照研究分为病例与对照匹配、病例与对照不匹配。

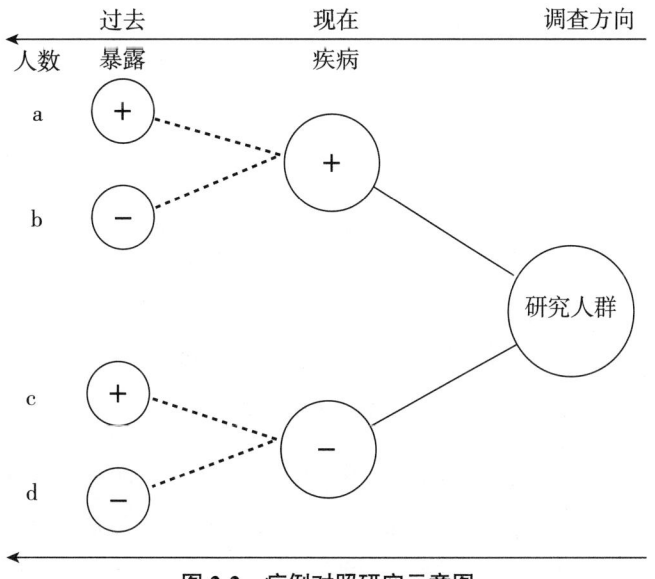

图 2-2　病例对照研究示意图

1. 病例与对照匹配 匹配（matching）或称配比，是要求对照组在某些因素或特征上与病例组保持一致，目的是对两组进行比较时排除匹配因素的干扰。如以年龄做配比因素，在分析比较两组资料时，可排除由于两组年龄构成的差别对疾病和因素的影响，从而更准确地说明所研究因素与疾病的关系。

（1）频数匹配（frequency matching）：又称成组配比，是指对照组匹配的因素与病例组所占的比例一致。如病例组中男女各半，65岁以上者占1/3，则对照组中也如此。

（2）个体匹配（individual matching）：是以病例和对照的个体为单位进行配比。1∶1配比又称配对（pair matching），1∶2、1∶3……1∶R配比时，称为匹配。匹配的R值不宜大于4。

2. 病例与对照不匹配 在设计所规定的病例和对照人群中，分别抽取一定量的研究对象，一般对照人数应等于或多于病例人数。此外没有其他任何限制与规定。与病例对照配比相比，对照的选择比较简单，但所需样本量较大。

病例对照研究的优点：省力，容易组织实施；所需样本较少，特别适用于罕见病的研究；收集资料后可在短时间内得到结果，对于慢性病可以较快地得到危险因素的估计；既可检验有明确危险因素的假设，又可广泛探索尚不够明确的众多因素；可以同时研究多个因素与某种疾病的联系，当病因不明需探讨多种因素的作用时较合适。

病例对照研究的缺点：不适于人群中暴露比例很低的因素，因需样本量很大；易产生选择和回忆偏倚；不能测定暴露组和非暴露组疾病的率。

（二）队列研究

队列研究是将某一特定人群按是否暴露于某可疑因素或暴露程度分为不同亚组，追踪观察各自的结局，比较各组之间结局发生率的差异，从而判定暴露因素与结局之间有无因果关联及关联大小的一种观察性研究方法（图2-3）。根据研究对象进入队列时间及终止观察的时间不同，分为前瞻性队列研究、历史性队列研究和双向性队列研究。

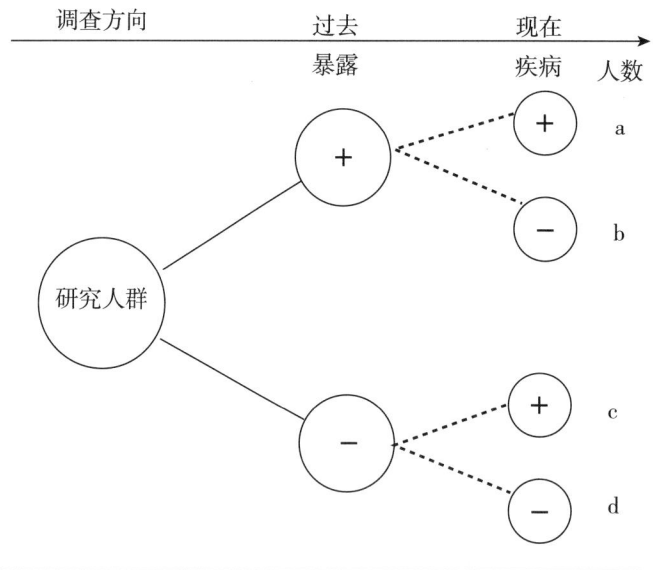

图2-3 队列研究的结构示意图

1. 前瞻性队列研究（prospective cohort study） 是队列研究的基本形式。研究对象的分组是根据研究开始时的暴露状态而定，此时研究的结局尚未出现，需观察一段时间才能得到，故这种设计又称即时性队列研究（concurrent cohort study）。

前瞻性队列研究的最大优点是研究者可以直接获取第一手资料，偏倚较小、结果可信。但其缺点是所需观察的人群样本大、观察时间长、花费大，因而影响其可行性。

2．历史性队列研究（historical cohort study） 又称回顾性队列研究。研究对象的分组是根据研究开始时研究者已掌握的有关研究对象在过去某个时点的暴露情况的历史资料来确定的，研究的结局在研究开始时已经出现，即研究的暴露与疾病均已发生。因此，这种设计又称非即时性队列研究（non-concurrent cohort study）。暴露到结局的方向是前瞻性的，而研究工作的性质是回顾性的。

历史性队列研究节省时间、人力和物力，出结果快。缺点是积累的资料不一定符合设计要求，故适用范围较窄。

3．双向性队列研究（ambispective cohort study） 又称混合型队列研究，在历史性队列研究的基础上，继续进行前瞻性队列研究。这种研究同时具有回顾性队列研究和前瞻性队列研究的性质，故在一定程度上弥补了各自不足。

三、实验性研究

实验性研究（experimental study）又称干预性研究（intervention study），是将研究对象按照一定标准分为实验组和对照组，对实验组施加干预措施，对照组不施加任何干预措施或施加安慰剂，通过观察比较各组的结局（outcome）或效应（effect）。实验性研究分为临床试验、现场试验（图2-4）、社区试验。

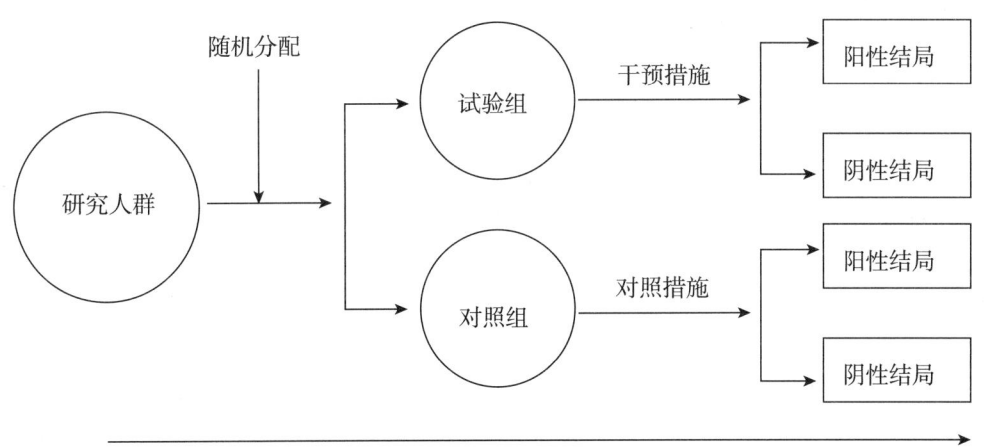

图 2-4　实验性研究的结构示意图

（一）临床试验

临床试验是一种前瞻性试验研究，指在人为条件控制下，以特定人群为受试对象（病人或健康志愿者），以临床治疗措施（药物、特殊检查、特殊治疗手段）为研究内容，通过观察和比较试验组与对照组的临床疗效及安全性，从而对临床各种治疗措施的效果进行科学评价。

临床试验时，首先从具有临床症状的大量患者中选出合适的研究对象，将研究对象分为两组。一组为试验组，给予某种干预措施（新药或新疗法），另一组为对照组，给予安慰剂或传统疗法；然后观察两组的治疗效果及转归，比较两组的治愈率、好转率、病死率等指标，从而评价临床治疗措施的效果。临床试验根据是否将研究对象进行随机分配，可以分为随机对照试验（randomized controlled trial，RCT）和非随机对照试验（nonrandomized controlled trial）。随机对照试验的基本方法是，将研究对象随机分组，对不同组实施不同的干预，以对照效果的不同。

>
> **药物临床试验**
>
> 一种新药的开发、投产、应用于临床和投放市场，必须按照规定申报临床试验。新药临床试验可分为4期：
>
> Ⅰ期临床试验：是指在10~30例志愿者身上进行初步的临床药理学及人体安全性评价试验。观察人体对于新药的耐受程度和药动学，为制订给药方案提供依据。
>
> Ⅱ期临床试验：是指以100~300例患者作为研究对象，对治疗作用进行初步评价。目的是初步评价药物对目标适应证患者的治疗作用和安全性，也包括为Ⅲ期临床试验研究设计和给药剂量方案的确定提供依据。
>
> Ⅲ期临床试验：治疗作用确证阶段。通常研究对象为1000~3000人，其目的是进一步验证药物对目标适应证患者的治疗作用和安全性，评价利益与风险关系，最终为药物注册申请的审查提供充分的依据。
>
> Ⅳ期临床试验：新药上市后的应用研究阶段。其目的是考察在广泛使用条件下的药物疗效和不良反应，评价在普通或者特殊人群中药物使用的利益与风险关系，以及改进给药剂量等。

（二）现场试验

现场试验（field trial）是以自然人群作为研究对象的实验研究，常用于评价疾病预防措施的效果，如评价疫苗预防传染病的效果。临床试验和现场试验的干预单位通常是个体，即干预措施是具体分配到每个个体。

（三）社区试验

社区试验又称社区干预性试验（community intervention trial），是以社区人群整体作为干预单位的实验研究，常用于某些不便于落实到个体的干预措施效果的评价。例如，检验食盐加碘预防地方性甲状腺肿的效果或通过改水降氟预防饮水型地方性氟中毒的效果。干预措施是针对整个人群，而不是单一个体。

第三节　流行病学方法在社区护理实践中的应用

一、疾病与健康状态的社区流行病学监测

流行病学调查和分析方法为社区护理研究人员提供了调查人群健康状态和疾病发生的工具。健康状态指标能快速反映出社区主要疾病和伤残情况，因此，可以用于制定卫生保健和健康评估计划，社区流行病学监测是连续、系统地收集社区人群的健康与疾病资料，经过分析、解释、反馈以便及时采取干预措施。

（一）流行病学监测的目的

1. 发现异常情况、查明原因并采取干预　在监测过程中发现社区内疾病的分布出现异常变化时，应及时向有关卫生机构报告，进一步开展流行病学调查，判断变化的原因，并采取干预措

施来控制可能的暴发或流行。

2．确定疾病的危险因素和高危人群　为干预选择合理的策略和有效措施，有关危险因素和高危人群的信息是必不可少的。监测内容包括行为在内的特殊暴露时，有助于确定危险因素；监测对象的人口学特征有助于确定高危人群。

3．评价干预效果　由于监测是连续、系统的动态过程，因此，在评价干预策略和措施的效果时，疾病的变化趋势能够提供最直接和最可靠的依据。例如通过监测麻疹发病率的变化来评价麻疹免疫规划的效果。广泛接种疫苗后，麻疹发病率急剧下降，说明接种疫苗有效。

（二）流行病学监测的方法

社区流行病学监测的方法包括收集资料、分析资料、反馈信息和利用信息四个基本过程。

1．收集资料　监测资料的来源是多渠道的，可以根据监测的特定目标来收集。监测资料大致包括以下几个方面：

（1）人口学资料：①户口普查：可提供全国人口的年龄、性别、籍贯、民族、婚姻状况、教育程度、职业等完整的资料；②户籍登记：可弥补两次户口调查的缺失，也可提供行政区域的人口资料；③对外来人口调查等。

（2）疾病发病或死亡的资料：①各种传染病的法定报告；②医院及门诊病历；③例行或特殊罹病调查；④医疗保险和公费医疗的记录。

（3）实验室检测资料（如抗体测定、水质检验等）。

（4）危险因素调查资料（如吸烟、职业暴露等）。

（5）干预措施记录（如疫苗发放、食盐加碘等）。

（6）专题调查报告（如暴发调查、漏报调查等）。

（7）其他有关资料。

2．分析资料　实际上就是把原始资料加工成有价值的信息的过程，它包括以下步骤：

（1）将收集到的原始资料认真核对、整理，同时了解其来源和收集方法，因为错误或不完整的资料是无法用统计学技术来纠正的，只有质量符合要求的资料才能供分析用。

（2）利用统计学技术把各种数据转变为有关的指标。

（3）解释这些指标究竟说明了什么问题。

在分析资料的过程中，可以利用统计学技术，例如显著性检验、标准化法、聚集性分析等，提高信息的可利用性。同时要考虑各种事件对监测结果的影响，这样才能对信息做出正确、合理的解释。

3．反馈信息　反馈信息是把流行病学监测和公共卫生干预连接起来的桥梁，监测系统必须建立反馈信息的渠道，使所有应该了解信息的单位和个人都能及时获得，以便迅速对卫生问题做出反应。信息的反馈分为纵向和横向两个方向。纵向包括向上反馈给卫生行政部门及其领导，向下反馈给下级监测机构及其工作人员；横向包括反馈给有关的医疗卫生机构及其专家，反馈给社区及其居民。反馈时应视对象不同而提供相应的信息。反馈的信息如果能辅之以图形来表示，则直观而更加具有说服力。

4．利用信息　充分利用信息是流行病学监测的最终目的。通过监测获得的信息可以用来描述健康与疾病问题的分布特征、确定流行的存在、预测流行的趋势、评价干预的效果，为开展社区医疗卫生服务活动提供决策依据。

二、病因调查与案例发现

社区健康护理人员在研究和发现潜在的健康问题或健康的危险因素方面起着重要作用。应用流行病学方法，社区护理人员可以鉴别社区人口和环境因素与疾病发生之间的关系。例如，社区环境被铅污染，导致社区儿童血铅水平升高。如果社区护理人员没有发现暴露来源和病因，患病

儿童经治疗后，仍然会回到铅污染的环境中去。

社区护理人员对流行病学方法的另一个应用是发现和鉴别处于危险健康状态的人或人群，称之为案例发现。传统的个案发现的方法是追踪和随访接触者，目的是确定可以被特定疾病（如衣原体）感染的人、评估感染、给予恰当治疗、快速阻断疾病的传播。

暴发调查

暴发调查（outbreak investigation）是指对局部地区或集体单位，在短时间内突然发生较多同类的事件所进行的调查。暴发调查是突发公共卫生事件流行病学研究的起点，也是处理好某一具体突发事件的关键一步，决定着后续工作的成败与否。突发事件的性质不同，调查方法不同，调查的手段、内容和侧重点也均存在差异。

三、社区人群健康状况的评估

社区护理人员往往是第一个发现人群中存在的健康危险因素或不健康行为的临床工作者。当在同一个社区诊所或医务室发现一定数量的患者出现类似病情或症状时，社区护理人员会意识到社区人群中可能出现了某种疾病或存在某种疾病的高危因素。一旦确定问题的存在，社区护理人员应当和其他医护人员一起通过问卷调查、电话调查以及走访等方式了解疾病或者高危因素所存在的范围。

四、社区护理实践和卫生服务的效果评价

健康易受致病因素、人、环境之间的相互影响，这三种因素是动态变化的。因此，在评价干预或服务效果时，应注意如何排除患病率的自然波动。对于干预效果的评价，要求用流行病学的知识进行判断，对事实做出准确分析。

常用的效果评价方法有：

1．比较疾病控制措施实施前后发病率的变化，例如麻疹、白喉、脊髓灰质炎的预防接种效果。

2．分析医院中的临床病例，例如比较接种和未接种斑疹伤寒疫苗者患斑疹伤寒的病例数和死亡数等。

3．与文献报道的结果进行比较。

4．进行现场实验研究。

在基层社区卫生保健机构工作中，社区护士与社区居民接触机会多，因此，在预防、控制及治疗各种流行病中扮演着重要的角色。如果社区护士能够将流行病学知识应用于社区护理实践，则会更好地了解及反映社会所存在的基本健康问题的种类、致病因素、流行季节特殊的人群，及时采取防护措施，以保证社区居民的身心健康。

（长治医学院　杨建洲）

本章小结

本节主要介绍了流行病学常用的一些生命统计指标如率、比、构成比、发病率、患病率、死亡率和病死率，常用的流行病学研究方法如观察性研究和实验性研究，特别是队列研究和病例对照研究，流行病学方法在社区护理实践中的应用。

案例分析

某地1995年常住人口为2528人，1995—1997年冠心病发病情况见下图，期间无死亡、迁走或拒绝检查者。

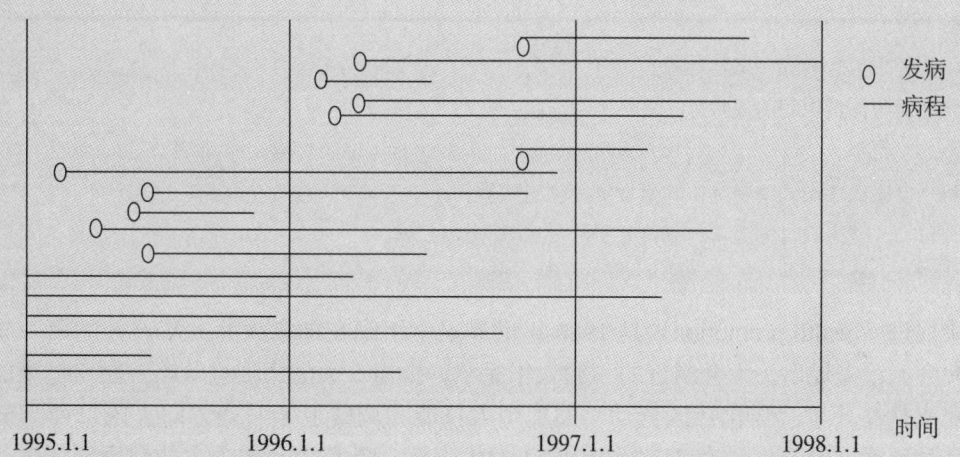

问题与思考：
1. 该地区1995年1月1日、1996年1月1日、1997年1月1日的冠心病患病率是多少？
2. 该地区1995年、1996年、1997年的发病率是多少？

第三章　健康促进

学习目标

通过本章内容的学习,学生应能够:
识记:
1. 说出健康促进、健康教育、健康素养的定义。
2. 描述健康促进策略、健康教育的学习领域。

理解:
1. 阐明健康信念模式、格林模式。
2. 阐述健康促进规划的评价。

运用:
1. 运用健康信念模式或格林模式指导健康促进实践。
2. 评价社区健康教育的需求,制订并实施健康教育计划。

健康促进（health promotion）是 1986 年世界卫生组织在加拿大渥太华召开的第一届国际健康促进大会上首先提出。大会制订的《渥太华宪章》提出 5 大健康促进策略：制定健康的公共政策、创建支持性环境、强化社区行动、发展个人技能和调整卫生服务方向。1997 年《健康促进雅加达宣言》确立健康促进在 21 世纪中的 4 大优先权：提高社会和个人的健康责任感、增加健康发展的投入、巩固与扩大健康领域中的伙伴关系、保障健康促进所需的基础设施。2005 年《曼谷宪章》确定通过健康促进来解决全球化世界中健康决定因素所需的行动、承诺和保证。2016 年《健康促进上海宣言》提出健康和福祉在联合国 2030 年发展议程及其可持续发展目标中的核心位置,确定健康促进的三大要素：良好治理、健康城市和健康素养。

第一节　健康促进和健康促进模式

一、健康促进概述

（一）健康促进的演变

公共卫生的防护措施经历了健康保护、瘴气控制、传染病控制、预防医学、初级卫生保健和健康促进 6 个阶段。

1. **健康保护阶段（19 世纪 30 年代前）**　重点是根据社会结构如信仰、政治、文化约束所制定的行为规范和准则。

2. 瘴气控制阶段（19世纪40年代—70年代） 重点是开展卫生运动。

3. 传染病控制阶段（19世纪80年代—20世纪30年代） 根据微生物理论，公共卫生实践主要集中于传染病的控制，重点是提高机体免疫力和消毒。

4. 预防医学阶段（20世纪40年代—60年代） 拓展微生物理论来考虑其他虫媒疾病和导致疾病的营养因素失衡，重点是危险因素的变化。

5. 初级卫生保健阶段（20世纪70年代—80年代） 基于阿拉木图宣言和认识到社会因素对健康的影响，开展大量初级卫生保健运动，重点是影响健康的社会因素及其他因素的改变。

6. 健康促进阶段（20世纪90年代至今） 主要集中于新公共卫生，而新公共卫生是基于社区人群的知情健康决策能力来强调健康促进，重点是知情健康决策能力的培养。健康促进更加强调社区护士角色的重要性。

（二）健康促进的定义

健康促进的定义较多，但目前国际上比较公认的有两个。一是《渥太华宪章》中指出的："健康促进是促使人们提高、维护和改善其自身健康的过程"。这一定义表达了健康促进的目的和哲理，也强调了范围和方法。另一定义是美国健康教育学家劳伦斯·格林（Lawrence Green）教授等提出的："健康促进是指一切能促使行为和生活条件向有益于健康改变的教育与生态学支持的综合体"。其中教育是指健康教育，生态学是指健康与环境的整合，其主要特征是人类物质社会环境和与其健康息息相关的自然环境，而支持是指政府的承诺、政策、立法、财政、组织以及群众等各个系统。健康与环境的整合需要通过跨部门的合作来完成。

（三）健康促进的内涵

1. 健康促进涉及整个人群的健康和生活的各个层面，并非仅限于疾病预防。

2. 健康促进直接作用于影响健康的各种因素，包括生物、心理、环境、社会、行为和健康服务等因素。

3. 健康促进运用多门学科、多个部门、多种手段来增进人群的健康，包括传播、教育、立法、财政、组织改变、社区开发以及当地群众自发地维护自己健康的活动。

4. 健康促进的工作主体不仅仅是卫生部门，包含社会各个领域和部门。

5. 健康促进强调个体、家庭、社区和各种群体的积极参与。

6. 健康促进是建立在大众健康的生态基础上，强调人与环境的协调发展。

（四）健康促进的特征

1. 健康促进是在组织、政治、经济、法律上提供支持环境，它对行为改变的作用比较持久且具有约束性。

2. 健康促进融客观支持和主观参与于一体，两者缺一不可。前者包括政策和环境的支持，后者侧重个人与社会的参与意识与参与水平。

3. 社区和群众参与是巩固健康发展的前提，而人群的健康知识和健康观念是主动参与的关键。通过健康教育，领导者、社区和个人参与的意愿被激发，健康促进的氛围被营造。因此，健康教育是健康促进的先导和基础。

4. 在疾病三级预防中，健康促进重点强调一级预防甚至在更早阶段预防，也就是让人群避免暴露于各种行为、心理、社会环境的危险因素中，全面增进健康素质和促进健康。

二、健康促进模式

科学地制订健康促进计划，是保证健康促进活动有目标、系统地进行的基础与必要前提。掌握健康促进模式的基本理论是每一个社区卫生工作者应具备的一项基本技能。指导健康促进实践的模式和理论有很多，如预警管理过程模式、合理行为理论、信息-动机-行为技能模式、计划行为理论、健康信念模式、Pender的健康促进模式、PRECEDE-PROCEED模式等。这些模式中，

任何一个都试图告诉人们为何要或者不要从事健康促进活动。这有助于社区护士了解在决策中所涉及的各种动机和因素，也有助于他们选择适当的人群健康促进策略。本章节简单介绍健康信念模式和 PRECEDE-PROCEED 模式即格林模式。

（一）健康信念模式

健康信念模式（health belief model，HBM）的建立是"知—信—行"转化过程中不可缺少的中间环节。该模式以心理学为基础，由操作性条件反射理论和认知理论综合而成，基于信念可以改变行为的逻辑推理，阐述了人们采取健康行为的心理活动，并在预防医学领域中最早得到应用和发展。它认为健康信念是人们接受劝导、改变不良行为、采纳健康行为的关键。

HBM 模式分为 3 个主要部分，即个人感知、修正因素和行为的可能性（图 3-1）。该模式的核心是感知威胁和知觉益处，前者包括对疾病易感性和疾病后果严重性的认识，后者包括对健康行为有效性的认识。

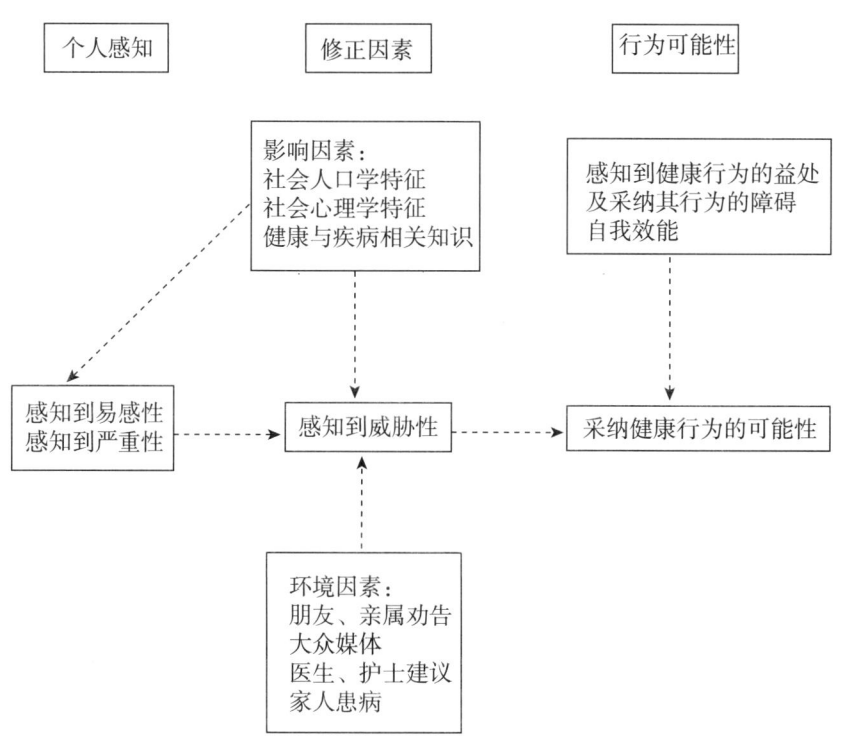

图 3-1　健康信念模式

该模式阐述了健康信念的形成，主要有以下相关因素：

1．个人感知　是指对特定疾病的易感性、严重性和威胁性的认识。感知程度越高，促使人们产生行为动机的可能性就越大。

2．感知到易感性　意识到自己存在或潜在的健康问题（即有患某种疾病的可能），包括对医生诊断的信任和再次患病可能性的认识等。

3．感知到严重性　感知到如果患有该病会对自己身体带来危害的严重程度，包括疾病引起的临床结局和社会后果。

4．感知到威胁性　是由个体对特定疾病的易感性和严重性感知共同决定的。对疾病易感性和严重性的感知程度越高，对疾病威胁的感知程度就越高，是人们产生行为动机的主要原因。

5．感知到益处　相信采取保健行为能够降低患病率或减轻疾病的程度，只有这样才能主动采取这种行为。

6. 修正因素 包括影响因素和环境因素，比如个体的人口学特征、社会心理因素、人际关系影响、情景因素、行为因素以及个人的疾病知识和经历等。

7. 行为可能性 个体采纳预防性健康行为的可能性取决于感知到行为益处和采纳其行为的障碍的关系，如果感知到行为益处大于采纳其行为的障碍则采纳预防性健康行为的可能性大，反之可能性就小。

8. 自我效能 自我感觉有信心、有能力通过长期努力改变不良行为，包括对自己能力的正确评价和判断。

（二）PRECEDE-PROCEED 模式

PRECEDE-PROCEED 模式即格林模式，由 Lawrence Green 和 Marshall Kreuter 提出。我国有人称之为优先模式或健康诊断与评价模式，是一个广泛应用、发展成熟的计划制订模式。PRECEDE（predisposing, reinforcing, and enabling constructs in educational diagnosis and evaluation）的涵义是行动前的行为原因和动机，是指在教育诊断和评估中应用倾向、强化和促成因素；PROCEED（policy regulatory and organizational constructs in educational and environmental development）的涵义是继续进行，即执行和评价阶段，是指在执行教育和环境干预中应用政策、法规和组织手段。该模式包括 9 个阶段（图 3-2）。

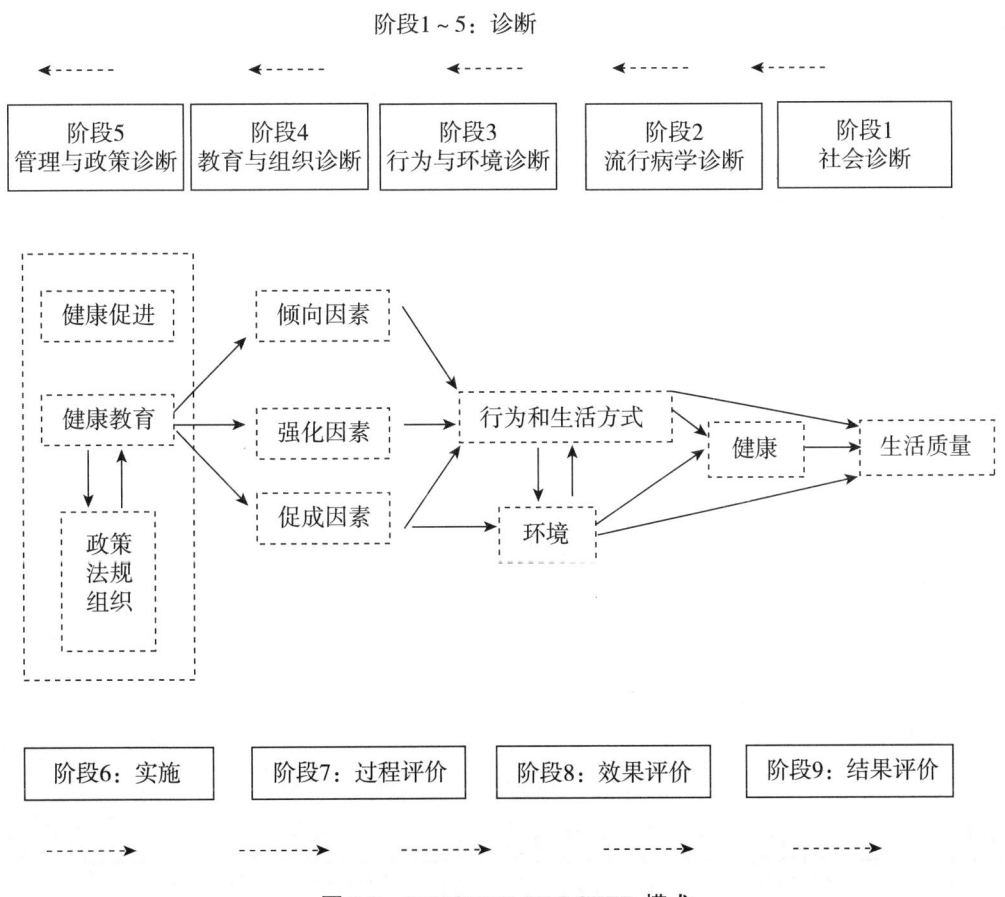

图 3-2 PRECEDE-PROCEED 模式

1. 社会诊断 评估和分析影响社区人群生活质量的主要社会因素，如人口数量、社会资源、社会福利、人群就业情况等。

2. 流行病学诊断 调查和评估社区教育对象的生命统计资料，包括出生、死亡、疾病情况的统计，发病率和患病率及其分布、密度、持续时间等，帮助找出教育对象存在的主要健康问题及其影响因素。

3. 行为与环境诊断　针对教育对象所存在的健康问题，确认导致健康问题的行为和环境因素，再分析各个因素的重要程度和可变程度，从而确定与健康问题相关性较大的、可作为干预目标的重要行为。

4. 教育与组织诊断　首先确认特定的健康行为，分析其相关因素，然后将健康问题及相关因素分类。主要分为倾向因素、强化因素和促成因素。倾向因素是产生某种行为的原因和动机；强化因素是激励或减弱某种行为发展和行为维持的因素；促成因素是促使某种行为动机或愿望得以实现的因素。

5. 管理与政策诊断　管理诊断是指评估资源，政策诊断是指评估政策对教育项目的支持和阻碍作用。管理与政策诊断是分析和确认可能促进及干扰健康教育的管理和政策性因素，明确可以利用的社区资源。

6. 实施　是指实施教育计划，充分发挥政策、法规和组织的作用，执行已制订的教育计划。

7. 评价　包括过程、效果和结果评价。过程评价重点在于在健康教育计划的实施过程中，不断进行评价、找出问题、及时调整。效果评价是对健康教育的影响及短期效应进行及时评价，主要评价教育对象的知识、态度和行为水平。结果评价是当健康教育结束时，根据教育计划中的各项目标进行评价，重点评价长期目标。常用评价指标有发病率、伤残率和死亡率。

第二节　健康促进策略和健康促进规划评价

健康促进策略是指为实现健康目标所采取的具体措施，通常也可理解为促进健康的具体干预活动和干预方法。为促进人群健康，社区护士在工作实践中运用各种策略和方法。在社区护理活动中，我们需要对健康促进的效果进行评价。

一、健康促进策略

社区护士运用多种策略来推动群体层面的健康促进。本节重点介绍三种健康促进策略：健康教育、社区赋权、社会营销。

（一）健康教育

健康教育（health education）是指通过信息传播和行为干预，帮助个人和群体掌握卫生保健知识、树立健康观念、自愿采纳有利于健康行为和生活方式的教育活动和过程。健康教育的主要目的是帮助人们做出健康相关的决策，如自我护理的决策、使用健康资源的决策、社会健康问题的决策。

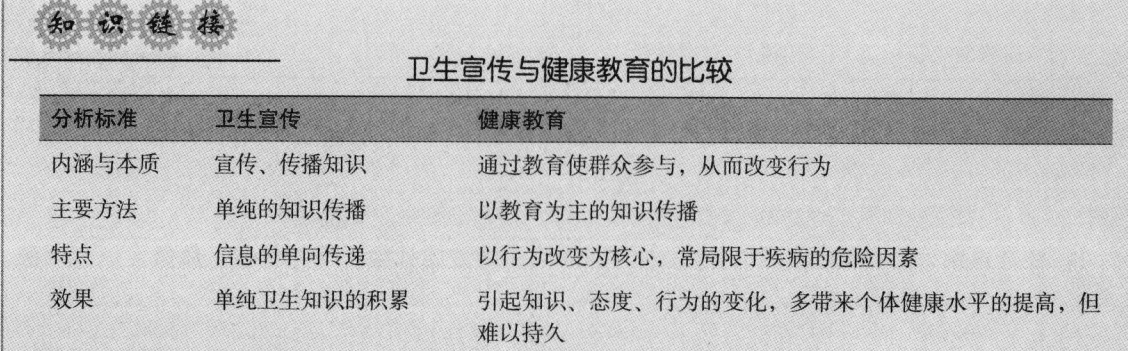

知识链接

卫生宣传与健康教育的比较

分析标准	卫生宣传	健康教育
内涵与本质	宣传、传播知识	通过教育使群众参与，从而改变行为
主要方法	单纯的知识传播	以教育为主的知识传播
特点	信息的单向传递	以行为改变为核心，常局限于疾病的危险因素
效果	单纯卫生知识的积累	引起知识、态度、行为的变化，多带来个体健康水平的提高，但难以持久

1. 学习领域　健康学习领域包括认知（cognitive）、情感（affective）、动作技能（psychomotor）和感知（perceptual）、社会互动技能（social interaction skill）领域。每一个学习领域都针对解决不同的健康教育问题。认知领域主要是与真实信息及其应用相关的智力技能；情感领域主要聚焦于态度和价值观；动作技能重点是身体操作技能；感知领域学习中，重点是从刺激中感知和获取各种信息；社会互动技能学习领域中，主要是交流、劝说及影响他人能力的学习。

2. 学习原则　健康教育的学习原则分为总原则、与健康教育信息及其传播有关的学习原则。

(1) 学习总原则：①评估学习需要和学习准备；②教员和学习对象对实现预期学习目标同时负责；③选择安全的学习环境；④提供积极参与、多种感觉刺激的有效学习；⑤在以往的学习基础上，增加新知识；⑥在社会实践中强化和运用所学知识；⑦有效学习需要相互信任，在实施健康教育学习前，需与学习对象建立良好的信任和友好关系；⑧开设文化多样性的健康教育。

(2) 与健康教育信息相关的原则：①个性化的健康教育；②信息内容应具有针对性，主要考虑学习对象，而不是信息的涵盖面；③信息内容需重点突出。

(3) 与健康教育信息传播相关的原则：①信息应与现有的知识相联系；②信息应采取生动有趣、互动的形式提出；③给予充分的展示时间；④采用清晰、通俗易懂的语言、图表表达，避免使用专业术语；⑤不断强化和重复；⑥纸质材料，使用较粗字体和较宽行距，并且口头上予以说明；⑦运用多种方法评估学习对象对内容的理解情况（如提问、演示等）。

3. 健康教育需求的评估　健康教育程序中的第一步就是对健康教育对象及其健康需求、学习环境进行评估。评估主要根据人群健康护理模式中健康的影响因素，即教育对象的生物学特征、心理、物理环境、社会文化、行为和卫生保健体系等方面进行。比如，年龄、身体残疾、疼痛，压力和焦虑，噪声、文化程度、交流方式、职业，健康保健人员的态度等都会影响人群的健康教育需求及学习能力。具体内容详见附录1。

4. 健康教育项目的计划和实施　在健康教育中，计划涉及确定需要解决的问题、涵盖内容、教学策略的使用、评估学习机制。计划过程要素包括学习需求的排序、目标的制订、内容和教学方法的选择。在计划和实施过程中还需考虑其他方面，如健康素养和网络媒体的使用。

(1) 学习需求排序：健康教育计划应从学习需求排序开始。一般来说，健康教育需求评估涵盖需求的多个方面，而非单独的健康教育努力所能解决。因此，我们应对行为影响因素、风险因素、改变的好处和难易程度进行排序。社区护士和社区成员应该根据优先顺序，确定目标人群最感兴趣和最相关的问题。

(2) 制订目标：健康教育参与者需要对目标进行详细说明。有些专家把项目目标和教育目标进行区分：项目目标是总的健康教育项目预期目标，而教育目标是群众的预期学习目标。比如，加强儿童的运动项目，项目目标是防止儿童肥胖，而教育目标是让父母知晓儿童应保持适当的运动。

(3) 选择内容和教学方法：我们需要根据目标人群来选择健康教育的内容。人们往往容易接受与其自身状况相关的信息内容。教学方法的选择取决于以下因素：群众的特征、内容和所要达到的目标、项目经费预算、时间、文化适应和健康教育环境。我们还可以因人而异，选择特定的教学内容和教学方法。

(4) 健康教育中的素养：健康素养（health literacy）是健康教育初始行动中非常重要的一方面。健康素养定义为"个体获取、领会、理解基本的健康信息和服务，以及运用这些信息和服务来增强自身健康的能力"。美国医学协会定义健康素养是阅读、综合理解，或者是按照医学指导行动的能力。WHO定义健康素养为：激励，并让人们获得、理解和运用健康相关的信息，以促进其健康的认知和社会技能。解决健康教育中的健康素养问题需做到：健康相关材料的内容应以纸质材料为基础；读者的参与至关重要，材料通俗易懂，材料中的插图应该阐明内容和吸引读者。

(5) 健康教育中的媒体应用：媒体至少可以通过以下三种方式来支持健康促进行为。一是媒体用来教育公众。二是媒体应用到社会营销、创造动机以改变不健康的行为或者参与到健康行为中来。三是媒体可以通过倡导形式推进社会机构或政府部门的初衷。此外，媒体可用来理解特殊人群的动机。

互联网是另一种媒体。个体、普通大众和卫生保健服务者经常通过互联网获取健康相关的信息，而互联网作为健康教育的媒体存在着利与弊两个方面。常见问题是信息的不准确性和片面性。目前，还有其他形式的社交媒体有利于健康促进的推动，如QQ、微信等平台。

（二）社区赋权

健康促进的重点是赋予人们权利，提高人们做出知情、健康的决策的能力。社区赋权（community empowerment）是指让社区获得知识和技能、做出知情决策，并允许他们做出这些决策。前者反映出以往我们强调的是信息的提供，但赋权的关键点在于让个体和团体按照信息指导付出实际行动，并为其实施行动创造良好的条件，如生理、社会经济和文化方面的条件。

社区赋权（视为社区参与、社区竞争、社区发展）表明用社会组织的新形式和集体行动来纠正权力（决策机关）和资源的分布不均。社区赋权包括以下5个连续统一的观点：①赋予个体的个人行动权利；②赋予个体组成互助小团体的权利；③赋予团体创建社区组织的权利；④赋予社区机构构建合作伙伴关系的权利；⑤赋予社区采取社会和政治措施来改善影响健康的环境条件的权利。例如戒烟，第一，社区护士可能向居民介绍戒烟的程序，或者给予他们一些戒烟的方法和建议；第二，社区护士建议想戒烟的人员形成戒烟互助帮扶小组；第三，社区护士协助戒烟互助帮扶小组和不吸烟者联合起来，共同申请机构内部禁烟；第四，有吸烟禁令的企业和商业有可能联合起来拥护健康保险单位降低保险；第五，社区护士协助一些团体及相关人员联合起来共同说服政府出台在各大公共场所禁止吸烟的法令。

运用社区赋权开展健康促进活动，必须满足四个条件。首先，实施者必须具备一定的分析能力和激发居民积极参与的沟通技能。其次，业内和组织机构的规章制度必须支持健康促进实践的赋权。再次，社区机构的管理人员必须是以赋权为导向。最后，社区办事处必须有内部方针政策，允许并且鼓励社区居民实施赋权政策。

（三）社会营销

社会营销（social marketing）作为健康促进的一种策略，是利用影响特定人群行为的因素来促进人们采用健康的行为方式，或消除不健康的行为。社会营销是通过设计、实施和控制某项运动来营销社会观念，并采用产品开发、定价、沟通、分销和市场研究的技术。这里所说的社会营销，其目的是运用商业销售原理处理社会问题而不是盈利。由于与健康促进相结合，社会营销向目标人群传达他们感兴趣的健康相关信息。例如，为年轻人争取成功的禁烟运动是以社会营销原理为基础。青少年的价值在于成为团体的一部分和吸引他人的注意力。

社会营销的特点是交换思想和观念。社会营销中，青少年的吸烟行为要求被交换，那么青少年应当采用更健康的行为来代替吸烟。关键在于交换物是否能够满足目标人群。对于青少年来说，能够被团体接受和更加吸引人可以与吸烟进行交换。

社会营销的构建经历三个研究阶段。第一阶段是健康促进的生产或宣传前期，研究重点在于描述目标人群，如人群的特点、爱好和兴趣。比如对于青少年吸烟，研究员可能对什么激发青少年的吸烟行为和青少年是否使用不同种类的烟草等问题十分感兴趣。第二阶段是对目标人群制定和测试营销信息及策略的研究。计划组应该设计和测试特殊的青少年禁烟信息的效果。这些信息的设计可以使用另一种营销研究策略，主要是针对青少年组来制订和（或）对禁烟信息做出反应。第三阶段是研究方法被用来研究营销干预的应用及效果。此阶段，禁烟信息被广泛地传播、对禁烟信息阻止青少年吸烟的效果进行探讨。

二、健康促进规划评价

评价工作是健康促进规划的重要组成部分，贯彻于规划实施的全过程。完整的规划评价包括形成评价、过程评价、效应评价、结局评价和总结评价。

（一）形成评价

形成评价（formative evaluation）是在规划实施前或实施早期对规划内容所做的评价。包括为制订干预规划所做的需求评估及为规划设计和实施提供所需的基础资料。形成评价总目的是决定需求以便于制订规划的目标和干预措施；规划实施前对靶人群的了解，以决定适用于该人群的最佳干预方法；产生新观念探索新策略。具体内容包括：了解目标人群的各种基本特征；了解目标人群对各种干预措施的看法；了解教育资料发放系统；对问卷进行预调查和修改；了解哪些干预措施适用于目标人群，进行预实验并确定其适宜性；根据情况适当调整规划。

（二）过程评价

过程评价（process evaluation）是规划实施过程中监测各项工作的进展，了解并保证规划的各项活动能按规划的程序发展，即对各项活动的跟踪过程。过程评价包括对规划的设计、组成、实施过程、管理、工作人员的工作情况等进行评价。其评价内容包括：教育干预是否适合于教育对象，并为他们所接受；教育干预是否按既定程序得以实施（时间、频率），干预实施质量如何；教育材料是否全部发放给目标人群，教育干预覆盖率是多少，是否覆盖全部目标人群；目标人群是否积极参与，不愿意参与的原因是什么；干预方法是否有效，何种方法最佳，针对教育对象如何调整干预方法；教育服务利用情况，如设立各类展览、咨询等服务项目，应了解其利用情况、利用率低的原因何在；信息反馈系统是否健全，是否建立完整的信息反馈体系以便及时有效地反映规划情况；是否建立必要的记录保存制度，记录的完整性和质量如何；有无重大环境变化，对规划实施的影响如何；工作人员的职业技能、态度、责任心以及与教育对象、其他工作人员的合作关系。

（三）效应评价

效应评价（impact evaluation）又称近中期效果评价。评价重点在于规划或规划的某方面对参与者的知识、态度、行为的直接影响，其中包括倾向因素（知识、态度、信念和价值观）、促成因素（资源、技术）及强化因素改变程度和健康相关行为。

（四）结局评价

结局评价（outcome evaluation）又称远期效果评价，是评价目标人群健康状况和生活质量的变化，健康促进规划的最终目的是否实现。

1. 健康指标　包括疾病发病率、死亡率的变化，了解规划是否影响某病的发病和流行情况，患者存活率及存活时间有无改变等。对于营养健康教育，则以参与者的身高、体重变化为指标。

2. 经济指标　主要指成本-效益分析和成本-效果分析，指规划改变人群健康状况所带来的远期社会效益和经济效益。指标主要是生活质量指标，其中包括劳动生产率、智力、精神面貌、长寿、福利、卫生保健成本、环境等。

（五）总结评价

总结评价（summative evaluation）是根据形成评价、过程评价、效应评价、结局评价以及各方面资料而做出的总结性概括。综合性指标更能全面地反映规划的成败。总结评价根据规划的成本-效益、各项活动的完成情况做出判断，决定该规划是否需要重复、扩大或终止。

（河西学院　魏　巍）

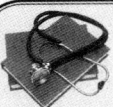
本章小结

本节主要介绍了健康促进的定义、内涵、特征，健康信念模式和 PRECEDE-PROCEED 模式即格林模式，3 种主要的健康促进策略（健康教育、社区赋权、社会营销）以及完整的健康规划评价，包括形成评价、过程评价、效应评价、结局评价和总结评价。

案例分析

李护士通过调查分析发现，社区居民心脑血管疾病患病率高、死亡率高。中老年人群高血压、心脏病、脑卒中患病率分别占第 2、3、7 位，血压 140/90 mmHg 以上居民占 25.2%。同时发现，社区居民饮食和营养方式不合理，每天食盐摄入量为 8.55g，高于 WHO 推荐的食盐日摄入量 4～6g 的标准。此外，部分居民未能遵照医嘱规律服药，不会自我监测血压。

问题与思考：
1. 该社区主要的健康问题是什么？
2. 如何开展健康教育？

第四章 护理个案管理

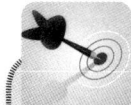

学习目标

通过本章内容的学习,学生应能够:
识记:
1. 说出护理个案管理的模式。
2. 列举护理个案管理者的职责。
理解:
1. 讨论护理个案管理的目标。
2. 讨论护理个案管理的伦理问题。
运用:
1. 在实践中能正确运用个案管理原则。
2. 正确评估社区个案,并制订和实施计划,评价管理效果。

护理个案管理(nursing case management)是一种灵活的、系统的、合作的过程,包括评估、计划、实施、协调、监督和评价医疗服务,以满足患者的健康需求,通过多种交流和选择治疗条件达到提供优质医疗服务、合理收费的目标。

个案管理在我国是一个比较新的概念。但在美国,19 世纪 20 年代,个案管理的某些方面就已被应用于精神疾病患者的长期护理中;19 世纪 30 年代,家庭访视护士开始应用个案管理的护理理论来照顾慢性疾病患者;19 世纪 80—90 年代,个案管理服务在医院和社区得到了广泛应用。当今,护理个案管理已成为一门正式学科。

第一节 护理个案管理概述

一、护理个案管理的模式及原则

(一)护理个案管理模式

1. 完全服务模式、代理模式和混合模式 根据服务特征,护理个案管理模式分为完全服务模式、代理模式和混合模式。完全服务模式是指个案管理者在机构内为对象提供大部分服务,亦称为临床模式。在代理模式中,个案管理者很少提供直接护理服务,主要是将服务对象转诊至其他机构。混合模式是指个案管理者提供一些直接服务,同时也转诊服务对象。

2. 横向/纵向模式 根据服务时间点,护理个案管理模式分为横向模式和纵向模式。以一

过性为基础的服务计划将为患者及其家庭提供服务,帮助其度过疾病发生期,也就是住院期间。纵向服务计划则提供持续性的健康服务。慢性疾病患者的个案管理,例如糖尿病患者的个案管理往往是纵向的,而孕妇的个案管理则局限于孕期。

3. 医院/社区个案管理模式　根据服务地点,个案管理模式分为医院个案管理模式、社区个案管理模式、医院和社区相结合的个案管理模式。医院个案管理模式服务于患者在住院期间或出院后短时间内;社区个案管理模式主要是在患者出院后进行服务;医院和社区相结合个案管理模式是纵向的,将为患者提供持续性服务。

4. 专一/团队模式　根据个案管理中需要的医护人员,个案管理模式分为专科模式和通科模式。专科模式是指特殊的疾病个案管理通常是由特殊领域的专科护士来提供疾病管理的直接照顾、健康教育、建议和转诊。而通科模式是指由多学科专家和指定的合作者(社区护士)共同提供服务。

5. 其他模式　个案管理模式也可分为小型模式、协调模式、综合模式。小型模式里,个案管理者以延伸、评估、计划和转诊为中心。协调模式里,个案管理者提供个体指导、直接护理和再评估。综合模式与前面提到的完全服务模式相似,但增加了一些服务,例如资源开发的宣传、危机干预和公众教育。

(二)护理个案管理原则

1. 以服务对象为中心、合作性的管理,满足服务对象的需求,促进服务对象的自我照顾和自我决策。

2. 必须是综合和整体的管理,包括健康促进、疾病预防和治疗、现有身心健康问题的照顾,危险因素的降低。个案管理活动需随着服务对象的需求程度和类型而变化,以达到最佳安全目的、提供多元文化护理。

3. 管理中需做到循证和创新。

4. 把服务对象和所需社区资源联系起来。

5. 遵守法律、法规和伦理道德。

6. 提供优质服务、在实践中追求卓越。

二、护理个案管理的目标

护理个案管理的目标包括以患者为中心的目标和以体系为中心的目标。

(一)以患者为中心的目标

以患者为中心的目标主要有:促进最佳健康状态、独立性,提高服务满意度、生命质量,防止健康状况的恶化,减少紧急医疗服务的需求等。个案管理人员帮助患者获得最易接受和能负担得起的服务,利用最小的服务需求来解决患者的健康问题,给患者提供连续、定期的医疗需求服务。在卫生体系层面,个案管理也强调和促进低消费的医疗服务,限制过度医疗服务消费。

(二)以体系为中心的目标

以体系为中心的目标主要强调资源配置的公平性,在保证服务质量的前提下减少医疗服务的利用和消费,降低医疗服务的盲从性和重复性,提高医疗服务的效率,用最低的医疗费用提供最有效的医疗服务。有效的个案管理是通过在社区实践中解决需求来减少住院。而对于真正需要住院治疗的患者,个案管理通过出院后提供持续性的保健服务来缩短住院时间和减少再入院次数。

三、护理个案管理者的职责

(一)临床和护理

首先,个案管理者有责任根据患者的生理、心理、认知和精神状态进行评估并找出患者及其家庭的健康问题。然后与其他学科的医疗卫生人员合作,共同制订符合患者需求的医疗保健计划。制订的计划包括解决患者健康问题和符合计划目标的关键任务、治疗措施等,根据计划目标

所制订的患者和家属的健康教育活动。在护理患者时,护理个案管理者应当实施整体护理,为患者直接提供或不直接提供护理服务,评估患者及其家属的应对能力、社会支持系统和网络、金融或健康保险状态。通过健康保健体系,个案管理者还有责任推进患者的医疗过程,负责安排患者会见专科医生和接受专科医疗服务。

（二）患者管理和领导

管理职责是指在患者患病过程中,个案管理者有责任促进和协调患者的医疗保健活动。例如安排和随访患者的检查、治疗结果,对患者和家属的健康教育,安排患者转院,帮助患者获得和利用社区资源,监测患者医疗保健的效果,协助患者的诊断和化疗等医疗服务。个案管理者和其他护理或医疗保健人员共同协作指导患者的治疗、护理工作,连续评估医疗服务质量和治疗效果,防止重复、缺乏和过度使用医疗资源。此外,个案管理者在由多学科组成的治疗过程中起到传递信息的作用,进一步加强患者治疗过程中的不同学科专家之间的融合和沟通。

（三）成本管理和预算

在和医生或其他医疗卫生人员的合作中,个案管理者制订个案管理计划。合理计划患者对资源的利用、住院的时间和医疗费用的同时,个案管理者要保证患者获得足够有效的医疗卫生服务。此外,个案管理者需要获得支付系统和偿还方法的相关信息、每个诊断和操作程序的成本、预期的住院时间、各种诊断结果的治疗程序等。通过这些信息,个案管理者对医疗资源和相关诊断结果的医疗服务的效果进行评估,从而使患者以最低的医疗成本来获得最有效的医疗服务。

（四）信息管理和沟通

信息管理和沟通是护理个案管理人员的一个重要职责。如果没有沟通、信息管理和反馈,护理个案管理者就不可能完成其职责,因为他们所有的职责都依赖于信息共享。无论护理个案管理人员进行哪一项工作,某种形式的信息通常会被管理、转化、发现和传播。就护理个案管理者的职责来说,多数依赖的信息是通过沟通、谈判、讨论、强化、说明、协作、促进、评价、监测、个案会议、认证、授权和反馈等活动来获取,这些活动的信息能够直接促进患者的治疗过程,获得满意的临床效果。成功的护理个案管理者依靠的是更好地与患者、家属、医生和保险机构进行有效的交流、沟通。此外,个案管理者具备一定的计算机技能和知识也是信息管理和沟通的一个重要因素,因为个案管理领域的信息网络已经高度依赖于现代信息技术。

（五）专业发展和提升

对于个案管理者来说,专业知识的更新和学术水平的提升是必需的。获得和保持专业组织的资格,对于护理个案管理者来说是非常有利的,使其能够和其他成员共享成功和创新的经验,提升其在医疗服务过程中的个案管理水平。

知识链接

有效的个案管理者应具备的能力

1. 专业临床知识。
2. 熟悉可获取的资源。
3. 运用循证实践方法时,具备评判性思维能力。
4. 掌握相关法律法规、组织和行业标准。
5. 创新能力和可塑性。
6. 文化胜任能力。
7. 倡导能力。

> 知识链接
>
> 8. 协调能力。
> 9. 代理能力。
> 10. 转诊能力。
> 11. 自我意识。
> 12. 沟通能力。

四、护理个案管理中的伦理问题

护理个案管理者在进行个案管理实践的过程中会涉及许多伦理学方面的问题。例如患者的自主权、公平性、不伤害原则等。患者的自主权是指在进行个案管理时，个案管理者会影响患者自主选择医护人员的权利。特定的医护人员有可能没有被纳入到个案管理系统中来，则会影响患者治疗护理的持续性。公平性作为一个重要的伦理原则，是个案管理者应当考虑的，以保证患者能获得公平分配的医疗保健服务。不伤害原则是指在个案管理服务的过程中，应避免患者身心受到伤害。凡是医疗护理上需采取的诊治手段和医疗护理服务都必须遵遁不伤害原则；相反，如果诊治手段和护理服务对患者无益而且不必要，甚至是被禁止使用的，并且无意或有意地强迫实施，从而使患者受到一定程度的伤害，就违背了不伤害原则。

五、护理个案管理的优点

（一）提高患者满意度

护理个案管理是让社区护士和患者形成一对一的护患关系，因此，患者对获得的服务满意度更高，并且这种满意度贯穿于患者的医疗护理全过程。

（二）改善合作关系

在护理个案管理者的协调下，各专业学科人员相互配合，相互协作共同完成医疗任务，这种合作模式有利于各专业学科人员之间合作关系的改善。

（三）使医疗费用趋于合理

护理个案管理者帮助患者选择合理的医疗服务，计划医疗费用的支付和偿还，从而使患者的医疗费用达到最合理的程度。

（四）便于患者转入社区服务机构

护理个案管理者不仅负责协调患者在医院内的复杂医疗过程，而且负责联系患者出院后进入社区服务机构，接受康复期的医疗护理；同时承担患者出院后的随访工作。

第二节 护理个案管理的程序

护理个案管理的程序包括个案选择、评估、计划的制订和实施、评价。

一、个案选择

并不是所有患者都需要个案管理服务,因此,社区护士必须区分哪些病例需要进行个案管理。个案选择(case selection)包括两方面,一是为个案管理系统(人群个案管理)确定适合的群体,二是确定需要个案管理服务的个人和家庭。这里所指的群体和个体患者是根据一些指标来确定的。确定群体需要个案管理服务的指标有高成本的诊断、高容量的资源利用和协调性极差的服务。例如获得性免疫缺陷综合征/HIV 阳性、糖尿病、癌症、哮喘患者等都是高成本诊断的群体。确定个体需要个案管理服务的指标有个体指标、健康相关的指标和社会指标。个体指标包括功能状态减退、吸毒或精神疾病史、认知能力差、治疗依从性差、年龄在 65 岁以上、重大生活创伤史等。健康相关指标包括特殊的身体状态或疾病(如阿尔茨海默症、获得性免疫缺陷综合征和严重烧伤等)、多重诊断、潜在并发症和最近多次入院等。社会指标包括独居、与残疾人同居、无医疗保险、无经济来源、无家可归或单亲家庭、家庭暴力等。其中一些患者虽然具有以上一个或多个指标,但他们并不一定需要个案管理服务,因此,社区护士必须进一步调查和了解患者情况,确定其是否真正需要个案管理的服务。

二、评估个案管理情况

为了给患者制订一个行之有效的个案管理计划,或者为某一特殊群体制订个案管理体系,社区护士(个案管理者)必须先评估患者(群体)的健康状态、影响健康的因素、可能影响个案管理计划的因素和预期达到的健康效果。通过评估,社区护士可以了解个案管理的需求和组织有效的卫生保健。某些生物物理因素,如年龄、生理健康状态等都会影响或限制个案管理的选择和实施。例如关节畸形可能影响到糖尿病患者的血糖水平,从而使患者接受胰岛素注射。因此,在制订个案管理计划时应该考虑到这些因素。而在人群层面,对于有心血管并发症的糖尿病患者,则需要一个能解决与这两种疾病相关问题的个案管理系统。同样,精神健康状态、应对能力和焦虑是影响患者对个案管理需求的心理维度方面的因素。在人群个案管理中,残障人群自杀率高,表明这类人群需要个案管理服务。影响个案管理状态的物理环境因素有患者的居住条件、邻里社会资本、环境污染。此外,社会文化因素会影响到个案管理服务的类型和内容,例如患者的教育程度、支持系统、经济状态、职业、交通、文化信仰;行为因素如吸毒、缺乏体育锻炼和不良饮食习惯可以增加对个案管理服务的需求或影响个案管理服务计划的制订。

卫生保健体系方面包括对患者可能需要的卫生保健服务类型的评估。护理个案管理者需要评估患者所在社区服务的可获得性、患者的保险种类和保险覆盖范围、患者对卫生服务和卫生保健人员的态度。

通过评估,个案管理者把最新调查结果作为临床护理方案的基础,确保实际工作有据可循、科学有效。在评估阶段,护理个案管理者要与医生、社工、健康保险机构人员等相关人员密切合作。

三、制订个案管理计划

个案管理计划就是患者护理活动和预期护理结果的时间表,包括针对某种特定病例或者群体的每一个学科的照顾计划。有效的个案管理计划具备多学科、以结局为基础、临床特殊性(特定的临床问题而不是诊断)和灵活的特点,能够提供具体可行的路径。

制订计划主要针对个案管理和病种管理两方面。个案管理中,个案管理者利用可获得的资源来满足患者所有或大部分已确定的服务需求。而病种管理是在不同的护理环境和护理水平下,以人群为特征的复杂程序下集中管理特定疾病的过程,重点强调对疾病的识别、预防和治疗。例

如，帮助糖尿病患者控制病情变化。

个案管理计划通常是在临床路径基础上制订的，主要包括时间表、医疗护理活动或者干预措施的种类、中长期结局的识别以及变异记录。使用临床路径前，个案管理者应对患者进行一般评估，然后根据评估结果选择适当的路径。

临床路径也适用于人群个案管理系统、健康促进和病种管理。美国社区护士对孕产妇所实施的围生期临床路径详见表4-1。

表4-1 孕期和产褥期临床路径的目标和措施

妊娠阶段	目标	措施
早期妊娠	确定妊娠（1周内）	参考妊娠试验结果
	评估健康状态（1周内）	通过以下指标评估健康状态：孕产史、个人和家庭史、社会史、基础体重、基础血压、水肿状况、血细胞容积、正常早孕反应
	识别高危妊娠	分析评估高危妊娠证据的数据
	获得产前保健（1个月内）	参考产前常规护理或高危产前护理
	获得孕期保健知识（2个月内）	指导孕妇如何对待正常孕期不适反应 指导孕妇识别和处理孕期并发症，指导性生活
	控制现有的健康问题（早期妊娠期内）	监测现有健康问题（如血糖监测、药物使用）
中期妊娠	早期预防和发现妊娠并发症	评估（每次产前检查）： 宫高、血压、胎心音和胎动、水肿、蛋白尿
	稳定控制出现的健康问题	监测现有健康问题（如血糖监测、药物使用）
	获得孕期保健知识	子宫出现不规则无痛性收缩、胎儿发育、孕期进展、性生活指导
晚期妊娠	早期预防和发现妊娠并发症	连续性评估（内容同中期妊娠）
	稳定控制现有的健康问题	监测现有健康问题（如血糖监测、药物使用）
	准备分娩	评估新生儿准备工作 必要时帮助准备用物（如婴儿用物、产妇用物） 讨论新生儿对家庭成员可能带来的影响
	获得分娩相关知识	指导孕妇了解分娩的先兆和产程进展
	获得婴儿保健知识	指导如何进行婴儿保健和护理，评估孕妇的婴儿保健知识水平
	获得避孕知识	指导产后如何避孕，选择适当的避孕方法
产褥期	产后恢复	评估：宫高、恶露的量、颜色和性状、血压，异常情况及时就诊
	会阴切口甲级愈合	检查会阴切口，指导会阴护理
	定期产后检查	参照产后检查常规
	产妇恢复至孕前体重	饮食和运动指导
	新生儿脐带干洁	评估脐带，指导母亲如何护理脐部，脐周红肿、有渗液和脓性分泌物属异常情况
	新生儿生长发育正常，体重增加	测量身高和体重 进行身体检查和发育评估
	成功母乳或奶瓶喂养	评估乳房、喂养方法和姿势，讨论母亲和婴儿的饮食
	婴儿获得预防接种	指导产妇带婴儿定期去所在地进行预防接种

四、实施个案管理计划

（一）沟通

患者和其他一些重要人员都要参与个案管理计划的实施。一旦个案管理计划开始实施，患者和这些人员将会根据个案管理计划被安排在相应的个案管理活动中。例如，即使个案管理者已经安排好患者的护理工作，而患者却提出与某医生预约面谈的要求。患者需要被告知所需的费用和个案管理人员的姓名，以及个案管理服务的期限和达到的预期目标。个案管理者还需要与患者的主管医生进行有效沟通，共同制订个案管理计划。患者的需求和预期目标要根据以前执行的计划及其效果和患者状态的其他相关信息来制订。最后，个案管理者应当将患者的个案管理计划通知医疗费用的支付者（如保险公司），并获得其同意。个案管理者应当通过书面形式确定相关转诊机构和支付部门是否收到了个案管理的相关信息，并确定患者及家属对这些信息是否知晓。

（二）委托

委托是指在个案管理过程中，个案管理者将各项护理活动委派给相应的能胜任工作的人。在做出授权决定时，护理个案管理者应当考虑以下因素：一是患者的稳定性。病情不稳定的患者不应该委派给没有执照的辅助人员，应当委派给个案管理者自己或其他有资质的人员。二是被委派人的能力。能力与委派人的责任范围息息相关，也就是说与他（她）被委托的工作紧密联系。三是是否对患者有潜在危害。对患者有显著潜在危害的任务不应当委派给他人，除非个案管理者明确知道任务委派不会对患者产生任何危害。在委派任务时，还需要考虑决策的水平和需要解决的问题。此外，在做出委派决定时，护理个案管理者应当区分亲自动手和涉及护理程序使用的任务。需要较高决策水平的任务不应当委派给没有执照者或者没有准备的家庭成员。

社区护理个案管理者有职责向被委派者提供清晰的指导说明，并对任务的执行总体情况和患者的结局进行监督。有效委派的评价标准包括"5对"：对人、对任务、对环境、对沟通、对监管。

（三）转诊

个案管理者不能提供患者所需要的服务时，应将患者转至更适合他们需要的服务机构。转诊患者到特定的医疗保健机构、人员和服务的四个基本决定因素：转诊的可接受性、服务资格、情形限制、社区获得性资源。在转诊中首先要考虑患者的可接受性，针对患者的价值观、人生观来选择合适的资源。其次是患者获得相应服务的资格，如有时患者必须出具其收入证明、医疗保险，有些机构，非居民不能享受服务，而有些机构只为老年人提供服务。再次是某些情形限制了患者的转诊。如患者能否获得交通工具去合适的护理服务区；患者有语言障碍，是否有人帮助解释说明等。最后是社区获得性资源，个案管理人员应当非常熟悉患者所能获得的社区资源。

（四）监督

监督是实施个案管理计划的另一重要方面。一旦计划被制订，社区护理个案管理者不能简单地让个案管理计划自行进行，而是要监督计划的实施情况，使计划朝着预定目标前进。此阶段的特殊内容包括监测患者病情状态的变化、社会环境、医疗护理服务的质量；观察功能状况；确定不断变化的教育需求；评估疼痛管理的有效性，家庭对服务和治疗结局的满意度。

五、评价个案管理效果

评价是个案管理程序中不可分割的一部分。护理个案管理者主要从患者结局、服务质量和系统结局三方面进行个案管理评价。

（一）患者结局评价

患者结局评价包括对与健康无关的结局、健康相关的结局和变异的评价。顾客的满意度是与健康无关的结局。健康相关的结局包括：避免不利的结局，如一个个案管理计划包括患有哮喘的

青少年的流感免疫接种；促进生理状态，如促进高血压患者的血压控制；促进功能状态和生活质量，如通过个案管理计划使慢性阻塞性肺疾病患者恢复以前的某些活动。变异是指与个案管理计划或预期结果的偏差。变异可以是阳性结果——比预期结果好，也可以是阴性结果——比预期结果差。变异产生的因素包括患者及家庭、临床、健康保健体系和社区等。

（二）服务质量评价

个案管理者负责监控和评价在执行个案管理计划过程中的服务质量。为获得评价所需数据，个案管理者需要定期和医护人员、服务对象及其家人进行交流和讨论。评价服务质量需要使用临床基准点，因为它不仅反映了患者所获得的或诊断的最好结局，而且以服务质量最好的结局为依据。评价服务质量有时使用一个或多个国家质量标准。

（三）系统结局评价

系统结局反映了健康系统个案管理的效果。评价内容包括职员的满意度、健康保健的频率和时间长度、费用、多部门、跨学科的交流。其他系统结果的变量包括患者不符合结果标准的天数、重新纳入、急诊就医、个案管理的费用和个案管理服务节省的费用。系统结局评价是一种使用评价，是监督医疗护理的必要评价，是对资源的利用，它包括预先、当前和回顾性评估。评价个案管理系统结局的其他方法有结局测量质量、计划理论和逻辑模型的发展和测试。

（邵阳学院　邓莉莹）

本章小结

本章主要介绍了护理个案管理的定义、模式和原则、目标、优点、伦理问题，护理个案管理者的职责，以及护理个案管理的程序（个案选择、评估个案管理情况、制订和实施计划、评价个案管理效果）。

案例分析

李某，28岁，因乳腺癌入院治疗，主要由男友照顾。李某在患病前有良好的工作，与男友有结婚的打算，在患病之后，无法继续工作，仅有的积蓄也在前期治疗中所剩无几。李某与家人联系很少，无法从家庭获得有关经济、精神等支持。因其与男友的感情不为男友家人所认同，无法获得来自男友家人方面的帮助。此外，李某认为是自己的病拖累了男友，成为其"包袱"，心生愧疚，想离开他。

问题与思考：

1. 对此患者的护理个案管理的目标是什么？
2. 乳腺专科护士对此患者的职责有哪些？

第五章 家庭健康与护理

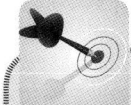

学习目标

通过本章内容的学习,学生应能够:

识记:
1. 说出家庭、家庭生活周期、家庭访视的定义。
2. 描述家庭的外部结构、家庭健康护理评估的内容。
3. 列出家庭访视的目的和类型。

理解:
1. 解释家庭价值观及家庭保健的概念。
2. 分析家庭功能、家庭保健的核心、家庭健康的流行病学。

运用:
1. 运用家庭生活周期理论评估家庭所处发展阶段及其发展任务。
2. 运用家庭护理程序对家庭做出家庭护理诊断,制订护理计划并实施。
3. 能够正确开展家庭访视。

家庭(family)是个人生活的主要场所,是社会的重要组成部分。传统意义的家庭是指由具有婚姻、血缘或收养关系的人组成的社会基本单位。而现代意义的家庭是由一个或多个具有血缘、婚姻、情感和经济供养关系的个体组成。总之,家庭是指以婚姻关系为基础,以血缘关系或收养关系为纽带而建立起来的,有共同生活活动的基本群体。家庭构成必须具备以下一个条件:正式的婚姻关系、血缘关系和收养关系。

家庭给个人提供了精神防御,但也影响到个人的价值观、生活习惯、卫生习惯、性格形成和解决问题的方式。每个家庭的健康状态直接影响到个人和社会的健康,支持和关注家庭健康是社区护理的重要工作之一。因此,社区护士必须具备一定的家庭保健理论知识和技能,正确评估家庭并确定家庭现有或潜在的健康问题和健康需要,制订完整可行的护理计划,协助和指导家庭采取适当的干预措施,解决家庭的健康问题,从而实现促进和维持家庭健康的目标。

第一节 家庭结构和功能

一、家庭结构

家庭结构(family structure)是指家庭单位的成员及各成员间的相互作用、相互影响的状态,

以及由这种状态形成的相对稳定的联系模式。家庭结构分为家庭外部结构和家庭内部结构。家庭结构影响着家庭经济负担、相互关系、家庭资源、家庭功能、健康状况等。

（一）家庭外部结构

家庭外部结构是指家庭的人口结构，即家庭的类型。根据家庭成员的数量、性别、角色和年龄，家庭分为核心家庭、主干家庭、联合家庭、单亲家庭、其他类型家庭。

1．核心家庭（nuclear family） 是指由父母及其婚生或领养子女组成的家庭，也包括无子女夫妇家庭。核心家庭是现代社会的基本家庭单位，具有规模小、人数少、结构简单和便于相处的特点，其家庭结构和关系的牢固程度完全取决于夫妻之间的关系，对亲属关系网络的依赖性较小。但可利用的资源少，遇到困难时，家庭容易出现危机或破裂。

丁克家庭

丁克是由double income no kids 四个英文单词首字母D、I、N、K组合而成，为DINK的谐音。丁克家庭常见于发达国家和发展中国家的发达城市，是单指那些拒绝生育子女的特殊家庭，不包含因生理缺陷无法生育和晚育的家庭。丁克家庭夫妻双方的文化程度较高，收入水平较高。

2012年，中国人口与生育监测中心统计数字显示，中国城市丁克家庭比例由2002年的1.2%提高到6.2%。

2．主干家庭 又称直系家庭，是指由父母和已婚子女及孙子或外孙等第三代人组成的家庭，是核心家庭的纵向扩大。在我国，主干家庭的比重仅次于核心家庭。

3．联合家庭 又称旁系家庭或复式家庭，是指家庭中至少有两对或两对以上同代夫妇及其未婚子女组成的家庭，包括由父母和几对已婚子女及孙子女组成的家庭，两对以上已婚兄弟姐妹组成的家庭是核心家庭的横向扩大。

主干家庭和联合家庭人数多、结构复杂，当出现危机时可利用的家庭资源丰富，有利于维持家庭的稳定性。

4．单亲家庭 是指由离异、丧偶或未婚单身父母及其子女或领养子女组成的家庭。

5．其他类型家庭 包括单身家庭、重组家庭（blended family）、同居家庭、享用同一居室的人组成的家庭及非亲属关系的人组成的家庭等。

我国多数家庭以婚姻为基础、法律为保障，家庭关系比较稳定。近年来，我国家庭发展趋向于小规模和多样化，核心家庭和老夫妇单独生活的空巢家庭增多。同时，在大城市中，单身家庭、单亲家庭、同居家庭呈现增多趋势，家庭关系不完整、不稳定或个人的孤独带来的相关社会心理问题非常普遍，家庭健康面临挑战，需引起社区医护人员的关注。

（二）家庭内部结构

家庭内部结构是指家庭成员间的互动行为，表现为家庭关系，包括家庭角色、家庭权利、沟通类型和家庭价值观四个方面。

1．家庭角色 家庭角色是指家庭成员在家庭中所占有的特定地位。每一位家庭成员都承担一个以上的角色，如一位中年女性，在家庭中扮演妻子、母亲和儿媳的多重角色。家庭角色随着社会环境、家庭成员的受教育程度及文化宗教背景等因素的变化而变化。家庭成员如不能很好地履行角色义务，常会发生角色冲突，导致情绪、心理功能紊乱，甚至出现躯体障碍、家庭功能障碍，影响家庭健康。

2．家庭权利　家庭权利是指家庭成员对家庭的影响力、控制权和支配权。主要有以下四种类型。

（1）传统权威型：由家庭所在的社会文化传统规定而来的权威。如在男性主导社会，父亲是一家之主，家庭成员都认可他的权威，而不考虑其社会地位、职业、收入、健康及能力等。

（2）情况权威型：是指负责供养家庭、主宰家庭经济大权的人掌管家庭，是家庭的权威人物，可以是丈夫，也可以是妻子或子女。家庭权利随家庭情况的变化而发生转移，如一直是家庭权威人物的丈夫失业后，由妻子赚钱养家，家庭的权威人物自然由丈夫转移为妻子。

（3）分享权威型：家庭成员分享权利，由各人的能力和兴趣来决定所承担的责任，共同协商做出决定。

（4）情感权威型：由家庭感情生活中起决定作用的人担当决策者，其他家庭成员因对他的感情而承认其权威。

3．沟通方式　沟通方式是指家庭成员之间在情感、愿望、需求、价值观念、意见和信息等方面进行交换的过程，最能反映家庭成员间的相互关系，常通过语言和非语言（姿势、表情、手势、眼神等）方式进行。家庭关系的好坏，关键在于沟通。开放、诚实、直接、思想和表达内容保持一致等都是有效的沟通方式，能化解家庭矛盾、解决家庭问题，促进家庭成员间建立良好关系。

4．家庭价值观　是指家庭对社会事物、现象所持的信念和生活态度。家庭价值观的形成受到家庭所处的社会文化环境、宗教信仰与现实状况的影响，是家庭生活的重要组成部分，是判断是非的标准。家庭价值观决定着家庭角色的分配方式及家庭成员的角色和家庭功能，而家庭对健康的态度和信念直接影响家庭成员对疾病的认识、就医行为、遵医行为和健康促进行为。因此，社区护士可以通过对家庭价值观和健康观的了解，判断家庭问题对整个家庭的影响，有助于与家庭成员一起制订切实可行的家庭护理计划，有效解决家庭健康问题。

二、家庭功能

家庭功能（family function）是指家庭成员在家庭生产和社会生活中所发挥的有效作用，主要表现在维持家庭的完整性、满足家庭及其成员的需求、实现社会对家庭的期望等方面。家庭具有以下五种功能。

（一）情感功能

情感功能（affective function）是形成和维系家庭的重要基础，家庭成员以血缘和情感为纽带，通过彼此的关爱和支持满足爱与被爱的需要，使每个成员都获得归属感和安全感。

（二）社会化功能

社会化功能（socialization function）是指家庭可提供社会教育，帮助子女完成社会化过程。如家庭指导子女了解和接触社会，并依据社会法规和民族习俗约束其行为，督促子女接受文化素质教育，帮助学习并承担社会角色，提高社会适应技能，使其具有正确的人生观、价值观和健康观。同时，社会也为家庭提供法规上的保障，如承认夫妻的合法性、保障婚姻关系、维护家庭利益，使家庭能在社会环境中发展其生活功能。

（三）生殖和性需要功能

生殖功能（reproductive function）指生儿育女，培养下一代，是家庭特有的功能，它体现了人类作为生物世代延续种群的本能和需要。同时还满足了人对性的需要和对性行为的控制和调节。

（四）经济功能

经济功能（economic function）是指维系家庭生活需要的经济资源，包括物质、金钱及空间等，以满足家庭成员的衣、食、住、行、教育、娱乐及健康等各方面的经济支持，奠定家庭成员发展的基础。

(五)健康照顾功能

健康照顾功能(health care function)是指家庭成员间的相互照顾,保护、促进家庭成员的健康,为患病家庭成员提供各种照顾与支持功能。主要包括提供合理的饮食、居住条件和衣物,维持有利于健康的居家环境,有足够的维持个人卫生的资源,进行患者照顾和康复锻炼以及家庭成员的健康保健,配合社会整体健康工作。健康照顾功能与家庭结构和经济状况密切相关。

家庭是个体与社会的连接点,具有对家庭成员的对内作用和对社会的对外作用,家庭的内外作用相互影响、相互联系,详见表5-1。

表5-1 家庭功能及其对内、对外作用

功能	对内作用	对外作用
情感功能	让家庭成员有归属感和安全感	缓解个人和社会之间的关系
社会化功能	帮助子女完成社会化	创造社会角色及地位
生殖功能	生育子女,培养下一代	传宗接代
性需要功能	满足性需要	控制性需要
经济功能	培养子女,赡养老人	提供衣食住行、教育、娱乐
健康照顾功能	维持家庭成员的健康	维护社会安定

(哈尔滨医科大学大庆校区 吕雨梅)

第二节 家庭保健的理论基础

家庭保健是指以家庭为单位,为促进家庭及其成员达到最高水平的健康而进行的实践活动。家庭保健的核心是家庭健康,是运用护理学、社会学、家庭治疗与行为健康学等基础理论与技术,为整个家庭提供的健康服务,目的是维持和促进家庭健康。家庭保健理论对家庭健康具有重要意义,很多学科对家庭保健提供了理论基础和框架,如护理理论、家庭社会学理论等。社区护士应了解这些理论,并灵活应用于实践,从而为不同时期的家庭健康提供保健。

一、护理理论

从护理学角度来看,护理专家对家庭健康的定义不尽相同。美国社区护士,主要从事健康促进与风险降低、家庭与健康领域研究的护理理论家拉夫兰·彻里(Loveland Cherry)于1989年指出,家庭健康是动态的过程,包括家庭用以促进和维护家庭健全的活动。同年,护理专家Friedman提出家庭健康是指家庭运作有效,是家庭存在、变化、团结和家庭个性化的动态平衡。1992年,Anderson和Tomlinson提出家庭健康是环境和家庭相互作用的状态,其相互作用表现在五个领域:家庭内的相互作用过程、发展过程、应对过程、整体过程和健康过程。美国公共卫生护士、护理理论家贝蒂·纽曼(Betty Neuman)认为家庭健康是指家庭系统在生理、心理、社会文化、发展及精神方面的一种完好的、动态变化的稳定状态。总之,家庭健康不等于家庭成员没有疾病,而是一种复杂的、各方面健全的动态平衡状态。

Loveland-Cherry在健康模式的基础上,提出了家庭健康分为以下4个层次4个模式。

第一层:临床健康模式。基本层次的家庭健康,是指家庭成员无生理、社会心理性疾病,家庭无功能失调或衰竭的表现,整个家庭呈现良好状态。

第二层：角色执行模式。家庭中每位成员能有效履行其角色职责，完成家庭内在的发展过程。所谓的家庭内在发展过程，是指家庭在不同的发展时期，家庭角色能正常发挥功能，不发生角色冲突。

第三层：社会适应模式。较高层次的家庭健康，是指家庭能有效地、灵活地与环境相互作用，完成家庭的发展，适应家庭的变化。

第四层：幸福发展模式。最高层次的家庭健康，家庭稳定发展，能持续为家庭成员提供资源、指导和支持，使家庭保持最佳健康状态、发挥最大健康潜能。

以上4个层次4个模式不能截然分开，既有层次间的不同，又有对家庭健康不同角度的分析。因此，促进家庭健康，需从不同层次和不同方面着手和努力。

二、社会学理论

与家庭保健相关的社会学理论有家庭生命周期理论、家庭系统理论、结构-功能理论、家庭变化理论、压力理论、社会冲突理论等。本节主要介绍家庭生命周期理论和家庭系统理论。

（一）家庭生命周期理论

家庭生命周期（family life cycle），是指家庭从建立到结束全过程所经历的阶段，是从结婚、生产、养儿育女到老年的各个阶段的连续过程。

1. 家庭生命周期的特点　随时间变化，有起点和终点，有阶段性的发展趋势、特定的任务和问题，有正常变迁和意外危机，有生物、行为和社会信息的交流。

2. 家庭生命周期的分期　在家庭的发展过程中，美国家庭社会学家伊夫宁·杜瓦尔（Evelyn M. Duvall）将家庭周期分为八个阶段，并且每个阶段有其不同任务（表5-2）。目前健康领域多采用该理论，也是我国应用最为广泛的家庭发展模式，但它主要适应于核心家庭。

表5-2　Duvall家庭生命周期理论

阶段	定义	发展任务
新婚期	从结婚到第一个孩子出生前	双方适应及沟通，性生活协调及计划生育
育儿期	第一个孩子介于0～30个月	适应父母角色，产后的恢复，承担经济和照顾孩子的压力
学龄前期	最大孩子介于30个月～6岁	抚育孩子，注意儿童身心发展
学龄期	最大孩子介于6～13岁	教育孩子，使孩子社会化
青少年时期	最大孩子介于13～20岁	青少年的教育与沟通，性教育及与异性交往
空巢期	最大、最小孩子离家	把孩子释放到社会，父母感到孤独
中年父母期	父母独处至退休	重新适应婚姻关系，适应新家庭成员，计划退休后生活，做好慢性病三级预防
老年家庭成员	退休至死亡	经济及生活依赖性高，面临老年疾病、丧偶、死亡等问题

社区护士通过了解和确定服务对象家庭所处的阶段，评估该家庭所面临的发展任务和问题，提供适合家庭的健康咨询和健康教育，帮助解决家庭发展过程中遇到的各种问题，以帮助家庭顺利度过各阶段并健康发展。

（二）家庭系统理论

家庭系统理论是在一般系统理论的基础上构筑的理论。该理论认为家庭是受社会文化、历史和环境的相互作用而形成的一个"开放系统"，强调家庭内在和外在因素的综合作用，用系统思维方式分析家庭健康问题。

1. 家庭系统理论具有整体性、稳定性、积累性、周期性因果关系和组织性特点。

(1) 整体性：家庭成员的变化影响家庭整体的变化。例如妻子因乳腺癌住院手术，家庭的角色功能随之发生变化。每天接送儿子上学放学的任务由丈夫主动承担，料理家务和照顾孩子的任务由婆婆分担等，家庭成员自行调整了家庭生活。家庭角色的分配发生变化，因此，家庭的整体也发生变化。

(2) 稳定性：家庭系统试图应对家庭内外的变化，维持家庭的稳定。如婴幼儿期家庭，夫妻双方应尽快适应父母角色，承担经济和照顾孩子的压力，以适应新的生活模式，维持家庭的稳定。

(3) 积累性：家庭整体功能大于家庭成员的功能之和，如年迈的父母患病后，生活不能自理，需要人照顾，其子女和孙子孙女聚集在一起商量如何分工照顾老人。家庭成员共同讨论的效果明显提高。

(4) 周期性因果关系：家庭成员的行为促使家庭内部发生各种变化，产生周期性因果关系。如丈夫工作不顺利，经常酗酒并打骂孩子，夫妻因此吵架。妻子因此苦闷而出现身心症状，以致不能很好地料理家务和照顾孩子。孩子由于父亲的酗酒和父母的争吵，无心学习，经常旷课，致使学习成绩下降。由此，父亲心理压力越来越大，工作缺乏上进心，继续以酗酒来调节心情，乃至出现恶性循环状态。由此可见，家庭成员间的关系不仅停留在单一的因果关系上，还会连续影响家庭各成员，不断出现新的因果关系。

(5) 组织性：家庭成员是由不同层次的角色（父母、子女、兄弟姐妹）组成，他们既是独立的个体，也是相互联系的子系统。如父母有养育子女长大成人的义务，子女有赡养老人的责任；父母帮助子女完成社会化过程，子女遵从父母的建议和教导。

2. 家庭健康系统程序　美国家庭护理理论家凯瑟琳·安德森（Kathryn H. Anderson）将家庭系统论中提出的家庭特点和家庭健康相关理论进行综合，提出了家庭健康系统程序。主要包括发展、健康、应对、相互作用和综合程序，见表 5-3。

表 5-3　Anderson 家庭健康系统程序

程序	内容
发展程序	家庭发展阶段的转变、家庭发展动力
健康程序	健康信念、状态、习惯、生命周期、保健服务的提供
应对程序	资源的利用、问题的解决、压力和危机的应对
相互作用程序	家庭成员关系、沟通与交流、养育、抚爱、外来支援
综合程序	共同体验、同一性、责任、历史、价值观、境界、仪式

（哈尔滨医科大学大庆校区　吕雨梅）

第三节　家庭保健护理

在家庭保健护理中，社区护士通过调查影响家庭健康状态的流行病学因素，运用护理程序来评估家庭健康，做出诊断，制订和实施护理计划，并从个体和社会层面上进行评价。

一、家庭健康的流行病学

(一) 生理因素

家庭任何一个成员的健康状况都会影响到家庭成员间的相互关系和家庭功能。通过了解家庭成员的年龄、性别、种族及相关遗传信息，社区护士能够发现家庭的护理问题，制订相应的家

庭护理计划。比如有婴幼儿的家庭，护士更应强调安全措施的重要性。某些疾病与种族、家族遗传、孕期危险因素暴露、家庭生长环境等密切相关。

（二）心理因素

1. 家庭沟通交流方式　家庭通过语言和非语言进行沟通交流。在家庭评估过程中，既要考虑沟通方式，也要考虑家庭成员的倾听能力，成员间如何交流自己的价值观与想法。当某一家庭成员说话时，其他成员是否耐心倾听，是否表现出愤怒或厌烦的情绪。

2. 家庭关系和家庭动态　家庭关系是维系家庭成员间的纽带。亲密、有凝聚力和相互支持的家庭关系有助于家庭成员和整个家庭的健康。有距离、不支持、有冲突的家庭关系则增加了家庭成员间的压力，导致家庭成员身体与心理问题的出现。家庭动态（family dynamics）体现了家庭中的等级形式。权利与领导力是家庭动态的核心要素。根据实际情况，权利在家庭中应适当分配。比如，一般来讲，不懂事的孩子在家庭中没有权利和影响，但随着年龄增长，其权利和影响力不断增加。通过家庭领导力模式来评价家庭动态。比如，家中以谁做主，谁做决策，谁掌握话语权和财权。

3. 家庭应对和情感力量　社区护士了解一个家庭应对问题的防御机制和处理问题的策略，有利于帮助家庭应对现有的压力和危机。应对策略是指能够帮助家庭适应压力与危机的行为，包括采取一切措施尽力满足家庭的需要，使其有足够的资源渡过难关。防御机制是指回避问题的技巧，如否认、寻找合理的借口等。情感力量（emotional strengths）是指家庭的复苏能力与耐力。当家庭处于逆境时，情感力量就表现出来。生活环境中采取的积极态度有利于适应紧张状态。此外充分使用家庭外部资源（社会关系网）有利于适应和调整生活中的变化。如当孩子患病住院治疗时，家庭既要照顾患儿，又要照顾在家的其他孩子。此时祖父母或朋友可以作为一种资源，帮助接送其他孩子上学或提供饮食。

4. 家庭危机　家庭经历成熟危机和情境危机。成熟危机是指交流方式和角色的转折点，每个家庭都要经历。如进入青春期、步入婚姻、成为父母。这种危机多可预见，所以家庭能够提前准备启动抵抗机制。情境危机是指家庭经历突发的、不可预测、没有征兆的事件，如疾病、死亡和自然灾难。某些危机含有成熟和情境两种危机。如青少年会经历青春期的成熟危机，同时遇到自然灾难的情境危机。复杂、多重性危机进一步损害和降低家庭处理危机的能力。

5. 家庭目标　家庭目标是家庭价值观的一个功能，反映了家庭的文化背景。家庭目标随着家庭的发展阶段、经济状态和家庭成员的身体状况而变化。当家庭目标不一致时，问题就随之而来。比如，孩子们的个人目标和家庭的目标大相径庭时，就会给家庭带来紧张性气氛。

6. 家庭成员精神疾病的出现　家庭成员精神疾病的出现不但影响家庭成员的教育状况，还影响整个家庭的健康。如有精神分裂症患者的家庭不可能顺利地发展和进步。

（三）物理环境因素

1. 家庭内部环境　家庭内部环境是指家庭成员互相交流和具有私密性的家庭空间。混乱、拥挤、不清洁、不安全的家庭环境能导致家庭成员生理和心理的健康问题。如光滑的地面对于老年人跌倒是安全隐患。

2. 家庭外部环境　家庭外部环境是指邻居及其周围环境。包括房屋质量、工业化程度、人口密度、交通及购物条件、健康服务水平、学校及娱乐设施、犯罪率等。

（四）社会文化因素

1. 家庭角色　每一位家庭成员都承担着多个角色。如女性承担妻子、母亲和女儿的角色。学龄期孩子的母亲在照顾家庭的同时，还要照顾日益年迈的父母，工作中也要表现得很出色。家庭角色在本质上是互补或相冲突的。如母亲上班时间，刚好孩子学校通知开家长会，就会发生角色冲突。

2. 文化和信仰　文化因素和宗教信仰可提高或妨碍家庭适应环境的能力，影响个人健康及

提供照料服务。如强烈的宗教感能阻止避孕药物的使用和人工流产。

3．社会和经济地位　家庭的社会地位和经济状况严重影响到家庭的健康。如贫困家庭缺乏足够的营养食物、安全的住所以及获取医疗保健措施的途径。

4．就业和职业因素　工作压力可能导致疾病，且带来的危害可以传递给家庭其他成员。如工作危险场所造成的伤害和伤残家庭；危险品不仅危害在职父母的健康，更会给家庭成员带来伤害。

5．外部资源　包括家庭亲属、社区及社会资源或其他社会组织。当家庭处于逆境时，能提供感情或物质支持。如亲属或朋友替多子女家庭照顾小孩（情感支持），社区护士为慢性病患者提供服务（工具支持），取得短期贷款的父母（物质支持），灾难和危机咨询中心为遇难家庭提供服务（心理支持）。

（五）行为因素

1．家庭消费方式　许多家庭存在营养失调问题，主要与家庭的食物消耗方式有关。如经常食用高脂肪、高热量食物，很少食用含维生素和矿物质丰富的水果和蔬菜。此外家庭成员对尼古丁、酒精及毒品的依赖严重危害身心健康，甚至导致家庭的破裂。

2．休息和睡眠方式　家庭休息睡眠方式也影响家庭的健康。如刚出生的婴儿可能白天睡觉、晚上哭闹，这就直接影响父母的休息。

3．运动和休闲　运动和休闲活动能促进整个家庭的凝聚力，帮助家庭成员发展个性，促进家庭和谐。

4．居家及其他安全措施　安全操作如婴儿床护栏、电源插座的保护、使用婴儿安全座椅。

（六）保健体系因素

1．家庭对待健康的态度　家庭对待健康的态度可影响家庭的健康状况。家庭可成为促进健康和预防疾病的第一道防线，也可用来评价家庭成员的健康状况。例如，只有当家庭成员出现功能受损、患病时才去寻求健康帮助。

2．家庭对待疾病的反应　家庭对待疾病的反应是影响家庭健康的另一重要因素，对不同的疾病会做出不同的反应。如对于急性病，家庭功能包括提供或得到护理服务，家庭角色重新分配以及支持患病者；对于慢性病，家庭功能还包括如何避免和应对危险期，维持现有的生活质量及安排治疗；而对于临终患者，家庭功能包括如何应对死亡带来的恐惧和震惊，如何最大限度地减轻疼痛和不适。

3．健康服务设施的使用　家庭成员是否拥有健康护理资源或健康保险。一些妇女和儿童可利用的健康服务，男性通常被排除在外。此外资金缺乏、语言障碍、远距离就医等都可限制健康服务设施的获得。有时虽然拥有健康保险，但由于家庭成员不了解或不理解服务设施的使用范围，从而不能充分使用这些资源。因此，社区护士应帮助家庭克服这些困难，充分利用社区卫生资源。

二、护理评估

家庭护理评估是家庭整体护理的重要组成部分，是为确定家庭现存或潜在的健康问题而收集主观和客观资料的过程。评估内容详见附录2。

三、护理诊断

根据家庭健康评估，社区护士对单个家庭或家庭群体做出相应的护理诊断。例如，家庭应对无效：与再婚家庭中角色和关系改变有关；有慢性病童的家庭压力危险性增高：与缺乏足够的社区支持服务有关。

北美护理诊断协会（NANDA）：家庭护理诊断

1. 活动无耐力；
2. 母乳喂养有效；
3. 母乳喂养不当或无效；
4. 母乳喂养中断；
5. 照顾者角色紧张；
6. 有照顾者角色紧张的危险；
7. 不适：急性疼痛、慢性疼痛；
8. 沟通障碍；
9. 语言沟通障碍；
10. 应对无效：防御性应对、无效性否认；
11. 家庭有增强应对的愿望；
12. 家庭妥协性应对；
13. 家庭应对能力缺陷；
14. 决策冲突；
15. 娱乐活动缺乏；
16. 家庭运作中断；
17. 家庭运作改变：酗酒；
18. 生长发育迟缓：有发育迟缓的危险、有生长不成比例的危险；
19. 成人缺乏生命活力；
20. 健康维持无效；
21. 寻求健康行为（特定）；
22. 持家能力障碍；
23. 婴儿行为紊乱；
24. 有婴儿行为紊乱的危险；
25. 婴儿有行为能力增强的潜力；
26. 有受伤的危险：有误吸的危险、有跌倒的危险、有中毒的危险、有窒息的危险、有外伤的危险；
27. 知识缺乏；
28. 有孤独的危险；
29. 个体处理治疗的危险；
30. 处理治疗方案不当或无效。

四、护理计划和实施

（一）一级预防

目的在于促进和维护家庭健康，预防家庭危机、提倡环境保护。家庭保健的一级预防重点和干预措施见表5-4。

表 5-4 家庭保健的一级预防重点和干预措施

预防重点	干预措施
健康促进	指导家庭成员采取健康的行为（充足营养、休息和运动）；帮助去除不健康行为；倡导环境保护和社会公正
健康保护	避免暴露于铅污染的土壤或水；减少家庭场所的危险因素
疾病预防	免疫接种；有效卫生；获取安全饮用水和食品；减少从业人员压力
家庭危机预防	减少导致家庭危机的因素；制定有效应对措施

（二）二级预防

目的在于帮助家庭获得现有健康问题的保健需要，进行危机干预解决这些健康问题。家庭保健的二级预防重点和干预措施见表 5-5。

表 5-5 家庭保健的二级预防重点和干预措施

预防重点	干预措施
了解家庭健康问题	家庭健康档案；通过与家庭成员接触，了解家庭健康问题；召开家庭会议。
处理家庭健康问题	借鉴过去家庭案例，利用社区资源帮助处理问题；参考家庭成员的医疗援助信息，处理现有疾病。
危机干预	帮助家庭讨论和界定问题；鼓励说出内心感受；协助家庭探寻解决危机的策略。

（三）三级预防

目的在于帮助家庭处理长期的健康问题及其不良后果，帮助家庭成员避免新的危机。家庭保健的三级预防重点和干预措施见表 5-6。

表 5-6 家庭保健的三级预防重点和干预措施

预防重点	干预措施
处理长期的健康问题	改变家居环境，使家中残疾人能发挥作用；帮助丧亲家庭。
避免新的危机	倡导家庭服务支援小组，帮助危机高风险性的家庭避免危机再次发生。

五、家庭护理评价

家庭护理评价主要从接受照顾的单个家庭和群体两个层面进行。就单个家庭的照顾而言，护士应评价护理是否达到了预期的家庭结果，家庭是否能更好地应对压力；家长与孩子们的交流是否有所改善。此外，护士需要评价所采取的干预措施的合适度和质量，是否符合家庭的文化信仰和教育层次等。

群体层面上的评价主要集中于家庭群体，而并非单个家庭的护理过程和结局。包括家庭是否容易获取临时护理；而提供的临时护理是否最具成本效益；短期护理对残疾人家庭所承受的压力大小产生什么影响。

在社区卫生服务机构中，家庭护理应致力于改善家庭居住所在地区的群体总体健康水平。社区护士运用护理程序来满足单个家庭和大社区的健康需求。

（哈尔滨医科大学大庆校区　吕雨梅）

第四节 家庭访视

家庭访视（home visit）简称家访，是指在服务对象的环境里，护理人员运用护理专业知识及技能，为促进和维持个体、家庭和社区的健康所提供的健康信息和健康咨询等护理服务活动，是家庭健康护理的重要方法。通过家庭访视，社区护士可以了解家庭环境、结构、功能和家庭成员的健康状况，发现家庭的健康问题，提供有针对性的家庭护理和保健指导，帮助家庭及其成员解决健康问题，促进和维持家庭健康。

一、家庭访视的目的和类型

（一）家庭访视的目的

家庭访视的目的是改善服务对象健康状况，并协助其更好地掌握社区卫生资源、增强自理能力，具体表现在以下五个方面。

1. 建立有效的支持系统，鼓励家庭多渠道获得健康信息，充分利用各种健康资源。
2. 为居家病、伤、残者提供各种必要的保健和护理服务。
3. 促进家庭成员的正常生长发育，提供有关健康促进和疾病预防的信息。
4. 充分发挥家庭功能，促进家庭成员之间的沟通、理解及应对事件的合作能力。
5. 发现并消除家庭环境中的疾病危险因素，确保健康的家庭环境。

（二）家庭访视的类型

1. 评估性家访　主要目的是进行家庭健康评估，发现家庭健康问题，通常是一次性的。通常用于家庭功能不完善、有年老体弱患者或有其他问题的家庭。
2. 预防性家访　主要是进行疾病预防、保健等护理服务。常用于妇幼保健性家访与计划免疫等。
3. 连续照顾性家访　为患者提供连续性的照顾。常用于慢性疾病患者、活动障碍以及临终患者。
4. 急诊性家访　适用于临时处理家庭的紧急情况，多为随机性。如出现外伤、家庭暴力等情况时。

二、家庭访视的过程

根据访视对象的具体情况，选择相应的访视种类，与其取得联系并建立良好关系，共同发现并探讨家庭问题，制订个性化的护理服务计划，最后实施与评价。整个过程一般从访视前、访视和访视后三个阶段进行。

（一）访视前的准备

访视前的准备工作是访视活动的关键环节，利于访视的成功开展，主要包括：

1. 明确访视专业人员　具备专业素质的社区医生、护士，也可增加营养师、心理治疗师和健康教育专员。
2. 评估访视对象　慢性病患者出院后仍需要卫生服务的患者是访视服务的主要服务对象。以社区为平台获取评估对象，通过问卷、访谈等收集患者一般资料、卫生健康要素、功能性健康型态及家庭功能情况，为后期访视提供可行性及数据基础。
3. 确定优先顺序　社区护士根据时间、人力和物力等情况，有目的、有计划、有重点地安排家庭访视的优先顺序。首先考虑有严重健康问题的家庭，其次是对不能充分利用卫生资源和应对不良的家庭进行访视。一般家庭访视的优先顺序如下：

（1）以群体为先，个体为后；

(2) 以传染性疾病为先，非传染性疾病为后；

(3) 以急性病为先，慢性病为后；

(4) 以生活贫困、教育程度低者为先；

(5) 以有时间限制的为先；

(6) 一天访问多个家庭，根据访视对象健康问题的重要性决定，如新生儿→孕妇→传染性疾病患者。

4．**确定访视目标** 访视分为初次访视和连续性访视。初次访视的主要目的是与服务对象建立关系，获取基本资料，评估并初步确定主要健康问题；连续性访视是对上次访视计划进行评价和修订后，制订下次的访视计划，并按新计划进行护理和指导。每次家访前，护士都应根据上次家庭资料、患者住院的治疗和护理资料、健康档案记录资料及家属到社区卫生服务中心寻求帮助时提出的问题和困难，明确具体的访视目标，制订初步的访视计划，包括需运用的沟通交流方式、各种应变措施等。

5．**准备访视用物** 一般有记录单、常用体检工具、消毒物品和外科器械、隔离用物、常用药品及注射用具。根据访视对象及目的新增特殊访视用品，如对糖尿病患者访视时增加定量盐勺、提醒药盒及盐油使用情况记录日记等；对高血压患者访视时增加血压计，有关控制血压、提高服药依从性的宣传资料等。

6．**联系被访视家庭** 电话联系被访家庭，与服务对象探讨并确定家庭访视可能的日期及时间，并了解访视家庭对访视的重视程度。

7. **确定访视路线** 多个家庭访视时，先确认地址，必要时准备简单的地图，再根据具体情况安排一天内的访视路线，一般可由远而近，或由近而远。

8．**访视前的注意事项**

(1) 确定访视家庭后，社区卫生服务机构应与被访家庭签订家庭访视协议，确认家庭是否同意被访，访视的方式、内容及时间，阐明双方的责任与义务等，以利于社区护理工作的管理及家访工作的顺利开展。

(2) 访视护士应做好心理准备，随时应付突变事件的发生。

(3) 着装合适、得体或按单位规定穿制服，穿舒适的鞋子，便于工作；不佩带贵重首饰；随身带身份证、工作证、手机及零钱，以备急用。

(4) 访视前尽可能与被访家庭取得电话联系，确认被访家庭的地址及行程，尽量了解访视对象和家庭的情况。

(5) 机构其他人员应知道访视护士的行程计划，包括家访的时间和走访家庭的姓名、地址、电话及交通工具等；走访偏僻的地方，社区护士有权要求有陪同人员同行。

(6) 访视家庭为单独异性时，根据情况可以有一个陪同者同行。

（二）访视中的工作

1．**认识阶段——确定关系** 社区护士要向访视对象介绍所属单位的名称和本人姓名，解释访视目的、所需时间等，使护理对象放松，并感到尊重；与访视对象建立信任、友好的关系，掌握现存的健康问题或自上次访视后的变化情况。

2．**实际访视阶段——评估及实施** 对个人及家庭进行健康评估；根据评估结果与护理对象共同制订或调整护理计划，提高护理对象解决问题的能力；实施护理干预，进行健康教育或护理操作；在访视过程中，及时回答护理对象的提问，必要时介绍转诊机关；简要记录访视情况。

3．**结束阶段——预约** 根据健康问题的缓急，预约下次访视时间；双方各留联系方式以便联络。

4．**访视过程中的注意事项**

(1) 访视态度：大方、稳重、合乎礼节；关心和尊重访视对象及家庭；避免让自己的态度、

价值观等影响访视对象的决策；不可泄露访视对象的资料，保护访视对象的隐私。

（2）访视时间：避开访视家庭吃饭、会客等繁忙时间；尽量在计划时间内进行访视，一般控制在1h以内，特殊情况时应取得机构同意。

（3）护理操作：严格执行无菌技术操作原则和消毒隔离制度，以防止交叉感染；访视包放在护士的视野范围内，为避免小孩或宠物好奇玩弄，不用时盖上；操作后妥善处理污物，避免污染，整理用物并洗手。

（4）安全方面：家访时，尽可能要求护理对象的家属在场；突遇访视对象处于危险或正在受伤，给予紧急处理，同时报警或通知急救中心；如遇到有情绪异常者（如暴躁、激惹、躁动），且无法控制周围环境，社区护士提供急需的护理后可立刻离开现场；如目击一些不安全因素（如打架、酗酒、吸毒等）可立即离开。

（三）访视后的工作

1．消毒及物品的补充　访视完毕，清洗双手后，整理和补充访视包。

2．记录和总结　为求时效性，访视后使用统一、规范的表格对访视情况立即进行正确、简单的记录。包括护理对象的反应（行为、情绪及态度）、检查结果、现存的健康问题、协商内容和注意事项等。最后，分析和总结当次访视效果、护理对象的反应、目标达成的情况及原因等。

3．效果评价　根据收集的资料和出现的新问题，及时评价访视计划、效果等情况，以便修改访视内容，为下次家访制订计划，提高访视成效；如访视对象的健康问题已解决且并无新问题出现，即可终止访视。

4．访视后的注意事项　对于复杂问题，可与其他相关的工作人员交流并探讨解决方案。如现有资源不能满足访视对象的需求，应与其他相关机构联系，做出转诊或其他安排；做好相关记录和文件的签署，掌握职业范围，避免医疗纠纷，慎重对待无把握或尚未定论的信息。

产后访视

产后访视一般在产后3～7天、10～14天、28～30天进行。

产后访视的内容包括产后健康检查、母乳喂养情况、婴儿护理情况、婴儿健康查体、并接受母婴健康状况的咨询及处理、指导产妇及其家属如何进行新生儿抚触等。

三、家庭访视的优点

（一）便利、可及、费用低

家庭访视具有便利和可及性，服务对象不需要去医院、诊所或者其他保健机构，不需要排队等候，在家中就可以接受一对一的照顾和护理。尤其适合于活动不便或缺少交通工具的服务对象。访视中，护士也有机会接触到其他需要服务和帮助的对象。此外，家庭护理费用比医院或其他保健机构低，从而降低患者的医疗费用、减轻经济负担。

（二）获取大量信息

通过家庭访视，护理人员可以获取大量而完整的信息。例如，关于患者个人、家庭及周围环境的信息；物理环境、心理与社会文化因素对患者健康状态的影响；疾病的危险因素；健康资源的利用情况；家庭中潜在的健康隐患；社会支持程度及家庭成员提供护理的能力等。此外，社区护士可以更全面地评估患者的日常生活活动能力、更深入地了解患者的需要、制订更完善的干预计划、更好地监测和评估干预效果。

（三）建立良好的护患关系，延伸护理服务

社区护士与患者及家属之间良好的关系是家庭访视活动成功的关键。护患间良好的互动关系有利于保持护理的连续性且与患者满意度、依从性有一定相关。访视过程中，社区护士应充分信任和尊重对方并注意沟通的可接受性和指导性；加强自身分析问题和解决问题的能力、实践操作能力、沟通和协作能力、健康宣教和指导能力及管理能力，以便在家庭访视中尽快取得患者及家属的信任和支持。护士帮助患者寻找可利用的资源以协助其自我行动和建立个人力量；让患者完全参与到干预计划中，可增强计划实施的可行性；并充分调动其主观能动性，从而提高家庭访视的效果。

（哈尔滨医科大学大庆校区　刘　丽）

本章小结

本章主要介绍家庭的结构和功能，家庭保健的理论基础，如护理理论、社会学理论；同时也阐述了家庭保健的影响因素、健康评估、护理诊断、计划实施和效果评价；最后介绍了家庭访视的目的、类型、程序和优点。

案例分析

某家庭为三口之家。丈夫是某公司部门经理，事务性管理工作和应酬较多，经常加班，工作压力较大，偶感头胀，心前区不适；妻子为高中教师，经常和学生一起上晚自习，睡眠差。其独生女儿9岁，上小学三年级。因双方工作忙碌，其女儿日常生活由务农的远房亲属照顾。

问题与思考：
1. 根据家庭生命周期理论，该家庭现处于哪一阶段？
2. 该家庭此阶段的主要任务是什么？
3. 对该家庭进行健康教育的主要内容有哪些？

第六章　社区特殊人群的健康与保健

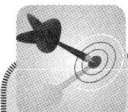
学习目标

通过本章内容的学习，学生应能够：

识记：
1. 说出社区儿童、青少年健康保健的预防重点。
2. 说出社区成年女性健康保健的预防重点。
3. 说出社区成年男性健康保健的预防重点。
4. 说出社区老年人健康保健的预防重点。
5. 说出 GLBT 人群健康保健的预防重点。

理解：
1. 分析儿童、青少年健康的流行病学因素。
2. 分析社区成年妇女、成年男性健康的流行病学因素。
3. 分析社区老年人健康的流行病学因素。
4. 分析影响社区同性恋和双性恋者健康的主要流行病学因素。

运用：
1. 正确评估社区儿童、青少年的健康问题，并进行保健指导。
2. 正确评估社区成年女性的健康问题，并进行保健指导。
3. 正确评估社区成年男性的健康问题，并进行保健指导。
4. 正确评估社区老年人的健康问题，并进行保健指导。
5. 正确评估社区 GLBT 人群的健康问题，并进行保健指导。

第一节　社区儿童、青少年的健康与保健

儿童、青少年的成长是生理发育和心理成熟的过程。发育成长中的儿童能否保持健康的身心状态及良好的社会适应能力，不仅关系到他们的现在和未来，而且影响到国家与社会的发展和稳定。儿童和青少年发育成长过程中有着特殊的健康需求和健康问题。社区护士通过评估儿童青少年的健康状态、做出相应的社区健康诊断、从健康保健的各个层面上制订并实施计划、以及评价效果的护理工作程序，在一定程度上能够满足他们的健康需求和解决存在的健康问题。

一、儿童、青少年健康的流行病学

（一）生理因素

1. **生长和发育**　小儿的生长发育是有一定规律的，但在一定程度上受到先天和后天因素的

影响。比如一些儿童在生长过程中出现超重、肥胖、生长迟缓等偏离正常规律或轨道的现象。在发育过程中,儿童青少年的身体结构、思想、行为随着身体或感情方面的成熟而呈现有序变化,如精细运动、粗大运动、语言的发育。此外,男、女第二性征出现的时间存在一定差异,如女孩在12~13岁出现月经初潮,男孩在9~14岁出现遗精。

2. **基因遗传** 性别、种族可影响儿童、青少年的健康,并引起不同的健康问题。例如,学龄期女童比男童容易患尿路感染。美籍非裔儿童罹患镰状细胞贫血的风险高于其他族裔儿童。

3. **生理功能** 生理功能相关的因素包括儿童、青少年群体中特殊身体健康问题的发病率和患病率。我国调查显示,5岁以下儿童前五位的死因依次是早产或低出生体重、肺炎、出生窒息、先天性心脏病和意外伤害。美国2010年数据显示:1岁以下婴儿死亡的前五位原因是先天畸形、早产、婴儿猝死综合征、妊娠并发症、意外伤害;1~4岁儿童死亡的前五位原因是意外伤害、先天畸形、他杀、肿瘤、心脏疾病;5~9岁儿童死亡的前五位原因是意外伤害、肿瘤、先天畸形、他杀、心脏疾病;10~14岁儿童死亡的前五位原因是意外伤害、肿瘤、自杀、他杀、先天畸形。儿童青少年中,慢性疾病的发病率呈现递增趋势。2017年《中国儿童肥胖报告》显示1985-2005年,我国主要大城市0~7岁儿童肥胖检出率由0.9%增长至3.2%,肥胖人数也由141万人增至404万人。1985-2014年,我国7岁以上学龄儿童超重率也由2.1%增至12.2%,肥胖率则由0.5%增至7.3%,相应超重、肥胖人数也由615万人增至3496万人。美国2009~2010年6~17岁儿童肥胖是1976~1980年的3倍。慢性疾病限制了儿童青少年的活动。此外,预防接种与儿童、青少年的健康相关,它不仅能保护个体,而且可通过群体免疫保护易感人群。

知识链接

欧洲和中国儿童与肥胖相关的疾病指标估计值

并发症	肥胖儿童的患病率最低估计值(%)	2009年中国居民健康与营养调查:7~17岁的儿童
	欧洲	中国
甘油三酯(三酰甘油)升高	21.5	
总胆固醇升高	22.1	42%具有下列至少一个心血管危险因素:
高低密度脂蛋白胆固醇	18.9	糖尿病前期和糖尿病
低高密度脂蛋白胆固醇	18.7	(HbA1c,5.7%)
高血压	21.8	高血压
糖耐量异常	8.4	高总胆固醇
高胰岛素血症	33.9	高低密度脂蛋白
2型糖尿病	0.5	低高密度脂蛋白
代谢综合征	23.9	高甘油三酯
肝脂肪变性	27.9	高C反应蛋白
转氨酶升高	12.8	

(二)心理因素

1. **家庭动态和父母的期望值** 家庭动态影响儿童、青少年与父母及其他家庭成员的互动,也影响儿童自我形象和自尊的发展。例如,离异家庭的孩子承受更多的因家庭破裂产生的内疚感

和情绪困扰。父母亲对孩子的期望塑造了孩子对自身和他人的期望。不能达到父母的期望则会产生压抑感和内疚感。而不现实的父母期望值将导致正常孩子的不良行为举止。

2．父母的应对能力和心理健康　父母的压力大小影响其为人父母的能力。研究显示养育孩子一定程度上影响妇女的心理健康，在缺乏支持系统时尤为突出。此外，有心理问题的父母亲不能有效地照顾和监护孩子。

3．儿童、青少年自身的心理健康问题　通过儿童、青少年心理健康问题出现的次数、频率和类型可以判断心理健康状态。研究显示抑郁是儿童、青少年最显著的心理问题，约有3.0%的儿童和12.5%的青少年曾经出现过明显的抑郁症状。

（三）物理环境因素

儿童比成年人更容易受到各种环境污染的影响。儿童神经系统尚未发育完全，因此他们比成年人更容易受铅中毒的影响。杀虫剂和空气污染的暴露影响儿童青少年的健康。意外伤害是影响儿童、青少年安全最主要的因素。在中国，意外伤害是0～14岁儿童的首要死因。2000—2005年，我国0～14岁儿童因意外伤害所致的平均死亡率为20.1/10万人，占0～14儿童总死亡的19%；平均每年近50000名儿童，平均每天有近150名儿童因意外伤害而失去生命；意外溺水是儿童意外伤害的首要死因，10个因意外伤害而死亡的0～14岁儿童中，有近6个是溺水身亡的，其中4岁以下幼童占52%，5～9岁儿童占23%。

（四）社会文化因素

影响儿童、青少年健康的社会文化因素有家庭收入、父母亲的职业和媒体报道。家庭收入显著影响婴幼儿的死亡率和慢性疾病的有效控制率。父母亲的职业影响家庭收入，也影响儿童及青少年的健康。一方面是在职父母亲精力有限，没有精力指导孩子，没有时间与孩子有效沟通；另一方面是在职父母不规律的工作时间。例如，工作时间不规律的父母，其孩子往往表现多动、注意力不集中、攻击行为及焦虑等。此外，媒体报道对儿童、青少年的健康产生很大影响，导致青少年的不良行为，如吸烟、喝酒、性行为等。

（五）行为因素

1．营养和饮食　社区护士应该关注婴幼儿的喂养情况，如新生儿是母乳喂养还是人工喂养、混合喂养。婴儿前6个月应该提倡纯母乳喂养。幼儿、年长儿和青春期儿童的饮食也非常重要。因此，应根据儿童的具体状况和年龄制订合理的饮食计划。

2．休息和锻炼　足够的休息和适当的运动可以增强儿童、青少年的身体素质、预防肥胖及疾病。此外，应特别关注慢性疾病儿童和残障儿童的运动需求。如哮喘儿童，由于气道高反应性，机体基础代谢指数高、活动能力下降，则不宜剧烈运动。

3．烟草暴露　儿童及青少年通过其自身或者其父母及家庭成员的行为而暴露于烟草、酒精等危险物质中。孕期吸烟与不良分娩结局、新生儿猝死综合征等有关。

4．性行为和暴力　青少年的性行为对其健康影响较大，尤其是意外怀孕和性传播疾病。发育期的青少年心理发展处于不成熟阶段，容易通过暴力等极端方式来解决问题。当受到暴力侵害时，他们往往用以暴制暴的方式来保护自己，或者拉帮结派以寻求庇护，由受害者成为施暴者。

（六）保健体系因素

影响儿童、青少年健康的保健体系方面的因素包括对健康和卫生保健的态度、常用保健资源和卫生保健服务的利用。中国儿童发展纲要（2001—2010年）要求儿童保健覆盖率在城市达到90%以上，在农村达到60%以上。目前，我国儿童疾病防治工作虽然得到了巩固和发展，但儿童保健专业人员缺乏、服务模式单一。再者，由于受地理环境、经济文化落后等因素影响，贫困山区居民保健意识薄弱，未能主动送孩子进行健康体检。

二、儿童、青少年的保健与护理

(一) 健康评估

社区护士应从儿童、青少年个体及其家庭和群体两个层面对其健康状况和健康需求进行评估，并提供相应的卫生服务。具体评估内容详见附录3。

(二) 护理诊断

通过对儿童、青少年健康状态和卫生保健需求的评估，社区护士根据儿童、青少年个体或者群体一级预防、二级预防和三级预防措施的需要做出相应的护理诊断。例如，免疫接种率低：与缺乏获取较低费用的免疫途径有关；儿童虐待潜在性增加：与大量失业和社区健康问题发生率增加有关；少女怀孕率增高：与缺乏有效性教育和获取避孕服务有关；存在有效参加体育运动障碍：与儿童残障有关。

(三) 护理计划和实施

1. **一级预防** 目的在于采取措施促进儿童、青少年健康和预防健康问题的发生。预防重点和干预措施详见表6-1。

表6-1 儿童、青少年健康保健的一级预防重点和干预措施

预防重点	干预措施
确保获得健康保健	转诊至健康保健资源处；改善儿童、青少年常规健康保健资源；倡导儿童、青少年健康保健
减少和降低早产、低出生体重和婴儿死亡率	性教育；采取有效的避孕方法预防意外怀孕；促进有效的产前护理；为孕妇和儿童提供营养；孕期禁止烟酒
促进生长发育	对父母亲进行儿童、青少年生长发育知识的教育；提倡为儿童、青少年提供良好的生长发育环境
提供充足的营养	提倡母乳喂养；针对儿童、青少年营养需求对父母进行健康教育；提倡学校和托儿所为儿童、青少年提供健康营养物质；提倡餐饮场所提供更健康的饮食选择
加强体育活动	教育儿童、青少年体育活动的必要性和重要性；提倡学校开展体育课；提供儿童、青少年活动场所
促进安全	加强对儿童、青少年的监护；提倡加强法律法规来保护儿童、青少年；加强安全设施的有效使用；减少环境安全隐患的发生
预防传染性疾病	提高免疫接种率；加强孕前保健和孕期HIV等性传播疾病的筛查；提高安全套的使用和安全性行为；教育群众和家庭重视饮食卫生，提倡有效的卫生设施和食品饮水安全供应
加强牙齿保健	加强牙齿卫生和保健
支持有效的养育	给予父母支持；指导父母照顾儿童、青少年；提倡暂时性护理；协助父母知晓纪律问题；指导父母对孩子的期望要切合实际；采取措施减少来自父母的压力

2. **二级预防** 目的在于解决儿童、青少年现有的健康问题，主要内容包括疾病的筛查、轻微疾病的健康保健、慢性疾病和晚期疾病的保健。预防重点和干预措施详见表6-2。

表6-2 儿童、青少年健康保健的二级预防重点和干预措施

预防重点	干预措施
健康问题的筛查	提供常规筛查服务；解释筛查结果并及时转诊；提倡可取性和可及性筛查服务
轻度疾病的照顾	指导家庭识别轻度疾病的症状及如何在家中进行护理；必要时转诊治疗
慢性疾病的照顾	指导家庭识别儿童、青少年慢性疾病的症状；转诊以进一步诊断和治疗；提供个案管理护理服务；提高家庭的适应性；指导慢性疾病的自我管理；促进患有慢性疾病的儿童的正常生长发育；提倡改变环境来降低慢性疾病导致的残障；提倡可取性和可及性的诊断与治疗服务
晚期疾病的照顾	提供或转诊到姑息护理；帮助悲痛家庭；指导支持服务；启动丧亲关怀；提供可取性和可及性临终关怀和丧亲关怀

3. 三级预防　目的在于预防儿童、青少年所经历的特殊健康问题,包括预防疾病复发、预防并发症和增强适应性。预防重点和干预措施详见表6-3。

表6-3　儿童、青少年健康保健的三级预防重点和干预措施

预防重点	干预措施
预防复发	指导儿童、青少年,家庭、群众预防健康问题的复发;提倡通过改变社会和环境来预防健康问题的复发
预防后果	监管和督促有效的疾病管理;提供支持性服务;促进患有慢性疾病的儿童、青少年的发育;提供转诊咨询;提供情感支持
增强适应性	改变生活方式,与有效的疾病管理保持一致;尽可能促进正常的家庭生活方式;加强家人之间、家人和医护人员之间的沟通;转诊;提倡必要的社会和环境改变

(四) 保健措施的评价

儿童、青少年健康保健措施的评价从个体、家庭、社区人群进行。就个体而言,主要是评价预防措施是否促进了儿童的生长和发育、营养是否符合正常需求、免疫接种情况、儿童生长环境中的物理或心理危害是否减少、儿童是否按需要接受卫生保健服务、疾病健康问题是否解决。就家庭而言,主要是评价家庭和儿童对现有慢性疾病或残疾所进行保健的程度,父母是否能够接受和是否准备好照顾一个有特殊需求的小孩,儿童目前状况的并发症是否得到预防。就群体而言,主要是评价国家所制订的儿童、青少年保健目标是否实现。

(邵阳学院　邓莉莹)

第二节　社区成年妇女的健康与保健

成年妇女是一个特殊的群体,在生理、心理上与成年男性存在明显区别。成年妇女不仅承担着孕育和养育下一代的责任,而且承担着社会建设发展的重要任务,面临社会、家庭的巨大压力。因此,关注成年妇女的健康与保健、探讨影响成年妇女健康与保健的因素、采取措施改善和提高成年妇女的健康水平是社区卫生服务的重要任务之一。

一、妇女健康的流行病学

(一) 生理因素

1. 基因遗传　与男性相比,妇女更容易罹患遗传性相关疾病。例如,患乳腺癌的妇女,其姐妹、母亲、姨妈或祖母患类似癌症的可能性更大。同样,妇女患甲状腺疾病、糖尿病、哮喘、各种皮炎、花粉过敏等都可能与疾病遗传易感性相关。

2. 成熟和衰老　女性的身体成熟按照发育轨迹,但性成熟却有着独特的轨迹。性成熟期及相关时间点详见表6-4。

表6-4 女性的性成熟阶段

典型阶段	时间段
青春期前	出生到月经初潮
初潮	第一次出现月经（13岁左右）
绝经前期	少女期或青春期（一般在12～18岁） 生育期或性成熟期（从18岁开始持续30年左右）
围绝经期	从绝经前出现与绝经相关的特征到绝经后一年内的时间（一般在40～60岁之间）
绝经后期	绝经到死亡

月经是指子宫内膜随卵巢周期性变化而发生周期性脱落及出血，大约在排卵后14天开始（月经周期28天）。规律性的月经来潮是性功能成熟的标志之一。初潮是指第一次月经。妇女生育期，一般是从初潮到44岁左右。此期妇女容易出现痛经、经前期紧张综合征。围绝经期是指妇女自生育期有规律性的月经过渡到绝经的阶段，即从临床特征、内分泌学及生物学上开始出现绝经症状（月经紊乱）至最后1次月经后1年的时期。95%的妇女在39~51岁进入围绝经期，平均年龄为46岁。围绝经期历时4～7年，主要表现为卵巢功能下降、内分泌生理功能不稳定、激素水平的易变化特征。绝经是指从最后一次月经到月经停止一年整。绝经年龄在45～52岁之间，平均为51.5岁，但卵巢功能衰竭所致的月经停止可发生于任何年龄段的女性。绝经后期是指从绝经期持续到死亡，占妇女一生1/3的时间。随着绝经期激素水平的改变，绝经后期许多疾病的风险性也随之增加，如骨质疏松症、心脏病。

3．生理功能　与男性相比，妇女更容易受急慢性疾病的影响，导致其患病率和致残率相对较高。目前，全球妇女发病率高的疾病主要有心脏病、HIV感染、骨质疏松、脑血管疾病、糖尿病和类风湿性关节炎。乳腺癌和宫颈癌的发病率虽然有所下降，但仍然是威胁妇女健康的重要问题。此外，由于性别差异，女性承担着许多男性未曾遭受的生殖健康问题，例如避孕、不孕和妊娠。错误的避孕观念和不当的避孕措施使育龄期妇女意外怀孕的发生率呈上升趋势。不孕是全球许多妇女面临的另一个问题。特别在一些传统文化观念中，能否生育是评价妇女价值的标准。随着当前辅助生殖技术的广泛开展，妇女受孕率增加的同时，妊娠并发症、早产、低体重和出生缺陷的危险也相应增加。与疾病相比，妊娠分娩虽然属于自然现象，但也会影响到母子的身体健康，如孕产妇死亡、围产期HIV传播、死胎、新生儿死亡和产后抑郁症。

（二）心理因素

1．压力和应对　由于承担着家庭和社会的双重责任，现代妇女面临较大的压力。压力主要来源于家庭、人际关系、经济状况、自身及家人的健康状况。压力对妇女健康影响的大小取决于暴露压力的程度和应对能力。研究表明女性乳腺癌、高血压与压力有关。

2．性观念　不同国家不同地区的性观念不一样。在偏远地区和农村，因受传统观念的影响，妇女一般羞于谈论性问题，尤其是未婚年轻女性，可能对性存在恐惧和误解。妇女及其周围人群对性的认知状况可能影响妇女的性观念。

3．心理健康和心理疾病　与男性相比，女性更容易出现焦虑和抑郁。研究显示10%～25%的女性曾经患过抑郁症，女性抑郁症的发生率是男性的2倍，女性在育龄期、妊娠期、更年期的心理问题尤为严重。各年龄段的妇女自杀率虽然低于男性，但是每年仍有许多妇女因绝望而选择自杀结束生命。女性精神分裂症的发病年龄比男性晚，好发年龄在20～30岁。近年来，农村留守妇女的心理疾病突出，与社会支持水平存在一定的相关性。

孕傻

孕傻（pregnant silly）表现为：孕妇记忆力衰退、丢三落四、注意力难以集中、反应迟钝等。国外称"baby brain"。研究显示，50%~80%的新妈妈抱怨自己的脑子自怀孕后不好使，而且学历越高越有这样的感受。这种傻并非智力下降，脑功能退化。当新妈妈适应角色后，孕傻问题自然减轻和消失。

（三）物理环境因素

物理环境方面的因素影响到女性健康。无论在家还是在工作场所，妇女都可能暴露于物理环境危害中。例如，家庭使用的清洁剂、喷雾剂、厨房油烟等；工作场所中的无线电频率、化学气体的暴露。

（四）社会文化因素

1. **角色和职责**　女性角色和职责的文化差异对女性健康造成一定影响。在很多文化群体中，女性被认为应该具备高度的家庭责任感，把家庭成员的需求放在首位，如照顾小孩、年迈的父母亲和患病的家人。多重角色和过重的任务导致妇女不良的健康状态、出现焦虑和抑郁等。

2. **收入和职业**　研究显示职业收入与女性的健康状态、残疾和慢性疾病的发生有一定关联。工作中的物理环境、心理环境和社会环境对女性健康产生很大的影响。例如，高科技工作中无线电频率的暴露对女性生殖系统有潜在的影响，管理层女性因工作压力而承担巨大痛苦，大多数工作向男性开放，女性与男性同工不同酬。此外，孕期、哺乳期等使妇女推迟工作时间，失去继续教育和提拔机会。

3. **暴力和虐待**　女性所受到的暴力是广泛的、不易识别的、被文化所容忍的一种现象。据统计，全世界10%～50%的女性曾受到其男性伴侣的肉体虐待、强奸和攻击。研究报道女性被强奸和攻击的概率是男性的4倍。对男性的心理依赖和自尊低下的心理因素使女性更加容易成为受害者或被虐待者。羞耻感和无助感影响妇女被虐待后主动寻求帮助的能力。

（五）行为因素

不良的饮食习惯会引起妇女肥胖和糖尿病、或者导致年轻女性厌食。运动过少、钙摄入量过少容易引起女性骨质疏松症。吸烟增加了女性肺癌和心血管疾病发生的风险。孕期吸毒、酗酒增加了不良妊娠结局（如胎儿酒精综合征、早产、死产和畸形）的发生。无保护措施的性生活增加了意外怀孕和性传播疾病的机会。其他健康相关的行为包括保持足够睡眠、定期妇科疾病筛查如宫颈涂片和乳腺B型超声检查。

（六）保健体系因素

目前，社区妇女保健体系存在以下不足：重视社区妇女个体的保健、忽视社区妇女人群的保健；重视满足社区妇女生殖问题方面的保健需求，忽视妇女其他方面的保健需求；提供的社区医疗保健服务大多集中在针对妇女中的疾病患者的二级和三级预防，缺乏对健康妇女的疾病预防和提供健康促进资源。

二、妇女的保健与护理

（一）健康评估

社区护士应该从生理、心理、物理环境、社会文化、行为、保健体系六方面收集相关资料，评估妇女个体或者群体的健康状态。评估具体内容详见附录4。

(二)护理诊断

根据评估资料,社区护士做出相应的护理诊断。护理诊断可以是积极的健康状态、潜在的或现存的健康问题,也可以是引起健康问题的因素。护理诊断可能与妇女个体的健康状况相关,如"角色负荷过重:与在职单亲妈妈、缺乏社会支持网络有关"。诊断也有可能与妇女群体的健康需求有关,如"数量足够而价格便宜的托儿所的需求:与在职单亲母亲的数量和不能支付托儿所的经费有关"。

(三)护理计划和实施

1. 一级预防 关键是保持平衡、保持健康关系、保持自我健康意识、保持身体健康和预防疾病。对于孕妇,促进健康的妊娠结局也是关键。预防重点和干预措施详见表6-5。

表6-5 成年妇女健康保健的一级预防重点和干预措施

预防重点	干预措施
保持平衡	保持经济平衡;平衡多种角色;平衡个人需求和照顾责任;保持正确的性价值取向;平衡家庭和工作责任;平衡工作和生活压力;发展应对和自信能力
促进健康关系	预防家庭暴力;促进健康的交流方式
促进自我健康意识	发展和保持自我认同;对角色变化接受预期指导
促进身体健康/疾病预防	摄取足够营养;保持足够休息和运动,并避免伤害;按时预防接种;戒除不健康行为(如吸烟,喝酒和吸毒);使用安全防御措施;坚持产前保健;预防骨质疏松;实施安全性行为

2. 二级预防 主要是针对女性现有的健康问题进行筛查、诊断和治疗。预防重点和干预措施详见表6-6。

表6-6 成年妇女健康保健的二级预防重点和干预措施

预防重点	干预措施
筛查	妇科常规检查:了解外阴、阴道、宫颈、子宫以及输卵管、卵巢大小、形态、位置等,适用于有性生活的妇女,每年检查一次,月经干净后3~7天内。 白带常规检查:滴虫性、真菌性、非特异性阴道炎和细菌性阴道病,确定阴道清洁度等,适用于所有妇女。 妇科B超检查:阴道B超筛查子宫、宫颈、子宫内膜等有无病变或畸形,适用于有性生活的妇女;盆腔B超:筛查子宫肿瘤、子宫内膜异位、子宫畸形、卵巢肿物、盆腔内炎性肿块或脓肿等,适用于除怀孕前3个月孕妇、老年人及尿失禁患者之外的所有妇女。 宫颈涂片:筛查宫颈癌前病变及宫颈癌。 乳房检查:乳腺B超,1~2年查一次;乳腺钼靶筛查早期乳腺癌,适用于45岁以上的妇女,每年检查一次,高危人群可增加检查次数。
诊断和治疗	治疗不孕症;指导合理避孕;及时转诊围绝经期妇女,接受激素治疗;帮助提高性生活;帮助确诊和处理身心虐待问题;处理现有急慢性健康问题。

3. 三级预防 主要目的是促进康复和防止健康问题的复发。预防重点和干预措施详见表6-7。

表6-7 成年妇女健康保健的三级预防重点和干预措施

预防重点	干预措施
预防疾病复发	预防慢性病复发；加强慢性症状的管理如疼痛
避孕	采取有效的避孕措施，进行健康教育
应对虐待	帮助妇女重建生活和家庭；帮助妇女就业；帮助妇女经济独立和提高应对能力
预防性传播疾病	帮助妇女应对性传播疾病，如艾滋病、乙型肝炎

（四）保健措施的评价

对于妇女卫生保健的评价，主要是从保健质量和结局两方面进行。由于大多女性的依赖角色，妇女参与其自身所获得的健康保健的评价非常重要。在国家层面上，主要评价妇女保健服务的目标是否得到实现。例如，妇女普查率的增高、宫颈癌和乳腺癌死亡率的降低、意外怀孕率的降低、孕产妇死亡的降低、妊娠并发症的减少、孕妇接受早期培训和围产期保健的比例增加、孕妇吸烟喝酒减少等。

（湖南医药学院　高品操）

第三节　社区成年男性的健康与保健

成年男性在生理健康失调和健康相关需求方面不同于女性。主要存在三个方面的差异：男女之间的生理差异，健康相关习惯和健康求助行为的差异，社会角色、承受压力和应对方式的差异。以往人们更多关注影响男性健康状态的特殊问题（如心血管疾病、肺癌、前列腺癌），却忽视了男性的总体健康需求。在临床实践中，男性的健康保健和护理是相对零散的，没有综合的、整体的保健服务。因此，社区护士应运用护理程序，从个体和群体层面上为成年男性提供保健服务，以促进男性健康、预防疾病和伤害，促进康复和恢复。

一、男性健康的流行病学

（一）生理因素

1. **慢性疾病**　男性从事户外工作和活动较多，暴露于日光照射的时间较长，因此，男性黑色素瘤病死率高于女性。男性慢性支气管炎发病率、慢性阻塞性肺疾病住院率及死亡率高于女性。男性吸烟和酗酒率远远高于女性，因此，脑血管意外事件发生率高于女性。此外，男性心脏病发病年龄及死亡年龄均小于女性。

2. **乳腺癌**　传统观念认为乳腺癌是女性的特有疾病，但研究表明男性乳腺癌患病率呈逐年上升趋势。从1995年到2000年，美国男性乳腺癌发病率增加了约50%。目前男性乳腺癌的发病机制和病因尚不清楚，主要危险因素包括生活方式（肥胖、饮酒、服用雌激素）、职业暴露于高温环境和汽车尾气、疾病情况（睾丸疾病、肝病、胸部放疗等）、遗传因素（Cowden综合征、乳腺癌家族史等）。

3. **骨质疏松症**　骨质疏松症通常发生于绝经后妇女，但男性也同样发生。虽然不像女性，因停经而出现快速骨质丢失，但60岁及以上的男性发生骨质疏松性骨折的概率高达25%。吸烟、酗酒可导致男性骨质疏松症发病率上升，其他诱因包括长期使用糖皮质激素、性腺功能减退症、糖尿病、精神疾病药物和免疫抑制剂的使用。

4. **男性生殖系统疾病**　男性容易患性传播疾病。例如，20岁左右的男性，淋病发生率为

(500～600)/10万；男性HIV感染率是女性的3倍。前列腺炎多见于中青年男性，我国20岁以上男性前列腺炎患病率为25%～40%。前列腺癌是男性癌症患者的第二大杀手，约10%的男性死于前列腺癌。睾丸癌占男性癌症发病率的2%，好发年龄在15～44岁。隐睾症和创伤是睾丸癌发生的危险因素。此外，男性性功能障碍中勃起功能障碍最常见，40岁以上男性发病率为30%～50%。男性不育严重威胁其自我形象。

5．意外伤害　男性意外伤害发生率高于女性，尤其是机动车辆事故。工伤事故、枪杀、从事危险运动等因素也增加了男性意外伤害的发生率。

（二）心理因素

1．社会化和压力　男性的基本心理需求与女性类似，希望理解他人和被人理解，希望爱和被爱，相互依赖，生活得有意义。然而，性别社会的定位使男性基本的心理需求难以得到满足。社会观念一致认为男女有别，男性应该具备独立自主、情感约束、自我优越意识等特征。这给男性带来巨大的社会压力，严重影响其身心健康。

2．应对能力　男性认为自己身体强壮、意志坚韧，所以他们倾向于压抑痛苦、克制情感和行为、掩饰脆弱。这种价值观是一把双刃剑。一方面，它可使男性积极向上，努力寻求预防保健服务以促进自身健康；另一方面，它可使悲痛、忧伤、无能为力等情绪蓄积在体内，最终导致心理疾患，例如抑郁症。

3．自杀　随着医疗条件的改善，每年死于自杀的男性人数多于因疾病死亡的人数。研究报道美国男性自杀率是女性的4倍。因此，评估男性人群自杀危险因素的出现非常重要，如15～24岁或大于65岁是好发年龄阶段，以及是否存在慢性生理或心理失调、抑郁和吸毒。

（三）物理环境因素

环境污染日益成为男性生殖能力的第一大杀手。环境因素可能作用于精子成熟过程的多个环节，使精子在形成过程受到损害。专家指出，杀虫剂污染可能是我国上海市男性的生育能力在过去十年里下降12%的主要原因。另外，电离辐射容易使男性生殖细胞受到损伤。受到不同程度的电离辐射后，精子的浓度、活力、形态、染色体及DNA发生一系列变化，最终导致男性生育能力下降，甚至不育。

（四）社会文化因素

1．家庭互动（family interactions）　良好的家庭互动有利于和谐的夫妻关系和男性健康。长期不良的家庭互动可导致家庭纠纷、家庭暴力和婚姻失败，从而不利于男性的身心健康。此外，子女抚养问题是影响男性健康的另一大家庭互动因素。社会角色定位导致男性缺乏抚养经验，职业女性比例的增大促使男性承担更多抚养责任，甚至许多离异或丧偶男性需独自抚养子女。当然，抚养子女对男性的身心健康也有着积极作用。研究表明，抚养子女的离异男性缺血性心脏病、意外死亡、吸毒成瘾的死亡率显著低于单身男性或单身父亲。

知识链接

过劳死

"过劳死"是指由于长时间加班工作导致过度疲劳而猝然死亡。有研究统计，中国每年有60万人"过劳死"，意味着每天约1600人因劳累引发疾病死亡，而"过劳死"死者60%为30~50岁男性白领，死因是急性心肌梗死、脑出血、蛛网膜下腔出血等病。经调查，死者往往在死前一周有过重的工作任务或过大的心理压力，并且较长时期内处于一种超出社会平均劳动时间和强度的工作状态，正常工作规律和生活规律遭到破坏，身体疲劳蓄积并向过劳状态转移，使血压升高、动脉硬化加剧，最终导致死亡。工作压力、环境污染、缺乏锻炼、缺乏睡眠是导致过劳死的主要慢性原因。

2. 经济和职业问题　虽然越来越多的女性走出家庭、进入职场，但在大部分家庭，男性仍然是家庭经济的主要来源。在工作场所，男性更容易暴露于各种危险因素之中。研究表明男性职业伤害死亡（6.8/100,000）是女性（0.7/100,000）的10倍，主要集中在农业、森林业、渔业、采矿业、建筑业等行业。

3. 暴力和外伤　男性比女性更容易暴露于各种形式的社会暴力和意外伤害中。研究显示，男性因枪支武器死亡人数是女性的6倍，男性意外伤害死亡率是女性的2倍。据2012年统计，严重暴力犯罪受害率，男性为9.4/1000，而女性为6.7/1000。暴力和外伤可导致创伤后精神障碍和其他健康问题。

（五）行为因素

1. 消费方式　消费方式包括饮食、物质滥用和虐待。相比女性而言，男性吃肉制品、谷物较多，而蔬菜、水果较少，因此，男性肥胖发生率较高。男性吸烟（23.6%）高于女性（18.8%）。男性醉酒驾车造成的事故率和酗酒引起肝硬化的发生率均高于女性。

2. 运动和休闲　男性空闲之余通常参加体育运动。体育运动能促进心血管健康和肌肉强壮、降低髋骨骨折的危险性，但也增加了外伤的危险性，增加攻击和暴力行为的发生。

3. 性行为　男性使用安全套预防性传播疾病的意识淡薄，且使用安全套的目的往往是防止意外怀孕而不是预防性传播疾病。

4. 其他健康相关行为　安全设备的使用与否严重影响男性的健康，例如驾驶时不使用安全带，工作场所不使用安全装置。此外，男性参与体格检查、疾病筛查、免疫接种明显不及女性。

（六）保健体系因素

男性的健康意识差，认为健康就是能够正常工作、经济上独立、强大的性功能。这种观念往往延误了男性疾病的诊断和治疗。资料显示，男性就诊频率比女性低28%，90%的男性缺乏体检意识，80%的男性重病患者承认自己忌讳就医。再者，男性不能与女性享受同等的卫生保健服务，因为女性在孕期、产褥期的保健已经列入常规保健服务。此外，性别社会化、缺乏对保健人员的信任、经济困难、无医疗保险等因素均妨碍了男性主动寻求健康保健服务。

二、男性的保健与护理

（一）健康评估

有效地满足男性健康需求的关键是准确评估其健康状态和健康需求。社区护士应从生理、心理、物理环境、社会文化、行为、保健体系等六大方面收集相关资料，进行评估。评估具体内容详见附录5。

（二）护理诊断

根据男性人群的健康状态和健康需求的评估资料，社区护士做出相应的护理诊断。护理诊断可以反映好或差的健康状态，或是疾病危险的增加。例如，男性体力运动增加：与提供多种消费价格低的运动方式有关；性功能障碍：与睾丸癌术后有关；年轻男性性传播疾病的风险增加：与未采取保护性措施有关。

（三）护理计划和实施

1. 一级预防　主要是通过健康教育和重塑观念帮助男性改变对健康和健康相关行为的态度，增强其对慢性疾病的预防和应对能力，实施预防接种、采取安全保障的健康促进行为。预防重点和干预措施见表6-8。

表 6-8　社区成年男性健康保健的一级预防重点和干预措施

预防重点	干预措施
重塑观念	创建解决男性需求的健康保健体系
预防慢性疾病	合理膳食；加强运动；改善环境；转诊；提倡可取和可及性保健服务
提高应对能力	指导应对策略
提供免疫接种	宣传免疫接种的必要性；提供免疫接种服务；提高成人免疫接种率
促进安全	宣传安全设备使用的必要性；指导性生活的安全措施；监测和消除环境安全隐患；倡导安全法律法规
减少风险行为	加强戒烟、戒酒和戒毒的教育；倡导男性参与戒烟、戒酒和戒毒运动；提倡戒烟、戒酒和戒毒服务的医疗保险覆盖范围

2．二级预防　主要是通过有效筛查，尽早发现男性人群的健康需求，并对有健康需求或者健康失调者进行早期治疗。预防重点和干预措施详见表 6-9。

表 6-9　社区成年男性健康保健的二级预防重点和干预措施

预防重点	干预措施
筛查	监测血压、评估心血管疾病高危因素、筛查血脂水平；前列腺癌和直肠、结肠癌筛查（直肠指检和血常规）、肺癌筛查（X-线）、睾丸癌自我检查；常规筛查（如烟草使用、酒精滥用、抑郁症、HIV 感染、梅毒等）
治疗	建议医学检查和治疗，参与疾病的治疗过程；加强宣传教育，确保积极诊治；提供应对技能培训，帮助男性缓解学习或工作压力

3．三级预防　主要是帮助男性应对疾病后遗症、降低疾病复发率。预防重点和干预措施见表 6-10。

表 6-10　社区成年男性健康保健的三级预防重点和干预措施

预防重点	干预措施
重塑男性自我形象	改变男性对性功能障碍的态度；指导其积极寻求治疗；"一对一"交流，理解并倾听患者的失落感；成立"互帮互助"小组，鼓励与类似经历的患者进行沟通和交流，分享彼此感受；压力调节训练
提高治疗依从性	教育患者控制慢性病的重要性（如控制高血压）；指导减少药物不良反应的方法；与主管医生合作，共同协助男性坚持治疗
防止物质滥用复发	鼓励吸毒者进入戒毒所戒毒；防范吸毒者复吸的高危因素（如应对能力差、与其他吸毒者保持联系）；调动家庭成员的积极性、取得配合；提供家庭治疗和支持性服务

（四）保健措施的评价

社区成年男性健康保健的评价包括三大要点：男性人群健康目标的实现程度，社区护理计划和干预的有效性，能否用更少的时间和资源达到同样的效果。

（湖南医药学院　高品操）

第四节 社区老年人的健康与保健

随着老龄化社会的到来、寿命延长的健康保健服务需求日益增加、以及慢性疾病的发生率显著增加，老年人的医疗保健费用也大大增加。加强老年人的社区卫生保健既减轻了社会的负担，也提高了老年人的晚年生活质量。因此，社区护士应该运用所学的知识和技能为老年个体与群体提供长期而有效的保健服务。

> **知识链接**
>
> **老龄化社会**
>
> 联合国规定：一个国家或地区，年满65岁的老年人口占总人口7%以上，或年满60岁的老年人口占总人口10%以上，即可定义为老龄化社会。
>
> 我国2010年第6次人口普查结果显示：60岁及以上人口为1.78亿人，占13.26%，其中65岁及以上人口为1.19亿人，占8.87%。我国已成为世界上老年人口最多的国家，预测到2020年我国65岁以上人口将达1.67亿人，约占全世界老龄人口6.98亿人的24%。随着我国老年人口的快速增长，老年病以及慢性病的问题日益突出，健康老龄化的实现带来了相应的社区护理需求增加。

一、老年人健康的流行病学

（一）生理因素

1. **衰老** 随着年龄的增长，老年人在解剖结构和生理功能上发生一系列进行性、退行性变化，如行动缓慢、肌力降低、肌肉萎缩、认知功能减退、记忆力减退。同时，老年人患病后症状不典型、临床表现差异大、许多症状或疾病往往被误认为是衰老的正常表现，例如，心肌梗死发生时胸痛得不明显。

2. **生理功能** 老年人的患病率、死亡率、影响生活质量的其他问题发生率都明显高于年轻人。例如，疼痛和大小便失禁的发生，脑血管疾病、恶性肿瘤、慢性下呼吸系道疾病、慢性代谢性疾病的死亡率随着年龄的增加而上升。

（二）心理因素

1. **认知功能障碍** 老年人认知功能障碍包括注意力、判断能力、学习能力、记忆力、定向力、认知能力、问题解决能力、精神运动能力、反应速度、社会完整性等方面障碍。这些认知功能变化的程度大于老龄化进程中自然下降的程度。老年痴呆表现为多方面的认知功能丧失（如记忆力、问题解决能力、判断力）。数据表明约有2%的65～70岁老人、11%～40%的80岁老人患有老年痴呆症。

2. **压力和应对** 压力和应对方式影响老年人的心理健康。不像其他人一样，老年人拥有极少的资源来帮助他们有效应对压力。压力越大，老年人的心理健康水平越低。积极解决问题的应对方式有利于缓解压力对老年人心理健康的影响，而自责和幻想的应对方式不利于老年人的心理健康。

3. **抑郁症** 老年人抑郁症的发生危险因素包括抑郁症家族史、认知障碍、对生活失去兴趣、社会经济地位低、支持系统缺乏、负性生活事件（如退休、身心疾病、离婚、失去老伴）。抑郁可引起老年人孤独、生活满意度下降、免疫力下降和自杀。此外，抑郁和抗抑郁治疗可能增加老

年人跌倒的风险。

（三）物理环境因素

居住环境中的交通、噪声、犯罪、垃圾、光线暗淡和运输条件差等增加了老年人功能丧失的危险，同时也增加了社会孤独感、听力和认知受损、抑郁等的发生。空气中的臭氧和颗粒物质也严重影响老年人的呼吸和心脏功能。研究显示，暴露在小微粒污染中的老年人比年轻人更容易患心血管和呼吸道疾病。

（四）社会文化因素

1. **家庭角色和责任** 老年人的家庭角色和责任随着时间的变化而变化，例如，孩子们长大结婚、离开家庭，离婚或配偶的死亡。老年人需调整自己的心态以适应家庭角色和责任的变化。生活中，有些事如自己所愿，但有些却事与愿违。与以往相比，当前老年人承担着更多的养育和照看孙辈们的责任。当其子女死亡、离婚、患有精神疾病或入狱时，这种责任进一步加重。照顾孙子（女）与老年人抑郁、失眠、高血压、糖尿病、功能受限和忽略自身的健康有关。

2. **社会支持** 社会支持是影响老年人健康的另一重要的社会文化因素。社会支持来源于正式或者非正式的社会网络。社会网络是指一个人与他人交往和从中接受社会支持的关系网。非正式的社会网络由朋友、家庭成员和邻居组成，而正式的社会网络由保健和社会服务提供者组成。老年人的社会支持网络主要是家庭、邻居、亲属、朋友或同事、社区、老年人组织等。老年人的社会支持网络不仅能为老年人提供物质生活上的帮助，而且对老年人的精神慰藉、维权服务等方面都发挥着积极的作用，有利于老年人之间的沟通交流、促进老年人的身心健康。

3. **经济和就业** 经济对老年人的健康影响很大。因为经济水平影响卫生保健服务和生活必需品的获取。此外，社会经济地位与老年人残疾风险降低有关。就业和退休间接影响老年人的经济状况，对老年人的健康带来负面影响。

4. **虐待和暴力** 老年人虐待包括身体、言语、情感、性、经济、或者是被忽视、抛弃或自我忽视等方面。世界各地常有虐待老年人事件的发生。据报道美国3%～6%的年龄在65岁以上的老人经历了虐待或被忽视，香港27.5%的老人曾经被照顾者虐待、澳大利亚老人虐待发生率为4.6%，希腊为15.5%。

（五）行为因素

1. **饮食和营养** 老年人常见的营养问题包括营养不良、肥胖、胆固醇水平升高、脱水和缺乏特殊营养物质。研究显示营养不良老年人的年住院费用较普通人群高2倍，30%的老年人患有肥胖和高胆固醇血症。慢性脱水是老年人发生率比较高的饮食问题，它可引起肌肉萎缩、意识改变、肾衰竭和感染。老年人还可能因缺乏一些营养素而导致疾病，如缺铁和缺钙可导致缺铁性贫血、老年骨质疏松症。

2. **吸烟和饮酒** 随着年龄的增长，老年人的呼吸和代谢功能降低，因此，老年人更加容易因吸烟和饮酒引起健康问题，如肺癌和酒精肝。

3. **运动和锻炼** 适当运动和锻炼有益于老年人的身心健康。运动能够促进老年人的心血管功能，更好地控制高血压和高血脂，预防癌症、结石和骨质疏松，降低糖尿病的风险，增加肌肉、骨骼和关节的活动度，降低跌倒的风险。此外运动能够让老年人保持良好的情绪、促进自我认识和自我概念的形成。

4. **性生活** 性生活对老年人的健康很重要。与老年人健康相关的性行为方面因素包括知识、态度、价值、行为、衰老过程中解剖结构和生理功能上的变化。老年男性担心出现性功能障碍、阳痿。而老年女性由于阴道分泌液减少，性交时则出现疼痛。研究发现，老年人的性生活次数减少，他们很少谈论性生活问题。

5. **药物使用** 由于许多老年人身患多种疾病，用药相应增加，同时服用多种药物，西药和中药联合服用。随着年龄的增加，药物在体内的代谢速度减慢，药物中毒的潜在危害也随之增加。

老年人的服药依从性比较差，从而影响慢性疾病状态的控制、增加住院次数和急诊就医次数。

（六）保健体系因素

昂贵的医疗器械的使用和同时患有多种慢性疾病，使70岁以上的老年人卫生保健的需求增加7倍。慢性疾病的早期诊断和有效治疗能够降低老年人的社会保健负担。居家养老被认为是提高老年人生活质量和降低社会疾病负担的方法。但大量保健体系因素阻碍了居家养老的有效实施，如卫生保健的获取、处方药的保险范围和费用、患者与卫生保健人员的互动。

二、老年人的保健与护理

（一）健康评估

社区护士应该从生理、心理、物理环境、社会文化、行为和卫生保健体系六方面对老年个体或群体进行评估。评估具体内容详见附录6。

（二）护理诊断

通过对老年人的健康状态及其影响因素的评估，社区护士可以做出相应的护理诊断。例如，持续居家保健：与家中可获取日常生活活动的服务有关；皮肤完整性受损：与缺乏日常生活帮助有关。

（三）护理计划和实施

1．一级预防　目的在于促进健康和预防疾病，预防重点和干预措施见表6-11。

表6-11　社区老年人健康保健的一级预防重点和干预措施

预防重点	干预措施
饮食和营养	老年人营养需求的健康教育；确保营养食品的获取；消除获取营养物质的社会和环境障碍
安全	老年人安全问题的健康教育；加强肌肉、骨骼和关节的锻炼；减少环境安全隐患；改善老年人可选择的交通方式；改善居住环境中的火灾警报系统；提高家庭应对能力和减少压力；防止虐待老年人
预防接种	老年人预防接种的健康教育；提高免疫接种服务
休息和锻炼	老年人活动与锻炼的健康教育；积极处理老年人的失眠问题
戒烟、戒酒	戒烟戒酒的健康教育；协助老年人制订戒烟戒酒计划
保持独立	参与一些让老年人尽可能长久地独立生活的服务项目的开发；改善支持老年人独立生活的环境

2．二级预防　目的在于疾病的筛查、治疗和慢性疾病的自我管理。预防重点和干预措施见表6-12。

表6-12　社区老年人健康保健的二级预防重点和干预措施

预防重点	干预措施
皮肤受损	定期检查病变肢体；保持病变处清洁、干燥；经常变换体位减少压疮
便秘	多食用流质和纤维食物；加强常规锻炼；必要时使用温和的通便剂或者灌肠剂
尿失禁	潜在因素的治疗；定期排尿；Kegel锻炼；晚餐减少流质饮食的摄入；膀胱训练；使用老年护理垫防止尿床，并经常更换；保持皮肤清洁干燥；勤换洗衣服和床单
大便失禁	潜在因素的治疗；避免含咖啡因饮料和巧克力的摄入；少食多餐；多食可溶性纤维；摄入足够水分；Kegel练习和排便训练
感觉丧失	提供充足光线；保持眼镜的清洁和助听器的功能；减少安全危害；使用大字体的印刷材料；使用多种感觉方法进行交流和指导；避免使用难以辨别的颜色；说话清晰而慢；减少噪声；少买易腐烂食物；使用烟雾探测器

预防重点	干预措施
活动受限	为患者提供救护车、拐杖或轮椅；安装斜坡、扶手；帮助获得公共设施；交通资源
疼痛	疼痛控制后适当安排活动；温水浴；足够的休息和锻炼；镇痛剂的有效使用；提供可替代的疼痛控制措施
慢性阻塞性肺病（COPD）	治疗（如类固醇、氧疗等）；氧疗的安全指导，戒烟指导，鼓励接种预防肺炎和流感的疫苗；鼓励使用止咳药；指导正确的坐姿饮食；教育患者练习缩唇呼吸膈式呼吸，控制咳嗽；情况允许下多锻炼
认知障碍	提倡使用有效疗法；必要时使用阿尔茨海默病药物和使用抗抑郁药；增强锻炼；加强增强记忆力的活动；指导家人和照顾者了解关于疾病治疗的进展；减少环境刺激和反常行为的诱发因素；保持足够的休息
抑郁	接受；鼓励患者说出感受；咨询或者给药
社会隔离	弥补感觉上的丧失；加强交流能力；加强活动，提供便利交通；提供患者支持系统；协助患者简单处理一些失去心爱之物的感觉
虐待或忽视	帮助照顾者采取积极应对策略；协助家庭获得老年人的日间或者姑息护理；给家庭提供咨询；安排临时场所；协助家庭为老人安排其他安全护理；倡导使用法律和其他保护性服务来保护老年人
物质滥用	确认老年患者的酗酒问题；观察酒精中毒的影响；维持水分和营养

3．三级预防　目的在于预防现有疾病的并发症和防止疾病复发。社区老年人健康保健的三级预防包括健康状况的监测、姑息治疗、临终关怀和关心照顾者。预防重点和干预措施详见表6-13。

表6-13　社区老年人健康保健的三级预防重点和干预措施

预防重点	干预措施
监测健康状态	监测健康状况和治疗效果
姑息疗法	为患者提供姑息疗法；为老年人群提供获得姑息疗法的服务设施
临终护理	帮助个别患者和家庭制订最新治疗计划；在保健体系范围内，遵循最新治疗方案；为患者个体提供文化支持和恰当的临终护理；倡导临终关怀；提倡改变临终服务中的有偿服务
支持照顾者	为照顾者提供支持性服务；为照顾者维权；提倡为照顾者提供所需医保服务

（四）保健措施的评价

社区老年人的健康保健评价分为个体和群体两个层面。在个体层面，社区护士评价个体的健康状态和一级、二级、三级预防促进健康状态的效果。在群体层面，社区护士可通过国家相关的老年人保健目标的完成水平来检验保健的效果。

（湖南医药学院　田玉梅）

第五节　社区同性恋和双性恋人群的健康与保健

GLBT（同性恋和双性恋）是四个英文单词的首字母缩写词，G是指男同性恋者（gays），L是女同性恋者（lesbians）、B是双性恋者（bisexuals）、T是跨性别者（transgender）。GLBT人群往往不容易被社会公众所接受，且存在诸多健康问题。因此，社区护士应该运用护理程序，评估

GLBT 人群的健康需求，制订和实施相应的护理计划及措施，综合评价干预效果。

一、GLBT 人群健康的流行病学

（一）生理因素

1．成熟与衰老　GLBT 人群以年轻人为主，但也有较多年龄偏大者。据估计美国现有 100 万~300 万年龄偏大的 GLBT，到 2030 年人数可能增长到 600 万。由于被社会边缘化，GLBT 年龄较大者所能获得的支持比其他同龄异性恋者更加困难，所面临的健康问题也更加多，尤其是 HIV 阳性 GLBT 患者。

2．躯体疾病　GLBT 人群罹患疾病的风险远远高于普通人群，大部分是由于高风险行为和不主动寻求医疗帮助而造成的。目前，GLBT 健康问题中的性传播疾病成为关注焦点。例如：男同性恋者中最新感染梅毒病例增加。许多一级、二级梅毒男同性恋患者合并感染 HIV，但他们往往没有意识到自己处在 HIV 感染的高风险之中。变性女性中艾滋病的发病率也较高，沙眼衣原体感染的风险比异性恋女性高。此外，GLBT 人群其他方面的健康问题发生率也较普通人群高。例如女同性恋中肥胖发病率是其他女性的 2 倍，罹患乳腺癌的风险明显增加。

由于 GLBT 人群社交活动受限，往往导致情绪紧张、吸烟、用药等行为增加，也可能导致哮喘、关节炎等疾病，严重者出现残疾，甚至死亡。对于变性者来说，后天人为地改变自身生理解剖结构将带来更多健康问题。如：男性变性者长期应用雌激素引起静脉血栓的形成和增加肺栓塞的发生概率；或导致胆结石、胰腺炎、葡萄糖耐量下降等不良反应。而女性变性者长期应用雄激素可能出现痤疮、体重增加、真性红细胞增多症、胰岛素抵抗、肝疾病或水肿，以及增加心血管疾病的风险。

3．机体免疫力　对于性生活较为活跃的同性恋、双性恋或男女变性者，建议其进行常规疫苗接种以及肝炎疫苗接种。社区护理人员宜加强对 GLBT 人群免疫情况的评估。

（二）心理因素

在 1952 年到 1973 年期间，美国精神病学会认为同性恋属于精神障碍。1952 年美国《精神疾病诊断和统计手册》将同性恋作为一种社会病态的人格障碍列入疾病诊断。虽然同性恋在新版本手册中删除，但性别认同障碍（gender identify disorder）和性别焦虑症（gender dysphoria）被列为精神疾病诊断。性别焦虑症可以使个体对自身的生理性别产生严重的不舒适或者痛苦。因此，健康保健人员需要提高警惕，及时发现其是否出现自杀意念和行为。

与正常人相比，GLBT 人群并不具有易患精神疾病的生理因素，但由于受社会歧视、文化观念等影响，GLBT 人群会出现较多的精神健康问题，如抑郁和焦虑。

对于不能以其身份公开生活的 GLBT 人群，必须克服被别人发现他们真实身份的恐惧，包括穿着打扮、工作单位、住所、生活伴侣以及言行举止等。这也意味着他们需要不断地监视反馈和改变去歪曲身份。他们必须隐瞒合作伙伴、家人或者朋友。变性人群体同样需要承受被拒绝及被人身攻击的危险。

此外，社会对 GLBT 人群的歧视可使这种偏见内化，从而导致 GLBT 人群缺乏自尊心和出现不同程度的抑郁。

性别焦虑症

性别焦虑症（gender dysphoria）又称社会性别焦虑症、性别认同障碍、性别认同困惑、性倒错及易性癖。这一名词是用来界定那些生理上是男人，但其内心感觉自己是女人，或一个生理上是女人，但其内心感觉是男人的情况。

(三)物理环境因素

GLBT人群与普通人一样面临类似的影响健康的环境因素。如：人口密度大，则影响社会服务的可及性。农村地区医疗服务人员的紧缺和医疗服务的匮乏将会影响GLBT人群接受合适的医疗服务。研究显示，农村人口很难接受性别多样化，因此，导致很多农村地区GLBT人群缺乏家庭支持。

(四)社会文化因素

文化因素对GLBT人群的健康状态及相关行为有更为深远的影响。例如，普通人群对GLBT人群相关行为的憎恶、歧视，社会舆论，暴力倾向等影响GLBT人群的健康和行为方式。同时，文化因素还包括社会关系和社会经济形态，也是社区护理人员对GLBT人群进行健康评估的重要组成部分。

1. 社会憎恶　由于社会中存在对GLBT人群的歧视与暴力行为的现象，导致了一部分人支持无同性恋趋势或者是抵制自己有同性恋思想的倾向，而表现出相关疾病。如：双性恋恐惧症，具体表现为对双性恋的恐惧和无法容忍；或者跨性别恋恐惧症，具体表现为对不符合传统的性别同居的恐惧、厌恶。显然，社会建设的本质受多元文化环境的影响。社会压力、舆论、歧视以及对GLBT人群的暴力行为，使得更多人倾向信仰"异性恋主义"。

异性恋主义

异性恋主义（heterosexism）亦称异性恋偏见、异性恋至上主义，被广泛地（同时也是沉默地）为社会、媒体和家庭所接受。它是用于形容以异性恋观念为标准看待整个世界，并且忽视或贬低非异性恋性倾向者的态度，通常包含偏见和歧视的术语。它包括假定任何人都是异性恋，认为异性倾向或异性关系是一种规范，因此更加优越。

2. 社会舆论　社会人群对于所谓的异常行为现象往往存在偏见或批评。医疗协会指出，GLBT人群经常面临社会舆论，并被社会边缘化。社会舆论严重影响GLBT人群的心理健康，导致焦虑、抑郁等。因此，社区护理人员可鼓励GLBT人群诉说自己的经历，为其提供情感支持，促进其正确面对社会歧视。

3. 社会关系　家庭对GLBT成员的反应有2种：爱的接纳与拒绝。大部分家庭最初获悉家庭成员是GLBT人群时，都需要应对羞愧、内疚感以及担忧其孩子和兄弟姐妹。遭遇家庭拒绝的年轻GLBT人员，往往出现一定程度的生理和心理问题。而家庭接受与GLBT中的成年人、青年人的较高程度的自我尊重和社会支持、总体健康紧密相关。同时，家庭接受可以降低GLBT人群抑郁、物质滥用、自杀倾向等的发生。

(五)行为因素

1. 性行为　某些同性恋个体常采取不安全的性行为，包括无保护性肛交或不使用安全套。某些男同性恋者及变性人可能从事性工作，也可能在性交时使用药物。这些都增加了性传播疾病传播的危险。

2. 物质使用和滥用　与普通人群相比，同性恋和双性恋人群吸烟、喝酒、吸毒率更高。例如，在加利福尼亚健康采访调查中，女同性恋和女性双性恋者吸烟率是一般女性的2倍，酗酒为一般女性的2.5倍。非法药物的使用在同性恋与双性恋人群中更为普遍。例如，一些男同性恋使用冰毒。冰毒可以提高性快感。艾滋病感染者若使用冰毒，会降低其免疫功能和药物治疗的依从性。

3．其他行为　GLBT人群涉及一些促进健康或有害健康的行为。例如，变性者通过在其臀部注射硅油以维持更好的女性身体曲线。这些硅油本身可导致肺栓塞及肺炎，面部注射则可导致蜂窝组织炎及失明。除此之外，硅油是依附重力的，因而可以随着身体移动，引起畸形和残疾。变性者经常自己注射非处方激素，且通常剂量高于治疗量。高剂量激素使用对身体健康有一定影响。

（六）保健体系因素

1．卫生资源的利用性　GLBT人群一个明显的特点是不寻求医疗帮助，主要原因是个体羞耻感。个人羞耻感包括个体感受到羞耻和内化羞耻感。感受到的羞耻是指经历了某种特定情况所感知的耻辱。内化羞耻感主要表现为健康保健体系中部分工作人员直接表达的偏见、侮辱行为如拒绝治疗，提供不足的照顾或予以语言上的虐待。

2．卫生资源的可及性　由于同性恋配偶缺乏法律承认，因此，缺乏获得保障制度的权利；同时，医疗保健体系对同性恋群体的保健知识普及不够和护理经验不足，这些均影响GLBT人群获取健康资源的途径。

二、GLBT人群的保健与护理

（一）健康评估

社区护士应该从生理、心理、物理环境、社会文化、行为及保健体系六个方面收集相关资料，评估GLBT个体或者群体的健康状况。评估具体内容详见附录7。

（二）护理诊断

根据评估资料，社区护士可以做出与个体、群体相应的护理诊断。例如，有感染的危险：与不正当性行为、频繁注射药物和共用针具有关；疾病知识缺乏：与耻辱感、社会制度等影响GLBT人群利用卫生资源及就医行为有关。

（三）护理计划和实施

1．一级预防　目的在于促进GLBT人群健康，预防疾病和伤害。预防重点和干预措施见表6-14。

表6-14　GLBT人群相关健康问题的一级预防重点和干预措施

预防重点	干预措施
健康促进	提供充足的营养；增加体育锻炼；提高有效的应对；倡导通过环境（保健资源的获取和家庭支持）促进健康；增加治疗依从性
性传播疾病预防	安全性生活；稳定配偶关系，坚持"一夫一妻制"；提高一般安全措施；提高安全性生活能力；正确使用避孕套；减少危险因素

2．二级预防　目的在于解决已有的健康问题，包括健康问题的筛查和治疗。预防重点和干预措施见表6-15。

表6-15　GLBT人群相关健康问题的二级预防重点和干预措施

预防重点	干预措施
解决存在的健康问题	为GLBT人群提供相关筛查服务（乳房X线，子宫颈癌筛查、前列腺检查）；提供性传播疾病的筛查（包括艾滋病）；评估吸烟、喝酒和吸毒行为；抑郁筛查；提供心理健康问题的治疗；倡导GLBT可获得性治疗服务

3. 三级预防　目的在于促进 GLBT 恢复健康。预防重点和干预措施见表 6-16。

表 6-16　GLBT 人群相关健康问题的三级预防重点和干预措施

预防重点	干预措施
健康恢复	促进康复，观察进展 观察激素治疗的效果 在处理变性相关的法律问题上提供帮助

（四）干预措施的评价

GLBT 健康问题干预措施的评价包括个体和群体两个层面的干预评价。就个体而言，社区护士应该评价 GLBT 是否正确使用激素，采取健康的性行为。就群体而言，干预措施的评价标准有 GLBT 的性传播疾病发病率和死亡率。

（哈尔滨医科大学　刘　丽）

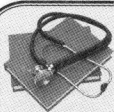

本章小结

本章主要介绍社区儿童青少年、成年女性、成年男性、老年人及 GLBT 人群的健康与保健 5 个内容。社区护理人员应从生理、心理、物理环境、社会文化、行为和健康保健体系 6 个方面进行评估，从三级预防的角度来开展健康保健，从而有效地维护和促进个体和群体的身心健康。

案例分析

一、余某，女，43 岁，中专文化，办公室文员。曾尝试过节食减肥，但未见明显效果。其祖父患有糖尿病 10 余年。健康评估发现：糖尿病家族史，身高 160cm，体重 75kg，BMI=29.30，腰围 88cm，臀围 107cm，空腹血糖 5.6mmol/L。平时运动少，喜欢上网，睡眠 6～7h，无睡眠障碍，饮食喜好甜食，爱吃零食和脂肪含量较高的食物、腌制类食物，不吸烟。丈夫吸烟，平均每天 20 支。

问题与思考：

1. 余某存在的主要危险因素有哪些？
2. 如何对其进行健康教育？

二、李太太，60 岁，高血压病史 6 年，一直服用硝苯地平（心痛定）（5mg/次，2 次/日）控制血压。半月来头痛、头晕、乏力、视力模糊，自行将硝苯地平次数增加为每日 3 次，仍不见好转，故来社区卫生服务中心就诊。体查：血压 150/95mmHg（服药后）、眼底显示视网膜动脉变细、血脂略高、血糖正常。

李太太退休在家，平日喜高盐高脂饮食，不爱运动，无烟酒嗜好，日常生活能力正常，喜欢看电视、打麻将等娱乐活动。近日睡眠不规律、烦躁易怒。老伴杨先生，身体健康，两位老人均为初中文化。育有一女，已结婚生子，独立居住，节假日偶尔回家看望老人。

案例分析

问题与思考:
1. 社区护士怎样进行护理评估?
2. 如何制订和实施护理计划?

三、在传统的婚姻观里,都是一夫一妻制的,目前基本每个国家中每个家庭都是这种形式,当然也有少数不是这样的,英国男子 Adam Lyons 就同时拥有两个妻子,这不但没有给生活增添烦恼,反而使生活变得更加幸福快乐。Adam 和 Brooke 开始了一段稳定的关系,但他们都赞成开放式恋爱。尔后,两人遇见了摄影师 Jane(双性恋,有婚姻史),两人都对 Jane 很有感觉,Jane 也同样如此。于是他们开始了一段非常和谐的三人恋爱。2014年,他们在洛杉矶买了一栋房子一起生活。Jane 在 2 月份生下了和 Adam 的孩子。"我觉得我们三个家长照顾孩子绝对没有问题,而且会为彼此减轻负担。"——北京晚报报道

Bobby 是一个善良、温顺、虔诚的男孩,家庭和睦。但当他向家人坦白自己有同性恋倾向后,遭到家人的反对和责难。Bobby 的母亲 Mary 深信圣经关于同性恋会下地狱的训诫,想尽办法矫正儿子,却没有意识到 Bobby 的痛苦与日俱增。在满 20 岁生日前,Bobby 认识了开朗青年 David,然而 Mary 拒绝接受这段感情,她望着 Bobby 一字一句地说:我不要有一个同性恋儿子。Bobby 不堪重负,从高速路的桥头,噙着泪水纵身跳下……——源自真人真事改编的电影《天佑鲍比》

问题与思考:
1. 两个案例中,为什么不同 GLBT 人群会有不同的健康结局?是哪些因素的作用?
2. 对案例中的 GLBT 人群可以提供哪些健康护理干预服务?

第七章 特殊环境中的人群健康与保健

学习目标

通过本章内容的学习,学生应能够:
识记:
1. 说出学校卫生保健、职业卫生、灾害及灾害护理的概念。
2. 阐述灾害的类型、分期和分级。
理解:
1. 列举学校卫生保健的三级预防重点。
2. 列举职业卫生保健的三级预防重点。
3. 叙述灾害的三级预防重点。
运用:
1. 正确评估学校卫生,并制订预防措施。
2. 正确评估职业卫生,并制订预防措施。
3. 正确评估灾害、做出护理诊断,制订并实施护理计划。

特殊环境包括学校、职业场所、城市和乡村、监狱和灾害区。如何促进这些特殊环境中的人群健康和保健,是当今社区护士面临的巨大挑战。本章主要介绍学校卫生保健、职业卫生保健和灾害护理。

第一节 学校卫生保健

学校卫生保健(school health care)是指以学校人群为服务对象的一项团体卫生保健,为学校提供预防性的健康服务工作。为何要在学校开展卫生保健?因为开展学校卫生保健可以保护学生免遭学校环境中不良因素的影响,促进学生身心健康和健康有效的学习。同时,开展学校卫生保健是提高社区总体健康水平的需要。

学校卫生服务是指由学校制订和开展的一系列关于促进学生身体、心理、社会等全面发展的战略、活动和服务项目。学校卫生服务提供了大量的卫生保健服务项目,如健康促进、健康保护、健康监测、健康教育、健康环境、体育活动、营养服务、教职员工的健康促进、咨询和心理服务、家长和社区的参与。学校卫生服务活动包括评估和筛查、个案发现、咨询、健康促进和疾病预防、治疗和康复服务、护理程序和急诊护理。学校卫生服务分类及其相关措施如表7-1所示。

表 7-1 学校卫生服务分类及其相关措施

学校卫生服务活动分类	相关措施
评估/筛查	幼儿园入学评估；转校生的健康评估；高危学生的特殊评估；常规筛查；家庭访视进行综合评估；慢性疾病及治疗效果的监测
个案发现	传染病的识别；慢性病的识别；诊断及治疗的转诊服务；预防接种监测
咨询	减少健康风险的咨询；现有健康问题的咨询；面向学生、家长及教职工的预期指导
健康促进/疾病预防	隔离有传染性疾病的学生；接种未免疫的学生及职工；课堂内、外的健康宣教；开展学生和教职工健康促进活动（如戒烟、减肥）
个案管理	联络社区服务；转诊；转诊随访；鼓励家长参与；安排交通工具
治疗/康复服务	语言治疗；理疗；行为矫正
护理程序	制订学生护理计划；用药管理；传授程序给其他人员
急救护理	制订急救方案；急救服务；急救后的评估

一、健康评估

（一）生理因素

1. **年龄和成熟**　学校护士的工作对象主要是幼儿园的孩子、小学生、初高中生及大学生。因此，年龄是影响在校学生现有或潜在健康问题的因素之一。例如，对于小学生，社区护士应该注重儿童传染病的预防；对于青少年群体，则应该关注性生活及药物滥用问题；对于大学生，则应该关注持续存在的性生活及药物滥用问题、学业压力和远离家庭的压力。此外服务对象的成熟度也影响着学校健康教育的内容和程序。例如，学龄前儿童的基本卫生要求，往往通过播放卡通片来教育；而对中学生和大学生的性健康问题，则以讨论的方式进行。

知识链接

学校护士与学生比的建议

建议比例	学校人口
1：750	普通学生
1：225	需日常专业服务或干预的学生
1：125	需复杂保健的学生
1：1	需日常和持续性的专业护理服务的学生

2. **基因遗传**　学校群体的健康问题在性别与种族方面存在差异。例如，女孩泌尿道感染发生率明显高于同龄男孩，而男孩则容易受到与运动相关的伤害。在非裔美籍学校，镰状细胞筛查则是学校健康计划中的常规检查项目。此外社区护士应该注意地中海贫血、糖尿病等疾病在种族中的遗传倾向。

3. **生理功能**　学校护士可能遇到学生及教职工有自身限制性的健康问题或慢性疾病和残障，从而影响其有效的活动能力。自身限制性情况如流感、水痘、麻疹、四肢骨折等。慢性或缺陷性疾病也将影响孩子的学习，如哮喘、肥胖、糖尿病、聋哑、智力缺陷。

（二）心理因素

学校环境既可以促进健康，也可以损害健康。心理评估包括学生之间的关系、师生之间的关

系、老师之间的关系、家庭与学校之间的关系、评分标准、学校制度以及精神疾病的出现。

(三) 物理环境因素

学校物理环境有外部和内部环境。学校外部环境是指学校周围环境，包括交通方式、水污染、杀虫剂的使用、灭鼠、工/农业危害及其他各种形式的污染。学校内部环境包括火灾危险、有毒的艺术品、试验仪器设备和化学物品、实验动物、工艺美术教室、体育馆、游泳池和运动操场的安全。此外还包括教室内外的噪声、光线强弱、通风换气、暖气和空调、消毒设施。

(四) 社会文化因素

社会文化因素对学校社区人员的健康状况有一定的影响作用。社会文化方面的因素有文化与种族、经济资源、政策和立法、欺凌、暴力和虐待、潜在的恐怖主义。

(五) 行为因素

入学本身就增加了学生暴露于不同种类传染性疾病的风险。一般在入校的第一学年，儿童急性感染性疾病的发生有所增加。学校严格的上课方式也影响学生的健康状况，护士应该评估活动与安静学习的作息时间；评估学生进餐时间，以便学生有足够能量应对一天的学习任务；评估如厕时间的安排，确定孩子是否有足够时间如厕或允许如厕，以便更好地预防慢性便秘与泌尿道感染。体育活动能够促进学生的认知能力，改善学习态度和提高学习成绩。行为方面还包括饮食与营养、物质滥用与虐待、安全实践、赌博等。

(六) 保健体系因素

学校人群的健康保健体系评估包括个体和社区两个层面。在个体层面，学校护士应该评估来自儿童个体和家庭的健康照顾资源。如学生是否拥有常规的卫生保健资源，是否能很好地使用这些健康促进、疾病预防和治疗服务。在社区层面，学校护士应该评估卫生保健服务的可及性，是否满足学龄群体的需求；评估学校和卫生保健社区的关系；学校环境中宣传卫生服务的组织结构，如健康促进和疾病预防服务是否容易在社区获取，社区是否为青少年提供避孕服务措施等。

以上六方面的学校人群卫生健康评估具体内容详见附录8。

二、护理诊断

通过对学生个体或学校人群的评估，护士可以获得个体和群体两个层面相应的护理诊断。学生个体相关的护理诊断，如无法参加剧烈体育活动：与运动性哮喘有关；有寻求保护性服务的需求：与父亲虐待儿童身体有关等。学校人群相关的诊断，如有潜在安全隐患的危险：与柏油马路上放置娱乐设施有关；有进行毒品滥用教育的需求：与周边社区毒品滥用率高有关等。

三、护理计划和实施

(一) 一级预防

主要包括免疫接种、安全、休学、健康教育、饮食和营养、运动和锻炼。预防重点和干预措施详见表7-2。

表7-2 学校卫生保健的一级预防重点和干预措施

预防重点	干预措施
免疫接种	提供常规免疫接种服务；增加免疫接种（如甲型肝炎流行时，接种疫苗）
伤害和暴力预防/安全	报告安全危害；提供安全教育；与学校合作制订安全政策；与社区合作消除安全隐患；评估学校情感环境及暴力发生的可能性；协助创造相互尊重的人文环境；核实并干预恃强凌弱事件；培养学生间、学生与他人间的有效关系；核实并报告儿童虐待情况；提供健康的社会心理服务以降低虐待的影响，防止再次发生

续表

预防重点	干预措施
休学	向父母亲解释休学的必要性；针对儿童病情，采取所需的治疗手段，向孩子及家长宣传如何防止传染病的传播；随访休学学生，确保其得到适当照顾
健康教育	参与健康教育课程的设计；为老师提供关于健康教育课题的咨询；向老师提供相关的健康教育服务；在教室里开展健康教育；安排其他健康教育经历（如户外旅行或知识讲座）；向员工及家属安排或提供健康教育
食物与营养	提供菜单计划咨询；营养知识宣教
疾病预防	宣传防止传染性疾病的卫生知识和其他措施；宣传癌症的预防；帮助制订限制紫外线暴露的政策；提供榜样作用，促进自我形象的发展；给老师提供关于增强孩子自尊的咨询活动；鼓励自尊心低的孩子；给学生和老师树立有效应付和处理问题的角色榜样；提高应对技能；指导学生与老师如何进行压力管理与应对

（二）二级预防

目的在于处理需要干预的现有的健康问题，包括筛查、转诊、咨询和治疗。预防重点和干预措施详见表 7-3。

表 7-3　学校卫生保健的二级预防重点和干预措施

预防重点	干预措施
筛检	开展筛检试验或安排其他人进行筛检；筛检过程中培训志愿者；解释筛检结果；告知父母筛检结果；转诊，进一步检查或者治疗；随访转诊者以确保其获得适当的照顾
转诊	转诊学生及家庭；转诊学校其他员工
咨询	协助学生、职员及家庭做出知情健康决策；咨询学生、职员及家人有关个人问题；协助学生、职员及家人参与问题的解决
治疗	为疾病或伤害提供急救；发放急、慢性病的处方药；监督学生自我服药；为有特殊健康需求的学生提供照顾，观察治疗效果和药物的副作用

（三）三级预防

目的在于防止健康问题的复发或减少现有健康问题的影响，包括防止急性问题的复发、预防并发症、慢性疾病和残障的适应、应对学习障碍。预防重点和干预措施详见表 7-4。

表 7-4　学校卫生保健的三级预防重点和干预措施

预防重点	干预措施
防止急性情况的复发	消除危险因素；指导学生、家长、学校员工如何防止复发；及时转诊
防止并发症，促进慢性和残障状态的适应	协助父母应对慢性及残障情况；满足特殊的营养需求；协助满足特殊的运输和设施需要；提供特殊设备的需要；促进心理幸福感；协助学生、家人和职员处理疾病晚期的死亡事实；必要时提供咨询
防止学习障碍的不良影响	与老师讨论如何处理孩子的学习障碍情况；为有学习障碍的孩子设计特殊的学习方法；鼓励和表扬有学习障碍的孩子；树立榜样作用以增强孩子的学习能力

四、保健措施的评价

学校卫生保健是否有效，主要是从儿童个体保健和学校群体保健两个层面来评价。儿童个体保健的评价标准有助于了解儿童、青年人健康保健服务的效果。例如，孩子不再受父母的虐待，耳部感染不再复发；孩子与同龄人能够进行有效的沟通和交往。评价学校整体健康项目是否有效

主要看整个群体健康状况的指标。例如，学生的缺课率证实疾病预防计划的有效性，筛查检测结果也能显示出一级预防的成效。学校人群中某种健康问题的发生率降低足以表明二级预防有效。例如，酗酒、少女怀孕是威胁学生健康的主要问题，如学生酗酒率降低则证明二级预防措施实施得当，少女怀孕率下降表明学校性教育有效。

（新疆医科大学　郝　萍）

第二节　职业卫生保健

职业卫生（occupational health）主要是研究人类从事各种职业劳动过程中的卫生问题，以职工的健康在职业活动过程中免受有害因素侵害为目的，其中包括劳动环境对劳动者健康的影响以及防止职业性危害的对策。合理而健康的工作场所有利于促进从业人员身体、精神、社会适应方面的健康，有利于提高劳动生产率，有利于提高从业人员的生活质量和幸福指数。职业卫生保健是职业卫生工作的重要环节，也是社区护理的重要工作内容。

我国职业卫生保健发展

1994年，WHO讨论和通过了"人人享有职业卫生保健"的全球战略建议书，建议书指出"生理、化学、生物学和社会心理学上恶劣条件所构成的一些有害因素及职业事故仍威胁着各国工人的健康"。

我国职业卫生标准从无到有，经历了三个阶段。1950至1980年为第1阶段，以引进和借鉴苏联的职业卫生标准为主。1981至2000年为第2阶段，在借鉴苏联、美国和其他国家标准的基础上，大量、独立地研究和制订我国的职业卫生标准。2000年至今为第3阶段，建立、健全了职业卫生标准体系，拓宽了职业卫生标准覆盖面，标准的研制速度进一步加快。

一、健康评估

（一）生理因素

1. **年龄**　工作场所中，从业人员的年龄影响其健康状态。年轻人缺乏工作经验和技巧，因此，容易受到伤害。而年长者尽管经验丰富，但随着年龄的增长，骨骼肌运动能力下降、感觉器官受损，因此，也容易受到伤害。年龄不同，对职业卫生保健的需求不同。职业卫生保健护理人员针对不同年龄人群提供不同的个性化卫生保健知识和技能。

2. **遗传因素**　重要的遗传因素是从业人员的种族和性别。例如在美国，亚裔容易患结核病、寄生虫病，而非裔容易患高血压。如果工作人员大多为女性，则需要考虑工作环境对妇女生育的影响，如不孕不育、自然流产、低出生体重、早产和过期产、出生缺陷、妊娠高血压疾病等。此外还需要为妇女提供产前保健和避孕服务，母乳喂养场所等。

3. **生理功能**　职业疾病和职业伤害在工作场所中随时发生，如硅肺病、重金属中毒、杀虫剂中毒、噪声导致的听力障碍、摔伤、腰肌劳损等。职业暴露增加了患各种癌症的风险，比如肺

癌、膀胱癌、白血病、肝癌、鼻咽癌、皮肤癌等。社区护士应该评估职业疾病和伤害发生的原因、影响程度和控制措施。此外，社区护士需要评估从业人员的免疫接种状况。例如，对经常接触泥土或者锈钉的从业人员则需要评估破伤风疫苗接种情况，对孕龄妇女需要评估风疹疫苗接种情况。

（二）心理因素

1. **不良的工作氛围（workplace climate）** 主要包括工作的无保障和工作压力。临时工、合同制增加了工作的不稳定性，可能出现今天有工作，明天失业的情况。此外，工作中的长时制、倒班制、考核、奖励和惩罚制度、不公平对待等导致不良和不和谐的工作氛围。

工作压力是当个人的工作控制能力低，而工作要求高时出现的情况。工作中产生压力的心理因素与健康效应的关系，可以用以下两个模式来解释。一是工作要求-自主模式。该模式认为：工作紧张是由于工作要求与个人自主（控制）能力的不平衡所致，当"高要求、低自主"作业时，导致"高度紧张效应"；而"低要求、高自主"时，趋向于"低紧张效应"。二是付出-回报失衡模式，即付出大于回报。回报并非总是金钱或物质奖励，也包括精神奖励（如完成工作后个人的满意度），社会奖励（个人努力获得的认可）。研究表明，不良的工作氛围与多种负性健康结果相关。比如工作压力增加了心血管疾病、焦虑、抑郁、肥胖、酗酒和职业疲溃的风险。因此，社区护士应该评估压力来源和倡导工作环境的改善，帮助从业人员应对压力。

2. **工作环境中的心理健康和心理疾病** 工作环境中，抑郁症呈增加趋势，而且是导致更多从业人员缺勤的一种慢性精神疾病。抑郁症是心脏病、高胆固醇血症、高血压的主要危险因素。工作环境中也可出现其他精神疾病，如精神分裂症、物质滥用。社区护士可以根据工作人员缺工率的增加、情绪变化、工作疲惫感、体重骤然增加或减少、血压升高、眼睛充血、视物模糊、面部青紫、差错事故增加等方面来评估个体或群体的心理健康问题。

（三）物理环境因素

物理环境因素是导致工作中多种健康问题的危险因素。2011年美国调查显示9%的工作场所致命性死亡来源于环境条件和暴露。影响健康的物理环境因素包括机械性、物理性、化学性和生物性危险因素。例如放射线、噪声、振动、高温和低温的暴露，电力和磁场、发光体、重量货物和不舒适的工作体位以及潜在掉落的危险。此外，还有金属化合物、过敏源和发霉物的暴露。工作环境中的设备也是职业卫生的潜在隐患。如重工设备或锐器的使用导致伤害，计算机的使用引起肌腱炎。社区护士应识别任何一个引起健康问题的、物理环境中危险情况的出现，同时监测已知危险因素的状态及其对工作人员健康的影响。

（四）社会文化因素

1. **工作和家庭** 工作和家庭的相互关系可促进或者妨碍从业人员及其家庭的健康。例如，晚夜班工作的父母与白天工作的父母相比，其孩子在情感和行为上存在更多问题，主要是由于晚夜班妨碍和减少了父母与孩子之间的活动和互动。此外，职业伤害和疾病也影响到个人和家庭。例如，职业伤害造成的慢性背部疼痛和残疾，则影响个人的工作能力和承担家庭、社会职责的角色。

2. **政策和立法** 规范及加强工作场所的各项安全标准的制订并立法。我国关于劳动者职业安全健康方面的立法，从上世纪50年代起，先后制订并实施了《矿山安全法》《工会法》《劳动法》《职业病防治法》和《安全生产法》等一系列重要法律，同时国务院及其劳动行政主管部门以及各地方政府还颁布了大量行政法规与规章，具体规定了劳动安全权利保护的内容和实施程序，已基本形成了一个包括宪法在内的多层次立法相结合的法律体系。此外，国家还先后制定了100多项劳动安全健康国家标准。目前美国有三大与职业相关的立法：职业安全与卫生条例、补偿法案和美国残疾人法案。

3. **工作类型** 工作种类和工作要求影响职业人员的健康。比如护理工作中的三班倒、任务

重、长期站立、服务要求高，生物危险因素的接触（病毒、细菌），各种医疗器材的使用（针刺伤）等严重影响护士的身心健康。

4．其他社会文化因素如暴力、欺凌、语言、文化信仰、行为、社会资本。

（五）行为因素

1．消费方式　包括饮食和营养、吸烟、毒品和酗酒。营养对健康的影响很大，社区护士应该对从业人员在工作环境中的营养状况以及工作环境如何影响其饮食习惯进行评估。吸烟对健康的危害大，同时也增加了工作场所中其他危险因素的有害作用，社区护士应该评估从业人员的吸烟程度和特定环境的吸烟对健康的潜在影响。此外，从业人员中存在物质滥用问题，社区护士应高度警惕物质滥用者的临床表现。

2．休息和锻炼　缺乏休息和锻炼增加了工作中差错、事故和伤害的发生。研究表明三班倒的护理工作性质与护理差错、事故的发生存在一定联系。同时，工作中的问题也会干扰从业人员下班后的休息。日本研究发现，管理层之间的矛盾、工作失落感与抑郁、失眠症的发生有关。因此，社区护士应该评估从业人员的休息与运动之间的平衡，以获取他们的娱乐方式类型和选择娱乐方式中现存或潜在的健康危险的信息。

3．带病工作　带病工作不但降低劳动生产率和工作业绩，而且影响从业人员的身心健康及其他从业人员的健康。社区护士应该评估从业人员健康行为的影响因素和不良行为的发生率。

4．安全设备的使用　从业人员坚持正确地使用合适的安全设备，有利于减少工作场所中的危险因素。社区护士需确认安全设备的需求情况和监督从业人员使用安全设备的程度。

（六）保健体系因素

社区护士应该评估从业人员的外部和内部保健体系。外部保健体系反映了工作场所以外的健康保健服务的可获取性和可及性。内部保健体系包括健康保健服务和工作场所为从业人员提供的各种健康促进项目。主要包括：控制或减少工作场所中有毒物品的暴露；增加管理层面的健康促进项目如工作场所提供的健康促进项目，目的是培养从业人员健康相关行为；综合促进项目如提高工作场所危害因素知晓率、生活方式和工作条件的改变，促进从业人员的健康；建立家庭保健项目如建立托幼机构和儿童保健服务等。

以上六方面的职业卫生健康评估具体内容详见附录9。

二、护理诊断

通过对工作场所从业人员个体或群体的评估，社区护士可以得出个体和群体两个层面的相应护理诊断。与个体从业人员有关的护理诊断，如倒夜班者无法入睡：与工作压力有关；工作人员士气不足：与工作强度大和工作压力有关；听力中度下降：与在噪声区未使用听力保护措施有关等。与从业群体有关的护理诊断，如医院检验人员有潜在暴露乙型肝炎的危险：与经常接触血制品有关；建筑工人有潜在的掉落危险：与高空作业有关。

三、护理计划和实施

（一）一级预防

目的在于促进健康和保持健康的完好状态，预防疾病、伤害和暴力。预防重点和干预措施见表7-5。

表 7-5　职业卫生保健的一级预防重点和干预措施

预防重点	干预措施
健康促进	指导从业人员采取健康行为；帮助从业人员消除不健康行为；制定工作场所健康促进政策；营造促进健康的工作环境
疾病预防	预防接种；传染病暴露接触后的预防；改善工作环境；减轻压力和加强压力管理
伤害预防	从业人员的安全教育；提供适合的安全设备；监测安全设备的有效使用，制定预防伤害的政策和措施；改善工作环境；制订预防伤害的政策和措施的管理制度
暴力预防	改变有暴力的工作环境；安装安全设施；制定处理工作暴力或潜在暴力的方案；制定汇报程序；制定工作场所暴力行为的处罚条例；指导从业人员如何预防暴力、管理情绪和识别潜在的暴力

（二）二级预防

目的在于识别和解决工作场所中现有的健康问题，主要包括筛查、监测、治疗和急诊护理。预防重点和干预措施见表 7-6。

表 7-6　职业卫生保健的二级预防重点和干预措施

预防重点	干预措施
筛查	岗前体检；工作能力的确定；工作条件和住宿情况的建议；定期体检；定期环境监测；报告并解释筛查结果，必要时转诊或改善环境
治疗	治疗工作相关的疾病或伤害；提供紧急救助；转诊；制订健康保健服务项目，以解决工作场所中的频发问题；倡导从业人员的健康保险覆盖面；倡导可及性内部或外部保健服务以满足从业人员的健康需求
应急反应	帮助制订个体和灾害应急反应计划；对个体身心应急情况做出反应；转诊需要持续治疗的患者；对职业灾害中的保健需求做出反应；评价健康效果

（三）三级预防

目的在于防止健康问题的复生，减少后遗症。一般来说，工作场所的健康保健三级预防主要包括防止传染病的扩散、其他急性病的复发、慢性病并发症的发生。预防重点和干预措施见表 7-7。

表 7-7　职业卫生保健的三级预防重点和干预措施

预防重点	干预措施
防止传染病的扩散	提供免疫接种；指导感染控制方法
防止急性病的复发	指导从业人员防止复发的健康问题；改善环境以防止复发的健康问题
防止慢性病的并发症	监测治疗效果和疾病状态；指导从业人员进行疾病自我管理；改善环境以适应残疾人
评估重返岗位的合适度	跟踪工人的补偿申明；评估康复状况；改善工作环境，促进重返岗位

四、保健措施的评价

工作场所的健康保健护理的有效性可以从个体和群体的健康结局进行评价。例如，护士通过健康教育，评价从业人员背部疼痛发生率的下降程度，评价戒烟教育对从业人员吸烟行为的影响。职业健康和职业安全项目可以通过一系列健康和暴露监测指标进行选择性评价，也可以从健康效果、暴露物、环境危险因素、社会经济学等指标进行评价。

（新疆医科大学　王　芸）

第三节 灾害护理

灾害（disaster）是一种超出受影响社区现有资源承受能力的人类生态环境的破坏。WHO认为"任何能够导致设施破坏、经济严重受损、人员伤亡、健康状况及卫生服务条件恶化的事件，如其规模已超出事件发生社区的承受能力而不得不向社区外部寻求专门援助时，即称之为灾害。"

目前护理界对灾害护理（disaster nursing）尚无统一定义。日本灾害护理学会将灾害护理定义为："系统、灵活地应用护理独特的知识和技能，同时与其他专业领域开展合作，为减轻灾害对人类的生命、健康所构成的危害而开展的活动。"灾害护理的宗旨是提高突发事件及灾害情况下社区居民的应变能力，有效地减少灾害对生命和健康的影响。

一、灾害的类型

灾害的分类方法多，一般根据灾害发生原因和灾害形成过程进行分类。

（一）根据灾害发生的原因

1. 自然灾害（natural disasters） 是以自然变异为主因的灾害，如飓风、地震、洪水、森林火灾、干旱、饥荒、火山喷发等。自然发生的传染病流行也属于自然灾害。

2. 人为灾害（human-generated disasters） 是指人为影响为主因的灾害，又称技术性灾害，如交通事故、毒害物质泄漏、瓦斯爆炸、主要能源耗竭、政治战争、恐怖活动、食物或药物中毒等，其中以交通事故最常见。

（二）根据灾害形成的过程

1. 突发性灾害 当致灾因素的变化超过一定强度时，在几天、几小时甚至几分、几秒钟内表现为灾害行为，如火山爆发、地震、洪水、飓风、风暴潮、冰雹、雪灾、暴雨、爆炸、车祸等。

2. 缓发性灾害 是指在致灾因素的长期影响下，逐渐显现成灾，如土地沙漠化、水土流失、环境恶化等。这类灾害通常需要几年或者更长时间。

二、灾害的分期和分级

（一）灾害的分期

灾害专家认为灾害是一个循环过程，可分为灾害前期、预警期、动员期、急救期、恢复期五个时期。

1. 灾害前期 计划和准备期，即灾害威胁来临之前。采取的具体措施：明确灾害的危险系数、分析人群易感性、清查物资库存量、防止或减轻灾害的危害、制订和宣传计划、储备必要物资、灾害知识宣教。

2. 预警期 灾害即将临近。采取的主要措施：发出预警、寻找住所、疏散人群，制定防灾、减灾计划。

3. 灾害发生期 快速评估建筑物损伤和人员伤亡程度。此期收集的资料是急救期决策的基础。

4. 急救期 主要进行搜救和营救、采取急救措施、供应急救用品、重建或修复通讯和交通设施、调查灾害对公众健康的影响（如感染性疾病、心理健康问题），必要时从受灾区域疏散人群。

5. 恢复期 目的在于恢复社区的结构和功能。主要包括四个方面：恢复正常生活方式，重建社区公共服务；重建物理环境和社会环境，协助家人团聚，恢复正常警戒级别；优化并重组政府机构、社会结构、社区环境；预防灾害。

（二）灾害的分级

根据灾害造成的死亡人数和经济损失，将灾害分为 A 级、B 级、C 级、D 级、E 级，详见表 7-8。此外，灾害对人们的心理、社会等方面也带来巨大影响。

表 7-8　灾害等级评估

等级	评估指标
A 级（巨型灾害）	死亡人数超过 1 万或者经济损失大于 1 亿元
B 级（大型灾害）	死亡人数在 1000 ~ 10 000 或者经济损失在 1000 万 ~ 1 亿元
C 级（中型灾害）	死亡人数在 100 ~ 1000 人或者经济损失在 100 万 ~ 1000 万元
D 级（小型灾害）	死亡人数在 10 ~ 100 人或者经济损失在 10 万 ~ 100 万元
E 级（微型灾害）	死亡人数小于 10 人或者经济损失小于 10 万元

三、灾害与社区护理

作为公共卫生保健人员，社区护士在灾害救援中发挥着重要作用，参与灾害护理过程的各个阶段，即灾害的评估、诊断、计划的制订与实施、评价。

（一）灾害类型评估

1. 灾前预评估　包括灾害风险和灾害应对能力的评估。社区护士熟悉社区的人群特征、地理与人文环境，因此，可识别灾害造成的社区潜在风险、灾害发生的可能性和灾害类型。此外，社区护士还应评估灾前各方面准备情况以及灾害的应对态度，以此来衡量居民应对灾害的能力。

2. 灾后快速评估　灾后对灾害的危害程度做出及时、准确的综合评价，对指导救灾、减灾、降低灾害造成的损失具有十分重要的作用。灾后快速评估主要内容有：伤亡人数，卫生保健、生活用品、救灾物资等的需求，经济损失，抗灾措施的监测与再评估，受灾人群数量与性别、年龄构成等人口学特征的调查，患病人群健康状况的调查，灾民的生命数量和生活质量受灾害的影响程度，公共卫生监测和信息系统管理。

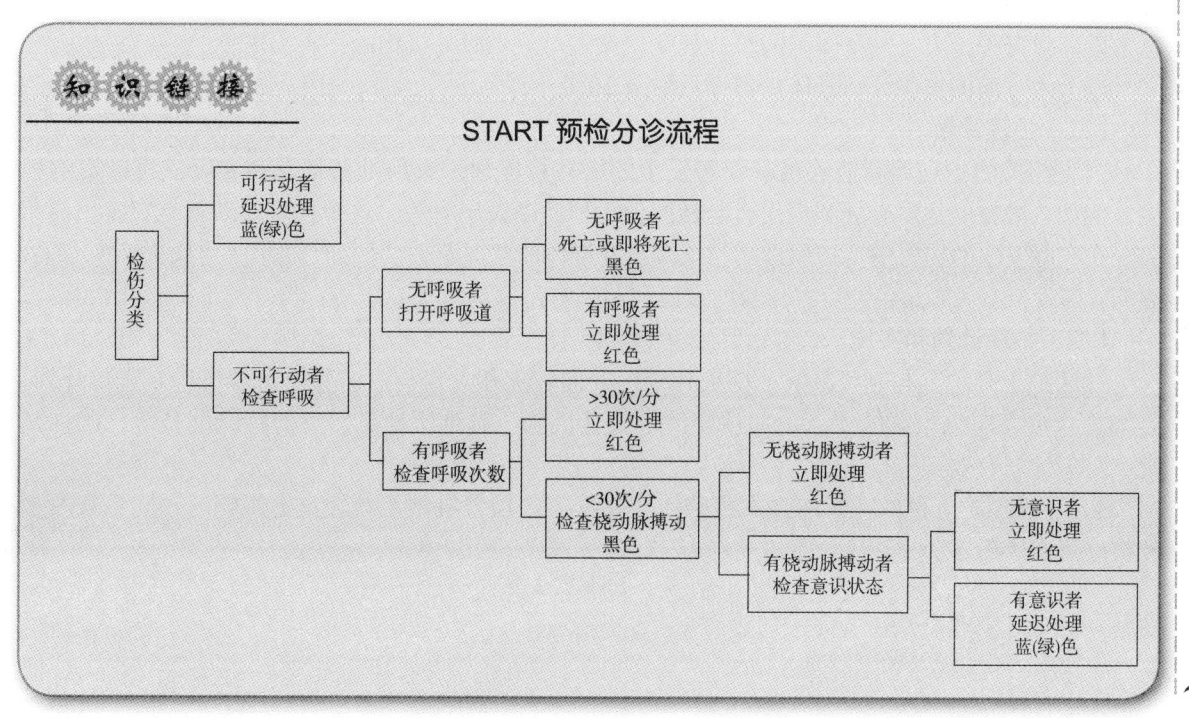

(二) 健康评估

1. **生理因素** 重点评估受灾人群的年龄、性别、种族构成,伤亡情况,灾害易感人群,灾后罹患疾病,灾后需继续治疗者(如肺结核患者、HIV 感染者);评估受害者、救援人员、志愿者及其他人员的健康状况。

2. **心理因素** 社区护士需评估公众对灾害预警的反应和态度,个体、群体应对灾害的能力,灾害对人们现有心理疾病的影响、对生活的破坏程度,灾害是否继续危害生命,灾害对社区群体长期的心理效应。对外伤性事件的瞬时反应试图回答以下五大问题,将有助于心理适应能力的提高。问题1"发生了什么?"的讨论帮助人们说出内心的感受和释放焦虑及恐惧。问题2"为什么灾难会降临到我头上?"有助于生存者寻找事件中有意义的部分和说出内疚感。问题3"灾害发生时我做了什么?"有助于人们检查自己的行为及引起该种行为的条件和情绪。问题4"灾害发生时我为什么会这么做?"有助于人们认识到哪些地方需要处理灾害带来的心理影响。问题5"如果灾害再次发生,我能应付吗?"有助于加强自信和应对能力。然而灾民的心理反应会随着时间和灾害的进展而变化。一般而言,心理康复需要 6~12 个月,少数人群如果持续出现心理障碍,则需心理治疗。

3. **物理环境因素** 社区护士根据地理环境特征,分析容易发生灾害的类型,明确环境因素对于灾害的影响;评估建筑物的损害程度、紧急避难所的卫生状况、食物和水源的供应是否充足、灾后环境污染情况、动物伤亡及尸体的处理、虫媒孳生情况、厕所设置及排泄物处理等。

4. **社会文化因素** 社区护士应从社区居民的凝聚力、政府机构的支持力度、社会支持体系的完善、救援组织的合作程度四大方面评估灾害对社会文化的影响。评估内容主要有:应对灾害的主要领导人及其威信;防灾、抗灾方案是否告知居民;如何发布灾害预警;社区居民是否齐心协力配合灾害预警程序;是否存在人为灾害及其类型、危险性,监管力度如何;灾害对当地经济发展、交通通讯、社区服务、公共设施的影响。

5. **行为因素** 评估消费方式如吸烟、饮酒、药物滥用及营养状况与灾害的关联。例如吸烟通常是导致住宅、森林火灾的原因;酒后驾车和吸毒可引起交通事故;营养不良增加了灾后传染性疾病发生的机会;休闲娱乐方式亦可增加灾害的风险性,如野营者可导致森林火灾、滑雪者可导致雪崩。

6. **保健体系因素** 医疗机构预警响应机制是否健全,卫生服务机构能否调动足够的人力、物力以应对灾害,灾害急救知识的普及程度,灾害对卫生服务机构的损害程度。

以上六方面的灾害评估具体内容详见附录10。

(三) 护理诊断

灾害相关的护理诊断能够反映灾害发生的潜在可能性、灾前准备情况和实际灾害的影响程度。例如,潜在的地震破坏和损伤:与社区位于地质断裂层有关。这个护理诊断就与灾害预测相关。在实际发生的灾害中,护理诊断与个体以及群体的状况有关。例如,悲伤:与失去亲人有关;疼痛:与骨折有关;角色冲突:与救助灾民和照顾自己家庭有关;压力:与持续暴露于死亡有关。

(四) 护理计划和实施

社区护士必须参与制订减灾、防灾计划,并向救灾相关机构(尤其是护理机构)宣传计划。告知公众灾害应急预案的要点,如预警信号及其机制、避难所地点、灾前特殊准备等,确保减灾、防灾计划有效实施。

1. **一级预防** 目的在于加强灾害防治,完善灾害预警机制,减轻灾害影响。预防重点及干预措施见表7-9。

表 7-9　灾害的一级预防重点和干预措施

预防重点	干预措施
预防灾害	协查、降低或消除灾害风险；控制危险物品的生产、运输、储存和使用；尊重人权，防止内乱及恐怖事件的发生；倡导规范建筑，定期维护以保障建筑物的安全；提供预防接种服务，并宣传其重要性；灾前预警教育
减轻灾害影响	告知群众灾害的应急方案；指导群众团结一致应对灾害；提倡救灾人员穿戴自我防护设备；指导自我防护设备的使用方法；启动灾后预防接种计划，并宣传其重要性

2．二级预防　主要涉及对灾害发生后的应急反应，目的在于及时救治、提供护理与继续支持服务。预防重点和干预措施见表7-10。

表 7-10　灾害的二级预防重点和干预措施

预防重点	干预措施
及时救治	伤员分类：评估受害者受伤程度及病情轻重；确定受害者接受治疗、疏散、转移的优先等级；根据优先等级，选择正确的标签标记受害者 伤员救治：为伤员提供急救服务；在特定区域，为伤员提供必要的特殊治疗和护理
支持治疗	住所安置：协调住所安置工作；监测住所出入记录；促进住户之间的有效沟通与交流；提高住户的独立性和参与性 筛查：参与特定的调查活动；明确灾害所致的健康问题的依据（如高热、败血症）；明确受灾人群其他的健康需求；指导卫生工作人员识别灾害所致健康问题，并及时进行治疗 治疗：常规治疗伤员和患者；给予心理治疗

3．三级预防　目的在于重建社区功能，让灾害中受影响的人们恢复正常生活，防止灾害再次发生。预防重点和干预措施见表7-11。

表 7-11　灾害的三级预防重点和干预措施

预防重点	干预措施
延续护理	提供延续性护理；监测治疗效果
延续心理干预	提供灾后心理咨询；鼓励灾民咨询心理健康问题；监测心理干预的进展
协助灾后重建	帮助灾民寻求经济援助；帮助灾民寻找住所
预防灾害及其影响	预防今后灾害发生；对公众进行减灾、防灾的教育；维护公民权益，促进国家安全和稳定

（五）灾害护理评价

灾害护理评价又称"事后分析"，其重点是监测减灾和救灾计划实施情况、灾民需求满足程度、灾后问题解决情况、救灾费用等。社区护士可使用两大工具评价灾害应对效果：2000年联合国难民总署颁布的急救手册和2004年制订的环球计划人道主义宪章和灾难救援之最低标准和灾害救援最低标准（标准及其内容见表7-12）。

表 7-12　环球计划标准及其相关内容

评价指标	相关细则
参与程序	受灾人群是否参与援助计划的评估、制订、实施、监测和评价
评估资料的准确性	能否准确判断灾害危险程度、灾害所致的生命和健康威胁；能否客观判断灾情；是否覆盖所有需求领域（如水、食物、医疗卫生、安全等）；数据能否进行准确的分类和归纳（必要时）

续表

评价指标	相关细则
外界反应	当地机构不能满足民众需求时,外界的响应是需要的
救援的针对性	救援是否针对所有需要帮助的灾民,分配是否公平、公正
监测	是否准确监测救援计划的有效性和灾情变化,是否及时修订或停止救援计划
评价	系统地、公正地评价救援计划
对救灾人员的监督、管理和支持	救援人员是否具备专业资质和救援经验;救援人员能否获取足够的支持

(新疆医科大学 郝 萍)

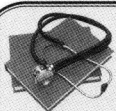

本章小结

本章主要介绍了学校卫生保健、职业卫生保健、灾害与灾害护理。社区护理人员应从生理、心理、物理环境、社会文化、行为和健康保健体系6个方面进行评估,从三级预防的角度开展健康保健,从而有效地维护和促进学校、工作场所和灾害环境中的个体和群体健康。

案例分析

职业病院组织了调查组和社区保健人员到印刷厂浇板车间进行调查,发现工人浇板时有一股蓝灰色的烟,熔铅锅上方有排毒罩,但很少打开。防护服、口罩、手套等防护用品很少用。调查同车间其他工人,大多数反映有头痛、头昏、记忆力减退、四肢无力、肌肉酸痛等症状,少数人有腹痛。组织该车间9个工人体检,其中6人的尿铅、尿中氨基乙酸丙酸高于正常值,4人有肢端麻木,1人有中毒性周围神经病。

问题与思考:
1. 该工作场所中存在哪些问题?
2. 可能的护理诊断有哪些?
3. 试述职业卫生保健的三级预防范畴,职业病院组织工人体验属于哪一级预防?

第八章 社区人群的健康问题

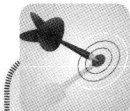

学习目标

通过本章内容的学习，学生应能够：

识记：
1. 说出慢性病、心理健康、吸毒、社会暴力的概念。
2. 列举社会暴力的分类。
3. 阐述慢性躯体问题、心理健康问题、吸毒、暴力和传染性疾病的预防重点。

理解：
1. 总结慢性躯体健康问题对个人、家庭、社会的影响。
2. 总结心理健康问题对个人、家庭、社会的影响。
3. 总结吸毒对个人、家庭、社会的影响。
4. 分析社会暴力的流行病学。
5. 分析传染性疾病的流行趋势。

运用：
1. 正确评估社区人群慢性躯体健康问题，并制定三级预防措施。
2. 正确评估社区人群心理健康问题，并制定三级预防措施。
3. 正确评估吸毒的流行病学，并制定三级预防措施。
4. 正确评估社会暴力的流行病学，并制定三级预防措施。
5. 正确评估社区传染性疾病的流行病学，并制定三级预防措施。

第一节 慢性躯体健康问题

慢性非传染性疾病，简称慢性病（chronic diseases）。美国慢性病委员会（1987年）提出，具有以下一种或一种以上特征的疾病可视为慢性病：患病时间长、病后常留下功能障碍、病因常引起不可逆的病理变化、病情不同需要的医疗处置不同、病情差异需要不同的康复训练。常见慢性病有心脑血管疾病（如高血压、冠心病、脑卒中等）、代谢性疾病（如糖尿病）、慢性呼吸系统疾病（如慢性支气管炎、慢性阻塞性肺疾病）、恶性肿瘤。

慢性病的预防和控制目标是减轻患者痛苦、提高生活质量、减少人群发病率和功能性残障的发生。但目前国内外对慢性病的控制尚存在很多不足，主要表现为：不能运用现有的实践指南来防治慢性病、缺乏合作性照顾、缺乏防治效果的随访、缺乏健康教育等。为弥补这些不足，社区护士应积极参与到慢性病的预防和有效管理当中。

一、慢性躯体健康问题的影响

(一)对个人的影响

慢性病可引起疼痛、功能障碍、活动受限、残疾、社交障碍和自我形象紊乱,降低患者的生活质量,影响患者的健康相关行为(如生活方式调整、终身服药)和工作,增加住院次数和患者的经济负担。

(二)对家庭的影响

慢性病给家庭带来巨大的压力和经济负担。慢性病患者不能承担日常的家庭角色,从而使得家庭角色重新分配,以致其他家庭成员承担过多角色。再者,患者终身服药、定期检查、病情和疗效监测等增加家庭的经济开支。此外,情况严重时,家庭成员为照顾慢性病患者而被迫辞职。

(三)对社会的影响

1. 经济负担增加　慢性病(心脏病、糖尿病、中风、残疾)产生昂贵的社会经济费用。这些费用包括直接的和间接的医疗费用(住院、药物、家庭调整、特殊教育)、其他费用(生产劳动力的丧失、工作能力的受限)。2010年美国心血管疾病的总花费为44400亿美金。2013年疾病预防控制中心数据显示每年高血压疾病的直接医疗费用为4750亿美金。

2. 发病率增高　慢性病对社会造成的负担不但可以用金钱来衡量,而且可以用慢性病的发病率程度来衡量。尽管对慢性病采取了一系列防治措施,但慢性病如高血压、糖尿病等的发病率仍然呈逐年上升趋势。例如,1959年至2002年,我国15岁以上人群高血压患病率呈持续增长趋势,其中1991年至2002年的10年间,患病率上升31%,患病人数增加7000多万。

3. 死亡率增高　目前慢性病已成为威胁人类健康的主要原因。慢性病增加人群死亡率。死亡率反映人群中的慢性病状况,同时也能反映出慢性病的疾病谱及趋势。全国疾病监测系统资料表明,1991至2000年中国慢性病死亡占总死亡的比例呈持续上升趋势,由1991年的73.8%上升到2000年的80.9%,死亡数将近600万。其中死于心血管疾病250万、肿瘤140万、慢性阻塞性肺部疾患128万、糖尿病9万,分别占总死亡人数的19.3%、34.0%、17.6%和1.2%。美国数据显示,2002年居民前六位死因依次为:心脏病、恶性肿瘤、脑血管意外和脑卒中、慢性肺部疾病、意外伤害、糖尿病。

二、慢性躯体健康问题的流行病学

(一)生理因素

1. 成熟和衰老　慢性健康问题常发生于老年人。据调查,50~64岁的人群中有29%患有一个或多个慢性健康问题,65岁以上人群中有1/4存在4种或以上慢性疾病。但儿童也存在类似问题(如高血压、肥胖、残疾)。慢性病(如风湿、中风、癌症、糖尿病)的发病率与年龄成正相关。此外,老年人和儿童更容易因意外事故伤害而致残。各年龄段意外伤害和残疾的主要原因如表8-1所示。

表8-1　各年龄段意外伤害和残疾发生的主要原因

年龄组	意外伤害和残疾发生的主要原因
出生~1岁	窒息、误吸、烫伤、溺水
1~9岁	车祸、溺水、中毒、烧伤
10~14岁	车祸、溺水、枪伤、烧伤
15~64岁	车祸、职业伤害、跌倒、烧伤
>65岁	跌倒和烧伤

2. 性别　性别是慢性病的危险因素。与女性相比，男性高血压、慢性肝病、意外伤害、心脏病、恶性肿瘤、中风和糖尿病等病的死亡率明显增高。各年龄段的女性，关节炎患病率明显高于男性。雌激素有保护心血管功能，绝经前期和围绝经期的女性患心脏病的概率低于男性，但绝经后女性患心脏病的概率明显增加。女性癌症的存活率高于男性，男性肺癌发病率高于女性。

3. 民族和种族　民族和种族是慢性病的标记物。如黑人患黑色素瘤的风险低于白人，但患镰状细胞贫血的风险高于白人。某些慢性病（如脑卒中、高血压、糖尿病）的发生与所采取的健康行为（如戒烟、癌症筛查）亦存在民族和种族差异。

4. 基因遗传　基因遗传被认为是某些癌症、糖尿病、心血管疾病的主要致病原因。例如，有恶性黑色素瘤家族史的第一代亲人中，罹患该疾病的风险将增加8倍。

5. 生理功能　慢性病相关的生理因素评估主要包括三个方面：生理危险因素的出现、现有健康问题的生理依据和慢性健康问题的生理结局依据。特定的生理特征和生理状态可成为某种慢性病的危险因素。如心血管疾病常见的生理危险因素有高血压、高胆固醇血症和糖尿病。肥胖和既往感染也是某些慢性病的生理危险因素。此外，社区护士应警惕慢性病并发症的发生，如长期卧床患者可能继发压疮、糖尿病患者伴有视网膜病变、糖尿病足等。

（二）心理因素

压力是慢性健康问题的主要心理因素。压力往往会引起人们疏忽大意，而疏忽大意则增加了导致残疾发生的意外事故，如车祸。此外，压力影响癌症和心血管疾病的发展、糖尿病长期治疗的依从性。压力将加重哮喘症状、影响精神和情感功能。研究表明焦虑、抑郁、社会孤立与心血管疾病的发生有关，心理压抑和哮喘有关。

（三）物理环境因素

物理环境因素可导致慢性健康问题。例如，空气污染与慢性阻塞性疾病（COPD）和哮喘有关。其他影响慢性呼吸道情况的环境因素包括室内灰尘、虫螨、霉变、吸烟。环境中的SO_2与收缩压升高有关。全球气候变暖促进了植物过敏源的增加，延长了与花粉有关的季节性哮喘的时间。季节变化与血压增高有关。冬天，中风与心肌梗死的发生增加。某些特殊的物理环境也可导致慢性健康问题，如倒夜班与冠心病的发生有一定关联。亦有研究表明，长期值晚夜班的护士患乳腺癌的风险增加。

（四）社会文化因素

慢性病的进展及恶化主要取决于不利于健康行为的社会支持力度和促进/阻止获取卫生保健途径的因素。对吸烟、酗酒和久坐等不良生活方式的容忍加速了多种慢性病的发展。相反，健康行为的角色榜样（如工作场所禁止吸烟）则能促进健康和健康行为，阻碍慢性病的发展。影响慢性病的社会文化因素还有媒体信息、文化因素、社会参与、经济收入低、教育水平低和失业、暴力、职业因素、工作场所中与健康相关的政策、法律法规。

（五）行为因素

1. 消费方式　不良的饮食习惯（如高脂、高热量、低钙、叶酸和维生素D缺乏）与糖尿病、心血管疾病、肥胖和癌症的发生有密切联系。吸烟增加了心血管疾病、糖尿病、COPD的发生。酗酒可引起车祸、跌倒、慢性残疾、慢性肝疾病。

2. 运动和娱乐　运动能够有效控制糖尿病患者的症状和低血糖反应，能够改善关节炎患者的病情和功能受限的状况。积极参加体育运动可直接减少心血管疾病的发生，而久坐（如看电视、玩游戏）容易引起肥胖。

3. 饮食营养　不良的饮食方式导致慢性病的发生，如糖尿病、心血管疾病、肥胖。此外，高钠盐的摄入增加了高血压、心脏病和中风的风险。腊肉、腌制品等可增加胃癌的发生。

4. 其他行为　驾乘者采取安全的防范措施（如系安全带、戴安全帽）能有效地防止意外车祸。夏天减少太阳的暴晒时间（尤其是10:00—16:00）、使用防晒设备、穿戴宽边帽和防晒衣

物能降低罹患恶性黑色素瘤的风险。

2015年全球癌症情况

癌症是全球主要的死亡原因，2015年造成880万人死亡。癌症的主要种类为：
肺癌（169万死亡人数）
肝癌（78.8万死亡人数）
结肠直肠癌（77.4万死亡人数）
胃癌（75.4万死亡人数）
乳腺癌（57.1万死亡人数）
大约三分之一的癌症死亡源自五种主要行为和饮食危险因素：高体重指数、水果和蔬菜摄入量低、缺乏运动、吸烟、吸毒、饮酒。

（六）保健体系因素

保健体系可影响慢性病的发生、发展、结局。主要保健体系因素包括：解决健康问题的能力、缺乏健康保健的可及性、缺乏预防重点和未能开展循证实践。

三、慢性躯体健康问题的控制与社区护理

（一）健康评估

社区护士应该从个体和群体两个层面对慢性躯体健康问题进行评估。个体层面主要是评估导致慢性健康问题的危险因素、现有的慢性病及其影响。群体层面主要是评估慢性病危险因素的发生和流行，从而确定社区潜在的慢性病及其影响。评估具体内容详见附录11。

（二）护理诊断

根据慢性病的发病和患病情况、相关危险因素，社区护士可以做出与个体、群体相应的护理诊断。例如，有患心血管疾病的危险：与吸烟和久坐有关；人群肺癌患病率增加：与吸烟和致癌物质的职业暴露有关。

（三）护理计划和实施

1．一级预防　目的在于促进健康和矫正危险因素，预防重点和干预措施见表8-2。

表8-2　慢性躯体健康问题的一级预防重点和干预措施

预防重点	干预措施
健康促进	指导产前保健的重要性，提供产前保健和咨询服务；指导合理膳食（支持母乳喂养、帮助制订食谱和开支预算，必要时提供辅食添加计划、收集饮食史、发现不良饮食习惯）；指导运动的重要性，协助制订合理的运动计划；指导应对技巧；指导群众重视免疫预防，提供免疫接种及咨询服务
危险因素矫正	为吸烟者成立自助小组（宣传吸烟有害健康、倡导公共场所和工作场所禁烟政策）；指导并帮助制订合理的膳食计划，为暴饮暴食人群成立自助小组；筛查服务对象现有的健康问题（重视现有疾病的治疗、个体化治疗、监测并发症、治疗效果和副作用）；开展环境污染教育；指导辐射的危害；监测职业安全条件；促进职业安全，使用保护性运动器械；识别照顾者受伤的危险因素，采取恰当干预措施；进行伤害预防教育；帮助识别压力环境，探索缓解压力的方法；改变行为

2．二级预防　目的在于及时采取措施干预慢性健康问题。包括筛查现有的慢性健康问题、早期诊断、及时治疗。预防重点和干预措施见表8-3。

表 8-3 慢性躯体健康问题的二级预防重点和干预措施

预防重点	干预措施
筛查	指导体检的重要性，提供定期体检服务；指导定期筛查的重要性，为高危人群制订并实施筛查计划
早期诊断	指导识别慢性病的前兆（参与病例发现并做出相应的诊断、协助服务对象做好诊断前准备、实施诊断性检查）
及时治疗	必要时提供急救护理（普及急救护理教育、继续治疗）；协助服务对象做好治疗前准备（执行治疗方案、对症治疗，如减轻疼痛、告知患者药物的用法、用量、副作用等、鼓励患者配合治疗）；指导并鼓励患者自我管理；监测治疗效果（监测副作用、必要时随访）

3．三级预防　目的在于维持患者最佳的功能状态，包括防止受损系统和未受损系统功能的继续丧失、监测患者健康状况、协助患者适应慢性病、必要时提供临终护理。预防重点和干预措施见表 8-4。

表 8-4 慢性躯体健康问题的三级预防重点和干预措施

预防重点	干预措施
防止受损系统功能的进一步丧失、避免诱因	鼓励患者配合治疗，增加治疗依从性；指导患者识别危险因素；指导患者消除或者减少危险因素的方法
防止未受损系统功能的丧失	采取措施预防躯体并发症（如呼吸锻炼、皮肤护理、关节活动范围练习、体育锻炼、充足的营养和水、物理疗法）；接受服务对象，鼓励沟通交流，端正家属对待患者的态度，协助患者自强自立，协助患者适应家庭角色的改变，努力改变公众对残疾人的态度
恢复功能	协助制订恢复功能的计划（如物理疗法），指导服务对象执行健康计划并及时评价效果
监测健康状况	监测患者的健康状况，识别患者健康状况的变化，适时对患者进行随访
促进适应	帮助患者接受慢性病的出现；鼓励患者倾诉恐惧和困惑；建议患者参加自助小组；协助患者认同、计划并实施必要的生活方式改变；识别患者需要，协助患者获取相应的自助设备，识别必要的环境改变以促进患者自立；协助患者进行必要的环境改变，协助患者适应自我形象的改变，必要时寻求心理咨询；必要时寻求经济资助，协助患者做出是否公开疾病的决定，协助患者应对疾病所致的羞耻感；尽量减少对患者的羞辱；准确评估患者疼痛程度；协助患者选择恰当的止痛方法（药物和非药物）；必要时寻求专业疼痛治疗；教育服务对象、家属、看护人员及公众认识疼痛控制的重要性；拓宽治疗疼痛的途径并提高医保覆盖率；监测疼痛控制策略的效果；识别绝症患者的保健需求，参与制订相应的护理计划；必要时为服务对象和家庭寻求延缓绝症护理；倡导延缓生存护理；深入研究生存护理以明确患者的需求，促进生存护理的实施
适应临终状态	提供临终护理（疼痛管理、舒适护理、临终关怀、病危知情权）

（四）干预措施的评价

慢性躯体健康问题干预措施的评价包括个体和群体两个层面的干预效果。就个体而言，社区护士应该评价慢性病患者的疾病状况及适应能力。如果干预措施有效，可控制或改善慢性病病情、并将慢性病对患者及其生活的影响降低到最小。就群体而言，干预措施的评价标准有发病率和死亡率。干预措施实施后，评估人群高血压或心血管疾病发病率是否降低，意外伤害导致残疾发生率是否下降，糖尿病患者寿命是否延长，因并发症而住院的概率是否降低。根据评价结果，可制订相关干预措施或继续实施现有措施。

（湖南医药学院　郑　弘）

第二节　心理健康问题

心理健康（mental health）又称心理卫生或精神卫生、精神健康。从广义上讲，心理健康是指一种高效而满意的、持续的心理状态。从狭义上讲，心理健康是指人的基本心理活动的过程内容完整、协调一致，即认知、情感、意志、行为、人格完整和协调，能适应社会，与社会保持同步。心理问题和心理疾病严重影响人们的生活质量、工作效率、家庭和事业。WHO针对心理疾病给人类造成的严重危害断言："没有任何一项灾难比心理障碍带来的痛苦更深重"。作为社区成员，社区护士必须积极参与促进社区人群心理健康，预防和治疗心理健康问题的活动。

一、心理健康问题的影响

（一）对个人的影响

心理健康问题不仅增加个人痛苦，而且导致其生理功能受损、心理残疾和社交障碍。心理障碍患者往往表现自理能力下降或者丧失，甚至加重躯体疾患。据报道，严重心理障碍患者平均寿命比正常人短25岁。

（二）对家庭的影响

心理健康问题给家庭带来一定的经济压力和情感压力。心理障碍患者的工作能力差、失业甚至无业等加重了家庭经济负担。情况严重时，家庭其他成员被迫休假或辞职照顾患者，以致进一步加重经济负担。精神分裂症患儿的父母被迫放弃工作，无止境地履行监护义务和职责。强迫症患者的依赖和怪异行为经常使家庭陷入沮丧、愧疚处境。此外，心理健康问题妨碍家庭成员履行家庭角色、引起家庭成员之间沟通交流障碍和社交羞愧心理。

（三）对社会的影响

心理健康问题增加社会经济负担、加重疾病负担、降低人力资源、危害社会安全和导致残疾。例如，全球精神分裂症的发病率为1%，但其费用占全球医疗预算总费用的1.6%。英国一项研究表明，因精神疾病所致的生产力下降带来的损失是直接损失的4倍。2004年数据统计显示，抑郁症是全球疾病负担的第三大首要原因，预测到2020年将成为第二大原因。

二、心理健康问题的流行病学

（一）生理因素

1. **遗传和性别**　研究发现有精神疾病家族史者，精神分裂症发生率是正常人群的10倍。父母双方均为精神分裂症，其子女精神分裂症的发生率高达35%。性别与心理健康问题有关。自闭症谱系障碍（ASDs，autism spectrum disorders）男女发病率差异显著。美国男女患病率比例为5：1，我国男女患病率比例为（6~9）：1。女性创伤后应激障碍的发生为9.6%，而男性为3.6%。任何年龄段的女性都比男性容易患抑郁症，但抑郁人群中，男性自杀率显著高于女性。男孩多动症的发生率是女孩的2~3倍。

2. **发育和年龄**　不同的心理问题有其特定的好发年龄阶段。例如，自闭症和多动症好发于儿童；精神分裂症好发于15~45岁年龄段人群，多见于青壮年；老年痴呆症常见于65岁以上的老年人群。而抑郁症却发生于各个年龄段，但年长者更容易罹患。

3. **种族和民族**　研究显示，美洲印第安人的严重心理疾病发生率为9.7%，白人为3.5%，黑人为4.1%、亚洲人为2.5%。美国白人的抑郁发生率高于美籍非洲人、美籍墨西哥人。

> **知识链接**
>
> **老年人与精神障碍**
>
> 20%以上的60岁及以上的人患有精神或神经障碍（不包括头痛疾病）。60岁以上人群出现的所有残疾（残疾调整寿命年）中，有6.6%归咎于神经和精神障碍。这些老年人健康障碍导致了17.4%的伤残损失健康寿命年。最常见神经精神障碍为痴呆症和抑郁症。焦虑症会影响到3.8%的老年人口，物质使用问题会影响到约1%的人。老年人中，物质滥用问题往往容易被忽视或误诊。

4. 生理功能　不良的生理状况增加了心理健康问题的风险。资料显示，神经递质和神经生理缺陷是某些心理健康问题的主要致病因素。例如，糖尿病患者重症心理疾病的发生率是正常人群的2倍。慢性躯体疾病、感染、营养不良、身体创伤等均可导致心理健康问题的发生。怀孕、分娩与产后抑郁症的发生有关。妊娠、分娩并发症、孕中期暴露于流感与胎儿起源的成人心理疾病（如精神分裂症）有关。

（二）心理因素

1. 精神危险因素　人格特征、困难型气质、负性生活事件等精神危险因素与心理健康问题密切相关。例如，过分挑剔或困难型气质的人可能会疏远他人，因此，应对压力时获得的社会支持少。此外，压力大和紧张环境容易导致精神分裂症的复发。

2. 精神障碍共患病　患者同时存在两种或两种以上不同特征的精神疾病，称之为精神障碍共患病。如精神分裂症与抑郁共病，惊恐障碍和进食障碍共病。研究显示约25%的精神分裂症患者患有抑郁症，甚至大多数精神分裂症患者在患病之前就伴有抑郁症。

3. 应对技能　个体的应对能力可以减轻压力对身心健康的不利影响。研究表明，分散注意力（听音乐）、休息或体育运动（跑步）、享受生活（美食）、与他人沟通、避免胡思乱想、制订解决问题的方案、寻求医疗帮助、接受现实等应对技巧可有效地控制精神分裂症患者的症状。

4. 潜在的自杀　与精神障碍发展有关的压力和绝望，往往增加了自杀的危险。研究证明抑郁症和创伤后应激障碍增加了自杀的风险。精神分裂症患者中企图自杀率为10%。

（三）物理环境因素

物理环境因素影响到心理健康问题的发展。研究证明，高含量铅和其他毒物的慢性暴露可引起精神发育迟缓和其他精神疾病。水中砷的含量超标可增加抑郁症风险，缺氧和辐射均可导致精神分裂症。季节改变也可引起心理问题，如季节性情感障碍。灾害环境，容易引起心理失调，同时也干扰精神疾病的治疗。

（四）社会文化因素

大量社会文化因素增加了心理问题发生的风险，也影响心理问题的治疗。这些因素包括：社会动荡和移民、社会经济水平、政策、家庭关系、社会支持、文化因素、种族歧视、社会对心理健康问题的态度。

（五）行为因素

1. 不良生活方式　吸烟、吸毒、酗酒、缺乏体育锻炼、肥胖等因素可导致抑郁症的发生。有研究报道药物滥用者抑郁症发生率是普通人群的3～4倍。

2. 性行为　在心理障碍患者的护理实践中，患者的性行为最容易被忽视。社区护士需重视心理障碍患者的性需求，评估性行为的高危因素，如儿童性虐待、亢奋型精神分裂症患者的性生活满意度、药物副作用（如性欲减退）。另一方面，社区护士须评估心理障碍患者的安全性行为和避孕套的使用情况。

(六)保健体系因素

目前,心理卫生保健体系尚不健全,心理保健服务不能满足患者的需求,心理保健人员不能按照临床实践指南实施治疗和护理、误用药物、缺乏教育师资、效果评价体系和政策支持,医疗保健覆盖面窄。为加强心理卫生保健体系的管理,美国医学研究所于2006年制订了心理卫生保健两大纲要:一是心理卫生保健人员必须在掌握大脑与机体其他器官之间内部关系的基础上,才能向患者提供常见疾病、心理疾病和药物滥用的卫生保健服务;二是根据心理障碍或药物滥用的卫生保健特征,重新制订治疗目标、规则和策略,并贯穿于日常护理工作中。

三、心理健康问题的控制与社区护理

(一)健康评估

主要包括群体和个体心理健康评估。社区护士应从生物生理、心理、物理环境、社会文化、行为、卫生保健体系六个方面收集资料,评估个体或者群体心理健康问题发生的高危因素和临床表现。具体评估内容详见附录12。

(二)护理诊断

护理诊断反映个体、家庭、群体的心理健康需求。如定向能力受损:与精神分裂症发作有关;抑郁加重:与家庭压力有关;无家可归人群中精神分裂症增加:与因项目经费减少所致的慢性心理问题治疗机构不足有关。

(三)护理计划和实施

1. 一级预防　主要包括促进保护因素、减少危险因素两方面。预防重点和干预措施见表8-5。

表8-5　心理健康问题的一级预防重点和干预措施

预防重点	干预措施
促进积极的个人性格	提倡促进创造力和友善的项目 有角色榜样的毅力
促进积极的人际关系	教导和树立有效沟通技巧的榜样
成立培养积极心理结局的机构	协助制订和实施校内心理健康促进的课程 提倡促进包容性和联系的政策 倡导反欺凌项目和政策
提升应对能力和应变能力	教导、榜样应对技能 倡导校内开展应对技能教育
促进心理的灵活性	协助个体接受负性事件 多留神和关注所经历的,促进行为反应与个人价值观保持一致
促进有效的养育	指导养育技能 协助研发养育计划 树立有效亲子互动榜样 缓解养育压力 倡导养育支持计划
预防失业	提供服务对象的就业培训计划和就业服务
减少工作压力	倡导和实施工作场所的减压方法 倡导工作环境中的职业控制和决策自主性 降低工作环境中的噪声 倡导改善工作家庭平衡的策略 在工作场所提供放松训练 协助工作场所的冲突管理
为老年人提供情感和物质支持	倡导为老年人提供物质支持的项目 转诊以防止社会隔离 协助老年人保持独立

2. 二级预防　旨在筛查精神疾患、协助患者及时进行心理治疗、倡导精神疾病患者治疗自主权。预防重点和干预措施见表8-6。

表8-6　心理健康问题的二级预防重点和干预措施

预防重点	干预措施
早期识别	倡导高危人群心理健康问题筛查的可用性 协助制订和实施筛查计划 评估筛查的需要和动机 需要时参照筛选 协助解释筛查结果，如有必要，参考诊断和治疗 指导服务对象和公众任何识别心理健康问题的症状和体征 确保筛选工具在年龄和文化背景的适宜度
有效循证治疗	倡导诊断和治疗服务的可用性 转诊 指导服务对象和公众选择治疗方法 倡导保险涵盖精神健康服务和药物 监测治疗依从性和效果 监测治疗的副作用 辨别民族药物对治疗的影响 民族药物使用的指导

3. 三级预防　主要是加强慢性心理疾病的长期管理、促进心理问题的康复和防止复发、减少再次住院机会。预防重点和干预措施见表8-7。

表8-7　心理健康问题的三级预防重点和干预措施

预防重点	干预措施
促进疾病的自我管理	指导慢性心理健康状况的长期管理 促进精神病支持小组的成立 鼓励规律作息和健康的生活方式 加强运动 协助个体/家庭减少压力源 提倡支持自我管理的服务
促进治疗方案的依从性	提倡服务对象参与决策 指导服务对象依从性的需要 指导个体/家庭有关药物/酒精的相互作用 监测治疗依从性和效果 协助服务对象处理治疗副作用
预防复发或识别早期复发症状	协助个体和家庭识别并防止复发的危险因素 指导个体/家庭关于复发的早期征兆和症状 鼓励寻求精神卫生保健 评估抑郁和自杀意念迹象，必要时转诊
提高生活质量	协助服务对象处理经济问题，工作培训等 教育个体/家庭保持健康的人际互动 教导或协助发展生活技能
提供照顾者支持	家庭教育 倡导暂时性服务的可用性 必要时提供暂时性服务
防止耻辱和歧视	教育公众有关心理健康和心理疾病知识 倡导反歧视法 社会保健机构支持反歧视政策 制订并实施计划，以减少与精神疾病有关的耻辱 协助个体和家属处理耻辱和歧视

(四)干预措施的评价

心理健康问题干预措施的评价主要从个体、家庭、群体三个层面进行。就个体而言,干预措施的有效性在于患者精神困扰是否减轻,特殊的心理失调症状是否改善。就家庭而言,干预措施的有效性在于家庭动力是否增加,精神疾病成员给家庭生活所带来的破坏是否减轻。就群体而言,干预措施的有效性在于心理疾病的发生率是否降低;无家可归者中患有严重心理疾病的人数是否减少,接受心理治疗的人数是否增加。

(湖南医药学院 郑 弘)

第三节 吸 毒

吸毒,又称药物/物质滥用(drug/substances abuse),是指反复大量使用与医疗目的无关的、具有潜在依赖性的物质。吸毒严重影响个体的身心健康,给家庭、社会带来巨大危害。社区护士应引导社区居民担负起维护自我健康的责任,呼吁个人、家庭和社区抵制吸毒,干预和矫正吸毒行为。

> **知识链接**
>
> **常见毒品**
>
> | 种类 | 常见毒品 |
> | --- | --- |
> | 传统毒品 | 阿片类(鸦片、吗啡、海洛因)、可卡因、大麻类、哌替啶(杜冷丁)、古柯、可待因、尼古丁、那可汀、盐酸二氢埃托啡等 |
> | 新型毒品 | 甲基苯丙胺(冰毒)、摇头丸、K粉(氯胺酮)、咖啡因、三唑仑(海乐神)、安纳咖、氯硝西泮(氟硝安定)、麦角乙二胺(LSD)、甲喹酮(安眠酮)、丁丙诺啡等 |

一、吸毒的影响

(一)对个体的影响

1. **生理方面** 毒品能直接影响中枢神经系统,导致惊厥、震颤麻痹、周围神经炎、脑血栓、急性感染性神经炎等。吸毒可以引起心律失常和心肌缺血性改变,食欲失调、便秘、呼吸道炎症和肾病变。此外吸毒影响生殖功能,如男性性功能减退或消失;女性月经紊乱或闭经、性欲缺乏和不孕等。吸毒降低机体免疫功能,导致感染性疾病的发生率增高。

2. **心理方面** 吸毒导致各种心理问题,如人格丧失、焦虑、抑郁、情感失调、认知失调、攻击行为。其中最突出的精神障碍是幻觉和思维障碍。

3. **社交方面** 吸毒导致吸毒者与其家人、亲朋好友、同学之间的关系破裂或者瓦解。在工作中,吸毒者不能胜任本职工作、对工作失去兴趣,因此,容易被解雇和失业。

(二)对家庭的影响

吸毒带来的经济开支是一般家庭无法承担的,最终导致婚姻失败和家破人亡。吸毒者的家庭经常发生家庭冲突、矛盾、混乱、暴力。吸毒家庭容易被周围邻居所孤立,得不到其他家庭所能获得的资源和帮助。此外,父母的吸毒行为严重影响子代的健康。孕期暴露于毒品的胎儿,容易

出现低出生体重、早产。吸毒家庭的儿童往往伴有饮食失调、焦虑、抑郁、学习成绩差，甚至有反社会行为。

（三）对社会的影响

1. 经济负担加重　毒品给社会带来沉重的经济负担，主要体现在以下三方面。一是吸毒所致的身心健康问题带来的治疗费用。据估计每年需2000亿～2500亿美元（占全球国内生产总值的0.3%～0.4%）的医疗花费。二是非法药物使用影响到社会生产力。美国的一项研究显示，生产力损失相当于国内生产总值的0.9%。其他一些国家的研究显示，生产力损失相当于国内生产总值的0.3%～0.4%。三是毒品犯罪造成的损失，如财产破坏等。研究表明，英格兰和威尔士与毒品犯罪（欺诈、盗窃、抢劫和店内行窃）有关的费用相当于国内生产总值的1.6%，在所有与毒品有关的经济和社会成本中占90%。

2. 病死率增高　资料表明，吸毒者的平均寿命较一般人群短10～15年。25%的吸毒成瘾者在开始吸毒后10～20年死亡。吸毒人群的死亡率较一般人群高15倍。据美国估算，海洛因滥用者不到全美人口的百分之一，但每年直接死于海洛因中毒者高达6000人。据英国估算，每年海洛因吸食者的死亡率可高达（16～30）‰。此外，吸毒者易发生各种感染，其中，化脓性感染的发生率达40%。病毒性肝炎、心内膜炎、肾炎、结核等的发生率也显著提高。吸毒者艾滋病的发生率显著高于一般人群。我国目前大约有780,000例HIV感染者，其中经注射毒品感染者占28.4%。

3. 犯罪率增高　吸食毒品诱发盗窃、抢劫、诈骗等犯罪。在我国许多地区，70%～80%的违法犯罪与毒品有关。在美国丹佛与毒品相关的犯罪率为19%，芝加哥为43%。

二、吸毒的流行病学

（一）生理因素

1. 年龄　毒品成瘾者的年龄和年龄段的分布是衡量一个地区吸毒成瘾问题发展态势的重要指标。青少年决策力、自我控制力、判断力差，易受同伴不良行为如吸烟、饮酒和吸食毒品的影响，因此，吸毒率明显高于年长者。我国毒品成瘾者以青壮年为主。据国家禁毒委员会对23个省、市、自治区的统计资料显示，17～35岁的毒品成瘾者占85.1%，36～60岁的占12.3%。

知识链接

2010-2011年按年龄段分列的西欧和中欧大麻使用的年度流行率

	年龄段		
	15-24岁	15-34岁	15-64岁
2010年	16%（1,000万）	12.6%（1,700万）	6.8%（2,300万）
2011年	15.2%（950万）	12.1%（1,600万）	6.7%（2,250万）

2. 性别　在美国吸毒者中，男女性别差距小，女性吸毒与男性吸毒之比为2∶3；而在印度和印度尼西亚，女性吸毒与男性吸毒比为1∶10。近年来，女性毒品成瘾的数量上升明显，特别是在高度成熟的毒品市场。

3. 生理依赖　被滥用的药物（毒品）在医疗过程中有着其特定的作用，为人类医学做出了贡献。比如吗啡类药物具有镇静和镇痛作用，因此，被广泛使用于外科手术、骨折、烧伤、癌症治疗

毒品的药物依赖是毒品滥用的主要原因。

（二）心理因素

1. 好奇心理　一些吸毒者，尤其是青少年，对毒品具有好奇心理。人们对毒品的最初了解，可能来自两方面：一是毒品危害和严禁吸毒的各种宣传；二是吸毒者吹嘘吸毒后的欣快感。因此，自我控制力差和生活枯燥乏味的人常抱着好奇心理，以身试毒。

2. 认知因素　初次吸毒者，由于缺乏毒品方面的知识，为寻求刺激与新奇感而判断失误或盲目涉毒。吸毒者看待问题往往有种特殊的病态选择，只看到对自己有利的一面，且认识问题的主观性强，从而容易形成错误的是非道德观念。

3. 追求解脱　追求解脱的心理往往来自对社会、周围环境、自己的生活和工作所产生的不满意和失落感。不少吸毒者因工作、情感、婚姻等问题不能忍受挫折，不能以积极的心态对待和处理生活中的种种失意，反而寻求毒品来麻醉自己，以使心中的不良情绪得到暂时解脱。

4. 人格因素　自我控制力强的人和谨守宗教戒规的人难以尝试吸毒，而喜欢寻找刺激的反社会人格者试用毒品而上瘾的机会大。心理学家经常使用"依附性人格"来解释吸毒的原因，其特征是缺乏自我控制和自我尊重、精神和情绪处于抑郁状态。吸毒者在忧虑、焦虑、敌意、恐怖、偏执等方面的指数显著高于正常人。

（三）物理环境因素

最新研究表明，吸毒或成瘾是基因和环境交互作用的结果。基因遗传与环境因素的交互作用导致疾病的发生被称为表观遗传学。躯体记忆、社会和社区环境的刺激因素以及之前使用毒品的情境会被记忆在脑中，然后这些记忆会成为"诱因"，随时引发毒品的使用并最终成瘾。

社区环境因素包括当地对毒品使用的态度和容忍度，其他的环境因素包括获得所需毒品的难易度。毒品使用率增加的环境因素是所在区域废弃的房屋。环境暴露的另一个因素是与毒品相关的广告，尤其容易影响青年人。最后，毒品的使用给所在区域环境的安全带来了危险，例如毒品所引发的火灾或爆炸。

（四）社会文化因素

1. 家庭环境　吸毒行为与家庭环境密切相关。家庭教育的失败和家庭成员的不和谐增加了吸毒的风险。问题家庭是吸毒者走上吸毒之路的社会因素之一。

2. 同伴影响　来自同伴压力，如抽烟、喝酒、吸毒等群体性诱惑，特别是青春期少年难以抵制。

3. 社会环境　毒品管理不当，毒品容易获取；容易接触到吸毒人群；政府和社会对戒毒者的后期帮扶和教育措施不及时等，均可导致吸毒行为的发生和再发生。

4. 社会态度　整个社会对吸毒的排斥态度不够果断和坚决，如为吸毒人员提供毒品、情感和经济支持，从而助长了吸毒态势。

（五）行为因素

休闲娱乐活动、朋友聚会等往往增加了精神活性物质的使用。吸烟和酗酒增加了毒品的成瘾性。吸毒者共用针头与不安全性行为，导致 AIDS 及其他传染性疾病的传播。

（六）保健体系因素

许多精神活性物质的使用最初来源于医疗保健体系本身，如阿片类药物被广泛应用于疼痛的控制，可卡因应用于外科麻醉，镇静剂应用于抗焦虑等。如果这些精神活性物质不能被合理地应用，则容易造成药物滥用。其次，医疗保健体系开展公共健康教育的力度不够，禁毒宣传教育不够广泛和深入。再次，对吸毒者提供的治疗方案主要是针对年轻人，而忽视了老年人。最后，我国医疗保险在这方面尚未投入资金，一些吸毒者不能进行相关治疗。

三、吸毒的控制与社区护理

(一) 健康评估

1. **社区评估** ①社区内居民对吸毒问题的认知情况及支持态度;②锁定重点人群:青春期少年、问题家庭、问题学生、失业者、娱乐活动多者等易受毒品影响;③当地的针具交换及处理情况;④社区中吸毒和成瘾物品的滥用情况;⑤获取毒品情况;⑥当地卫生健康教育及媒体宣传有关吸毒问题的情况;⑦相关医疗保健体系。

2. **个体评估** ①风险因素;②吸毒迹象;③中毒症状;④戒毒情况;⑤吸毒的长期影响。毒品滥用的评估内容见附录13。

(二) 护理诊断

根据吸毒的社区和个体评估资料,社区护士做出相应的护理诊断。针对有吸毒问题的个体和家庭,如个体吸毒风险性增加:与家族酗酒史有关;滥用镇静剂:与为了逃避生活压力而使用镇静剂有关。针对社区,如胎儿酒精症候群发生率增高:与孕妇使用酒精有关;机动车辆事故率增加:与使用精神活性物质后驾车有关。

(三) 护理计划和实施

1. **一级预防** 目的在于预防非吸毒人员的初次吸毒、预防尝试吸毒人员毒瘾的形成和预防吸毒人群范围的扩展。预防重点和干预措施详见表8-8。

表8-8 吸毒的一级预防重点和干预措施

预防重点	干预措施
有效应对策略的制订	指导个人及家庭应对策略;提倡将应对能力融入学校课程;开展和实施项目来加强问题的有效解决
自我形象	改善社会舆论环境以帮助吸毒者在公众中建立健康、良好的个人形象;致力于改善社会对曾经有吸毒史人群的态度,往往是社会的抛弃态度孕育了吸毒行为
吸毒危害的宣教	开展吸毒相关知识的讲座;指导使用恰当的药物(如烟草、可待因等);举办有关控制吸毒的公众健康教育活动
毒品获取的控制	倡导加强毒品的严格管制

2. **二级预防** 主要是针对因吸毒尚未产生不可逆转的病理改变的人群,对现有问题进行筛查、干预和处理。预防重点和干预措施详见表8-9。

表8-9 吸毒的二级预防重点和干预措施

预防重点	干预措施
早期发现	筛查吸毒高危人群;指导个人、家庭和公众关于吸毒所致的症状;在多种健康途径中促进吸毒筛查
简单干预	对涉及高危吸毒个体开展简单的干预措施
早期治疗	转诊;观察治疗效果;倡导为吸毒者提供可及性治疗;提倡将吸毒治疗纳入到所有的健康保险计划范围内,包括医疗保障、医疗补助和其他政府项目为吸毒者提供治疗

3. **三级预防** 目的在于预防戒毒者再次吸毒,处理吸毒相关问题,设立戒毒基金以及降低伤害。预防重点和干预措施详见表8-10。

表8-10 吸毒的三级预防重点和干预措施

预防重点	干预措施
提供支持	提供情感支持；转给互助小组；协助重新融入家庭和社会；提供就业支持和其他援助资源；倡导开发和可及性的支持性服务，包括处方用药、社会服务等
预防复发	指导关于复发的预防和过程；指导识别复发的诱因；协助制订预防复发的计划；尽可能缩小复发影响；启动互助/自救小组或转诊患者
减少复发因素	帮助就业；提供暂时性服务以解决照顾负担；减轻社会压力；改变社会对吸毒者的态度
治疗后遗症	提供照顾；提供治疗；帮助家庭处理吸毒对家庭的影响；倡导对吸毒者的家庭提供服务
减少伤害	教育吸毒的危害，提供减轻伤害服务（如注射毒品者的伤口护理）；倡导减少伤害策略的使用

（四）干预措施的评价

吸毒干预措施的效果主要是从个人、家庭及社区三个层面进行评价。就个人和家庭而言，主要是评价吸毒者及其家庭的吸毒问题解决的程度，戒毒者保持清醒时间的长短，引起吸毒的压力源的消失等。就社区而言，主要是评价护理干预措施对吸毒发生率的影响、吸毒相关疾病的发生率和死亡率指标的变化。

（新疆医科大学 王 芸）

第四节 社会暴力

WHO将社会暴力（social violence）定义为"蓄意地应用躯体的力量或权力，对自身、他人、群体或社会进行威胁或侵害，造成或极有可能造成损伤、发育障碍、精神伤害、死亡或权益的剥夺"。这里的定义是特指暴力行为本身，未考虑其后果。意外事件如交通事故、火灾不包括在定义范围之内。"运用躯体的力量和权力"应被理解为包括以往被疏忽的行为和各种躯体的、性的、精神上的伤害行为，以及自杀和其他自虐行为。全球每年共有140多万人因暴力而失去生命，更多的人遭受非致死性伤害。暴力是全世界15~44岁人口的重要死因，占男性死亡的14%，女性的7%。暴力行为不仅导致损伤和死亡，还可能给个人、家庭、社会和卫生保健造成其他沉重的负担。实践证明社区护士通过对各种形式的暴力行为的预防和控制，可以从一定程度上减少暴力所致的各种身体和心理健康问题的发生。

一、社会暴力的分类

根据施暴者的特点将暴力分为3种类型：针对自身的暴力、个人之间的暴力和集团暴力。

（一）针对自身的暴力

针对自身的暴力（self-directed violence）分为自杀（suicide）和自虐（self-abuse）。前者包括自杀思想（suicidal ideation）、自杀未遂（自杀企图 suicidal attempt）或故意自我伤害（deliberate self-injury）及自杀成功。而自虐包括自残等行为。WHO 2014年自杀报告指出，全球每年有80多万人死于自杀，即约每40s就有一人自杀死亡。低收入和中等收入国家自杀人数约占自杀总人数的75%。自杀率最高的国家为圭亚那（44.2/10万人），随后是朝鲜（38.5/10万人）及韩国（28.9/10万人）。在过去的50年，美国的自杀率增高了60%，自杀是15~24岁男性死亡的第三大原因。日本的自杀率则更高，是美国的2倍。中国、新加坡、意大利和英国等国家则相对较低。自杀所致的损失也非常惨重，在美国，每年自杀造成的经济损失为346亿美金。

(二)个人之间的暴力

个人之间的暴力(interpersonal violence)包括家庭和伴侣之间的暴力、社区暴力两种类型。前者是指发生在家庭成员和伴侣之间的暴力,通常情况下发生在家中。而社区暴力是指暴力发生在无亲属关系的个人之间,他们可能相互认识或不认识,通常发生在户外。

1. **家庭/伴侣之间的暴力(family/partner violence)** 是指家庭成员之间以武力胁迫等手段侵犯家庭成员人身权利,致使其肉体和精神造成一定程度伤害的暴力行为。家庭暴力主要有儿童虐待、老人虐待和亲密伴侣暴力。研究显示,四分之一的成年人自述儿时受过身体虐待,每5位妇女中有1位、每13位男性中有1位自述儿时受过性虐待。全世界35%的妇女经历过来自伴侣的身体和(或)性暴力。2002年,我国法学会调查显示,中国遭受家庭暴力的人数达4.5亿,其中90%以上的受害者为女性。6%的老人称遭受过虐待,由于许多国家及地区都正快速进入人口老龄化社会,预计虐待老人的现象会越来越严重。

> **知识链接**
>
> **约会暴力**
>
> 约会暴力(dating violence)是指青少年在约会中,一方从躯体方面、性方面或心理方面故意控制或支配对方造成一定程度伤害的任何行为。主要包括躯体暴力、精神/情感暴力、性暴力。躯体暴力表现为猛击、踢、推搡、窒息、用物品撞击、身体监禁等。精神/情感暴力表现为羞辱、恐吓、威胁等。性暴力表现为非自愿的性行为或性接触。大量调查研究显示发生在青少年约会关系中的暴力行为较普遍,已成为重要的公共卫生问题。

2. **社区暴力(community violence)** 全世界每天都会有各种形式的社区暴力发生,如陌生人的强奸或性骚扰,公共机构如学校、工作场所、监狱和疗养院中的暴力行为。《2014年全球预防暴力状况报告》显示,尽管有迹象表明2000~2012年期间全球凶杀率减少了16%,但暴力仍然普遍存在,非致命性暴力行为尤其给妇女和儿童造成危害。2012年有47.5万人被杀害,而凶杀是全球15~44岁男性的第三大死亡原因。近年美国杀人率有所下降,从1980年的10.2/100,000下降到2003年的6/100,000,但这些数据的下降大部分归功于现代医疗技术对受害者的成功救治。

(三)集团暴力

集团暴力(collective violence)分为社会的、政治的和经济的暴力。与前两种分类不同,集团暴力的分类体现了大的集团或国家暴力行为的动机。集团暴力如有组织团体的仇视性犯罪、恐怖行动和暴动已列入社会的重要日程。政治暴力包括大集团进行的战争及相关的暴力冲突、国家暴行和类似行为。经济暴力包括为争夺经济利益而引发的由大集团发起的攻击行为,如有目的地破坏经济活动、拒绝提供必需的服务或经济隔离等。

二、社会暴力的流行病学

(一)生理因素

1. **年龄** 青少年暴力是全球公共卫生问题。据估计,全世界每年有20万起杀人事件发生于10~29岁的青少年,占全球年杀人总数的43%。年龄与自杀成正相关,自杀率随着年龄的增长而增加。从全球来看,70岁及以上的人群自杀率最高。

2. **性别** 女童所遭受的性虐待是男童的4倍。成年女性容易被朋友、熟人和亲密伴侣所侵

害，而男性则容易被陌生人所侵害。女性遭受更多的是家庭暴力，而男性承受更多的是公众环境下的压力暴力。自杀也存在性别差异。一般而言，女性自杀未遂率高于男性，而男性死于自杀的数量要多于女性。在发达国家，男性自杀死亡率是女性的3倍，尤其是50岁及以上的男性。妊娠是妇女遭受虐待的生理风险因素。据估计4%～8%的女性在妊娠期遭受虐待。

3. 生理状况　早产儿和残疾儿童受虐待的风险大；健康状况差所致身体不便或因其他原因不能独立生活的老年人遭受的虐待机会明显高于健康状况良好、生活独立的老年人。暴力对各年龄阶段的人群产生多种生理反应。受虐待的儿童，除了当时的伤害外，还伴随其他的身体健康影响，如消化系统疾病、肥胖。性暴力和强奸导致生殖道撕裂伤、性传播疾病、怀孕和盆腔感染等。

(二) 心理因素

影响家庭暴力的心理因素包括应对能力差、家庭情感环境差、虐待者人格特征和精神病理状况。缺乏感染力或情感支持的家庭，被认为是情感贫瘠和暴力发生的高风险地带。缺乏教养、具有破坏性、或容易引起分歧的家庭交流模式增加了家庭暴力发生的风险。此外，失去亲人的痛苦、绝望感、心理障碍、精神疾病等因素也增加了各种暴力的发生。比如，单相抑郁或精神分裂症患者自杀率高于一般人群，双向情感障碍者自杀成功率达10%～15%。

(三) 物理环境因素

物理环境方面的因素也影响社会暴力的发生。当今，学校成为了暴力发生地。2011年美国数据统计，约有59万12～18岁的学生经历过非致死性暴力。城市武器杀人的概率高于农村，主要是因为城市获取武器的渠道多。城市和农村人群的自杀率亦存在差异。研究显示，中国农村妇女的自杀率明显高于城市。农村自杀率高与社会孤立、难以发现自杀的预兆、医疗设施有限、医生数量少及文化程度低有关。此外，研究报道空气污染和大气中铅含量升高可能与社会暴力的发生相关。

(四) 社会文化因素

社会文化因素对施暴者与受害者均有影响，暴力的危险因素可分个人和社区/人群两个层面。

1. 个人层面　施暴者的个人层面的危险因素包括教育水平低、收入低、社会隔离、同伴影响、家庭破裂、家庭冲突、缺乏社会支持及不良的亲子关系。受害者的个人层面的危险因素包括无业、退休、低家庭收入以及缺乏社会支持。不良家庭关系可能会增加儿童虐待。家庭危险因素包括社会隔离、父母缺乏儿童发展的认识、缺乏家庭凝聚力。负性亲子关系及父母的压力水平也可能导致家庭暴力。

2. 社区或人群层面　该层面的社会文化危险因素包括贫穷、不安定的住所、过度拥挤、缺乏社会资本、缺乏制度及法律法规支持。除此之外，对暴力事件的容忍以及文化观念，如认为男性对女性有控制权，以致女性遭受多种形式的暴力。老人被虐待的人群层面危险因素包括负性社会信念及态度、缺乏老年人福利事业的监控。社交网络和社交态度也可能增加暴力事件的发生。

(五) 行为因素

吸烟、吸毒和酗酒常常与暴力有关。家庭男性成员的酗酒与亲密伴侣暴力的发生密切相关，家庭成员的酗酒和吸毒增加了虐待儿童的风险。其他行为如吸烟可能引起自杀。研究表明吸烟护士的自杀率是非吸烟护士的4倍。性取向，类似于心理和社会文化因素的结合，也增加了暴力风险。研究显示青年男同性恋和青年女同性恋的企图自杀率是异性恋的2～3倍。

(六) 保健体系因素

在保健体系中，如果保健人员不能正确识别和筛查处于暴力危险中或者是遭受暴力的个体与人群、不能正确识别处于自杀风险情况中的个体，将增加暴力的发生。此外对暴力事件不能及时、准确地报告也增加了暴力的发生。

三、社会暴力的控制与社区护理

(一)健康评估

社区护士需要从个人、家庭或人群层面上的危险因素对社会暴力进行评估。针对现有的家庭暴力现象、自杀迹象,社区护士需要提高警惕。在社区和人群中,护士还需要识别导致社会暴力发生和流行的危险因素,如失业或其他社会压力。家庭暴力的危险因素评估,具体内容详见附录14。

(二)护理诊断

根据个体、家庭或人群的评估情况,社区护士可以做出相应的护理诊断。例如,个体护理诊断如"患者有儿童虐待潜在性:与单亲家庭的压力增加和照顾残疾儿童有关"。以人群为基础的护理诊断有"暴力潜在性增加:与高校学生武器携带增加有关"。

(三)护理计划和实施

1. 一级预防 目的在于减少个人解决冲突时的暴力使用、减少产生压力和暴力的危险因素、提供个人对压力和暴力的应对能力。重点和干预措施见表8-11。

表8-11 社会暴力的一级预防重点和干预措施

预防重点	干预措施
发展有效应对技巧	对个人、家庭、社区人群进行应对和压力管理技巧的指导;提倡在学校开设压力管理和应对课程
培养自尊	培养自我形象;提倡在学校开展相关项目
制订现实的期望值	对父母进行儿童生长发育知识的教育; 指导照顾者给老年人提供需求方面指导,并开展照顾者教育项目; 帮助服务对象认识到自己的长处
具备有效的养育和人际关系技巧	指导养育技巧;角色榜样的有效沟通交流技巧;对交流困难的家庭提供咨询帮助;在学校、社区开设相应课程和实施相关教育项目
治疗精神疾病和吸毒者	对精神疾病患者或吸毒者提供相关治疗;主张在社区建立可行可及的治疗服务中心
用非暴力来解决问题	进行非暴力冲突管理策略教育;提倡在学校、社区开设相应课程
提供支持	提供情感和物质支持;发展和扩大社会支持网络;为暴力受害者和犯罪者提供社区支持服务;提倡减少导致暴力的社会压力
减少危险行为	指导患者减少去杀人、吸毒、酗酒发生频率高的场所;对公众进行毒品和酒精引起暴力的教育;提倡在高犯罪区域提供足够的警备力量;提倡社会对冲突事件早期干预,防止暴力事件升级
减少武器、毒品、酒精的获取途径	鼓励去除家庭武器;减少酒精的使用;积极参与促进控制武器使用的社会活动;减少获得毒品和酒精的途径
改变公众对社会暴力的态度	学习冲突的非暴力解决方式、问题解决和决策技巧;讨论规则,发展和实施改变社会文化对暴力观念的措施,并作为解决冲突的一种方式
反暴力的政策制定	制订打击暴力和保护潜在暴力受害者的措施;积极对待老年人和残疾人;主张保护妇女权力

2. 二级预防 主要包括识别暴力和处理暴力所致的直接后果两方面。预防重点和干预措施详见表8-12。

表 8-12 社会暴力的二级预防重点和干预措施

预防重点	干预措施
识别遭受暴力的危险人群	参与案例发现；指导老师和咨询者识别虐待迹象或潜在暴力；筛查虐待或暴力倾向证据；对公众进行暴力危险因素及迹象的教育；发展暴力危险因素及遭遇的筛查项目
为受害者及施暴者提供咨询	提供咨询；为受害者和施暴者提供情感支持；提倡咨询服务的可获得性
为受害者提供治疗	提供必要的服务；积极参与政策制订活动，保证足够的治疗设施
识别暴力爆发	报告暴力案例；监测社会暴力发展趋势，发现问题所在之处
提供安全环境	将暴力受害者转移到安全环境；计划与受害者实现安全的环境；必要时向当地收容所寻求帮助；如果某人对自己或他人有明显的危险，需强制承诺程序；为暴力受害者提供可用的收容所或其他资源设施
为实施暴力者提供治疗	教育从业人员有关暴力受害者和家庭成员的敏感和关怀反应；提供有关针对暴力反应的健康专业培训课程

3. 三级预防　目的在于处理暴力相关问题和预防暴力再次发生。预防重点和干预措施详见表 8-13。

表 8-13 社会暴力的三级预防重点和干预措施

预防重点	干预措施
预防集体自杀和模仿自杀	帮助制订社区应对计划；提倡控制媒体对暴力事件的曝光
对他杀或自杀家庭提供照顾	帮助家庭成员克服悲伤、愤怒和内疚感，帮助家庭成员发现积极应对失去亲人的方式；寻求法律或其他机构的帮助；如有需要，寻求相关咨询；提倡社区为受害者家属提供支持服务
治疗暴力所致的后果	提供躯体和心理的治疗服务；提倡社区为暴力受害者和施暴者提供可及性服务
减少压力源，阻止暴力事件的发生	提供帮助资源；发展或扩大社会支持网络；提供压力缓冲护理和其他支持性服务；帮助寻求就业机会和解决其他社会需求；提倡减少导致暴力发生的压力源；提倡发展临时照顾或其他支持服务

（四）干预措施的评价

社会暴力干预措施的效果可以从个人、家庭和社区层面进行评价。例如，社区护士需要确定有虐待风险家庭的儿童虐待是否得到有效预防。社区层面，社区护士需要观察社区自杀率或杀人率、保护儿童服务的报告频率是否有所改变，从而对以人群为基础的干预措施进行评价。

（湖南医药学院　张　晴）

第五节　传染性疾病的预防与保健

传染性疾病（communicable diseases）是指由病原微生物和寄生虫感染人体后产生的有传染性的疾病。传染性疾病对个体、家庭、社区乃至整个人类社会的威胁不容忽视。20 世纪以来对抗传染性疾病的斗争曾取得过丰硕成果，一些传染病的发病率与病死率显著下降。但近年，由于受自然环境、社会环境等因素的影响，一些新型传染性疾病席卷全球，足以说明人类与传染性疾病的抗争尚未结束。加强传染性疾病的社区预防与保健是早期有效遏制其肆虐的主要策略。

一、传染性疾病的流行趋势

20世纪以来,全球传染性疾病的总体发病水平经历了一系列起伏。20世纪初出现流感大流行,20世纪中期各类传染性疾病相对低发,但20世纪70年代以后,新传染病(如艾滋病、SARS、高致病性禽流感、埃博拉出血热、军团病和莱姆病)不断出现和旧传染病(如流感、结核、霍乱、血吸虫、鼠疫及性病等)的重新肆虐,加上生物袭击、人为活动造成的传染性疾病(如艾滋病)相继发生和流行,对人类健康、社会稳定和经济发展造成了前所未有的冲击。全球每年有约1500万人死于各种传染性疾病(占总死亡人数的25%以上)。目前人类生存所面临的最大威胁中,传染性疾病仍然排在首位。随着全球自然与社会环境的变化,传染病发生、传播趋势也在发生改变。

1. 经典的传染性疾病在控制中　疫苗接种是控制人类疾病最有效的公共卫生干预措施之一,在减少传染性疾病的病死率中起着重要作用。随着人类社会、科学的进步和预防性疫苗的快速发展,流行性乙型脑炎、丝虫病等一些经典的传染性疾病已予以控制,其发生率和病死率明显下降。我国从1978年开始实施儿童国家免疫规划(National Immunization Program,NIP)计划免疫,为了响应WHO扩大免疫规划(expanded program on immunization,EPI),2007年扩大了NIP范围,免疫规划内疫苗数增加到了15种,并根据传染病流行趋势,在流行地区对高危人群开展流行性出血热疫苗、炭疽疫苗和钩端螺旋体疫苗等计划免疫,有效控制了我国常见传染性疾病的流行。

2. 再出现的传染性疾病再度暴发　近年来,由于自然环境和社会人文等因素,曾经认为被彻底消灭的经典传染性疾病又开始蠢蠢欲动,大有卷土重来之势,例如疟疾、登革热等传染性疾病死灰复燃。根据WHO官方网站公布,2010年约有2.19亿例疟疾病例,66万死亡病例;2013年约有1.98亿例疟疾病例,58.4万死亡病例;2014年全球97个国家和地区发生了持续性疟疾传播;估计全球约有33亿人处于罹患疟疾的危险之中。

3. 新发传染病不断被发现　自然环境、人类及动物数量、病原体以及社会和文化因素(如饮食习惯和宗教信仰)的变化,导致新发传染病的发生和流行危险性增大,例如埃博拉病毒病、登革热等暴发流行。2014年3月在西非出现的埃博拉病毒病疫情,是1976年首次发现埃博拉病毒以来发生的最大且最复杂的疫情,截至2016年3月27日全球埃博拉病毒病例28646例,死亡11323例,埃博拉病毒病病死率约为50%。

4. 流行地域不断扩展　近年随着对外贸易领域不断扩大、全球温度升高等原因,一些亚洲未有的疾病,如黄热病、西尼罗病毒病等也向亚洲发出了警告。传染性疾病的传播不分国界,远距离跨地区传播的情况常见。

> **知识链接**
>
> **新发传染病**
>
> 新发传染病(emerging infectious diseases,EID)最早出现在1992年美国国家科学院医药研究所发表的《新发传染病:细菌对美国公民健康的威胁》一文中。当时定义为:新的、刚出现的或出现抗药性的传染病,或在人群中的发生在过去20年中不断增加或者有迹象表明在将来其发病有增加的可能性。
>
> 2003年WHO提出,新发传染病是指由新种或新型病原微生物引起的传染病,以及近年来导致地区性或国际性公共卫生问题的传染病。目前,国内外对新发传染病还没有提出统一的标准定义。

二、传染性疾病的流行病学

生理、心理、物理环境、社会文化、行为和健康体系六个方面的因素影响传染性疾病的发生和流行,社区护士应了解各个方面的因素在传染性疾病中的流行病学特征、预防潜在传染性疾病的发生和处已发生的传染性疾病以及防止在人群中扩散。

(一)生理因素

年龄、性别、种族、民族和生理健康状况等因素对传染性疾病的发生具有重要影响。一些传染性疾病具有规律的年龄趋向。例如,调查显示结核病在65岁及以上人群中发病率最高,儿童是潜在获得性结核病人群,容易发展为较严重的结核病如结核性脑膜炎。美国研究显示13岁以下儿童被诊断为艾滋病的人数是802人,占确诊病例的1%;65岁以上者占1.5%;然而25~34岁者占29%;35~44岁者占36%。此外,由于性别和种族的不同,传染病的发病率和流行性也呈现出多样性。一些少数民族由于居住环境拥挤、健康促进和疾病预防知识缺乏、资源获取途径缺少,因此,传染病患病率较高。美国2001~2004年研究显示73%HIV感染者是男性。HIV感染者的种族特异性也是被公认的,美国黑人HIV感染者占总数的51%,白人占29%,西班牙人占18%,亚洲人1%,美国印第安人却少于1%。我国结核病发病人群中,少数民族发病率高于汉族。

(二)心理因素

心理因素可导致机体免疫功能紊乱,使机体抵抗外界病毒与细菌等病原微生物感染的功能下降,自身免疫监督和保持自身内环境平衡稳定的生理功能发生障碍,因而容易引发传染性疾病。

(三)物理环境因素

物理环境处于平衡状态有利于人类的身心健康,而恶劣的物理环境可导致疾病的发生及传播。如风是物理环境的主要因素,它会影响病原体飞沫的传播速度,导致以呼吸道传播传染性疾病。水源污染导致血吸虫病、霍乱等。过度拥挤的环境易导致流行性腮腺炎、结核病和流行性感冒等传染病的发生和传播。受气候因素影响夏季肠道传染性疾病发病率较高,而冬季呼吸道传染性疾病发生率较高。受地理因素影响我国北方地区是黑热病的流行区,而南方是血吸虫病的流行区。

(四)社会文化因素

社会和文化因素的多元性也影响着传染性疾病的发生、发展。例如,贫穷、失业、无保险等社会因素会导致人们在疾病发生时无法获得较好的照护,从而导致疾病的蔓延和加重。传染性疾病的发生也与社会地位有关,无家可归和受到监禁等将导致传染性疾病的发生。宗教信仰、文化信仰、较低的教育水平等也会影响传染性疾病,如有些人的宗教信仰禁止接受免疫,这样就会导致传染性疾病的发生。

(五)行为因素

行为因素是影响人类健康的重要因素。对传染性疾病影响最大的行为因素主要有饮食习惯、性行为和药物使用。如不清洁的饮食习惯容易传染甲型肝炎病毒;肛交、口交、无防护性行为易患性传播疾病;滥用抗生素导致机体免疫力下降和耐药株及变异株病原体的出现助长了传染性疾病的传播;共用针具注射毒品易患艾滋病、乙型肝炎等。人类活动方式的改变(如人口流动频繁、色情服务及多性伴、非法贸易、食品工业化、机械化生产的加温不足、消毒不严等)是传染病反复肆虐的重要驱动力。

(六)保健体系因素

与保健体系有关的因素也影响到社区传染性疾病的发展。包括卫生资源的配置、医疗卫生机构、医疗卫生设施、医疗保障制度、卫生服务组织的规模等。例如,对免疫接种收取费用将限制低收入人群接受全面的免疫。

三、传染性疾病的控制与社区护理

(一) 健康评估

社区护士应评估个体、家庭和社区的传染性疾病的危险因素,现存与潜在的疾病状况,预防传染性疾病的公共环境卫生设施,医务人员及居民对患有特殊传染性疾病患者的态度等。评估具体内容详见附录15。

(二) 护理诊断

传染性疾病的护理诊断可以反应个体、家庭和群体的健康需求。就个体而言的护理诊断,例如儿童免疫功能低下,与儿童获得性免疫相关知识缺乏有关;外伤患者个体有患破伤风的危险,与没有注射破伤风抗毒素及免疫功能低下有关。对群体做出护理诊断,可以了解社区传染性疾病的发生率及疾病蔓延速度。例如,丙型肝炎病毒发生率升高,与静脉注射药物有关;人类免疫缺陷病毒感染,与多个性伙伴的不安全性行为有关。

此外护理诊断还可以反映出传染性疾病对个体、群体的潜在危险。例如,甲型肝炎的高发率可能与当地水源的水生物污染有关,结核病的发生和发展可能与疫区移民有关。

(三) 护理计划和实施

1. **一级预防** 对大多数传染病,尽管其病因已完全明确,都应强调一级预防的重要性。预防重点和干预措施见表8-14。

表8-14 传染性疾病的一级预防重点和干预措施

预防重点	干预措施
免疫接种预防	免疫接种的健康宣教;开展和提供免疫接种服务;获取免疫接种途径
传染源的隔离预防	传染性疾病的发现和上报;有效隔离传染源;保护易感人群;指导传染病患者自我保护和疾病传播;提供隔离预防保障服务;多方合作实施隔离预防
暴露后预防	满足患者必要的暴露后预防的需求;根据计划提供暴露后预防性治疗;促进暴露后预防的监督、使用和检测;观察暴露后预防的副作用并在必要时提出医学评估;对需要暴露后预防的患者说明其可用性
常规预防	加强营养、休息;合理饮食,养成良好生活方式;教育服务对象正确处理伤口;教育服务对象安全性行为,如安全套的使用等;防止药物滥用;通过宣教,使危害最小化,预防IDUS(静脉吸毒);全面控制血液传播疾病;有效洗手;环境卫生的保护;水、饮食污染的预防;防止人群密集并做好通风;对易受病原微生物感染区域加强紫外线消毒;促进健康教育服务
疾病大流行及生物恐怖预防	疾病预防和自我保健;确认疾病大流行与生物恐怖;确认传染病危险因素;制订疾病大流行和生物恐怖的应急预案;在疾病大流行和生物恐怖过程中的自我防护宣教;宣教大流行和生物恐怖临床表现及治疗

2. **二级预防** 除做好早发现、早诊断和早治疗外,还要做好对社区内传染病患者早隔离、疫情早报告以及早控制传染源,切断传播途径,防止流行和蔓延。预防重点和干预措施见表8-15。

表8-15 传染性疾病的二级预防重点和干预措施

预防重点	干预措施
个案发现和观察	识别传染病患者的症状、做出相应诊断并给予合理治疗;宣教患传染病的前兆及特殊传染病的症状;识别传染病在人群中爆发的前兆;收集传染病的发生、流行、分布、影响因素和后果的检测数据
筛查	识别和确定疑似病例;宣教传染病筛查目的和意义;提供选择性筛查服务;计划和实施大规模筛查方案;加强在人群中进行传染病筛查

续表

预防重点	干预措施
诊断和报告	告知居民传染病诊断的重要性；向居民宣教传染病诊断程序；提供的诊断性服务；说明诊断结果并提供相应的咨询；根据当地、政府或国家规定的疫情上报程序上报传染病病例；向相关部门宣教传染病上报规定；随诊传染病病例，获得相关流行病数据
治疗	提供抗病原微生物治疗协助；宣教抗病原微生物治疗；监督DOT（传染病及寄生虫病诊断）；教育健康服务者、居民和广大公众防止抗生素滥用，以免产生耐药性；加强和指导所有传染病感染者接受治疗服务

3. 三级预防　对于病因不明，难于预料的传染性疾病，以三级预防为主，采取及时、有效的专科治疗和护理措施，尽量恢复或保留其机体功能。预防重点和干预措施见表8-16。

表8-16　传染性疾病的三级预防重点和干预措施

预防重点	干预措施
预防并发症	检测并发症；加强并发症的控制；未发生并发症患者的积极治疗，以防并发症发生
观察治疗效果	观察治疗的副作用和药物不良反应，并做好评价；通过各种检查指标观察治疗效果
治疗并发症	预防并发症；帮助并发症患者康复；促进长期后遗症的康复；提供长期医疗卫生服务
预防疾病传播	免疫接种的计划和实施；免疫接种的宣教活动；加强献血者或捐献器官者的健康筛查工作；对感染传染病的孕妇提供宣教、检查和治疗服务；养成良好的生活方式，降低患病风险；做好隔离工作，避免歧视被隔离的患者；参与传染病爆发时的协助工作，如传染者身份确定、一般情况调查、标本采集、治疗处理及控制计划等工作；向居民宣教保持合理社交距离，预防传染病；参与指定社交距离的规定，尤其对一些特殊性传染病的接触距离的规定

（四）干预措施的评价

评价传染性疾病一级预防的有效性，主要是依据发病率的降低或升高程度。例如，吸毒者接受降低危害教育未发展为乙肝或HIV感染者，干预是有效的。评价二级预防的有效性主要是依据传染性疾病的流行是否得到有效控制。例如，通过筛查发现手足口病患儿，及时采取消毒隔离措施，控制疾病的蔓延、传播和流行，即为二级预防有效。三级预防干预措施的评价主要体现在传染病并发症的预防。传染病可发生一定程度的再次感染、残障和病情恶化，因此，评价三级预防的有效性主要是根据死亡率及并发症的控制情况。例如，肺结核经早期、规律、全程、适量、联合用药治疗，其死亡率降低；儿童患百日咳通过及早应用红霉素等抗生素控制了呼吸系统及神经系统并发症的发生。

（湖南医药学院　田玉梅）

本章小结

本章介绍了慢性躯体健康问题、心理健康问题、吸毒、社会暴力及传染性疾病5个内容。社区护理人员应从生理、心理、物理环境、社会文化、行为和健康保健体系6个方面进行评估，从三级预防的角度来开展健康保健，从而有效地维护和促进个体和群体的身心健康，减少吸毒、社会暴力和传染性疾病的发生。

案例分析

一、小史，女，22岁，大专毕业后，分配在外企单位工作，同一公司的工作人员都是正规名牌大学毕业生，这让她感到有些自卑。工作一段时间后，小史一直觉得厌倦、心情烦躁、注意力涣散、思维迟钝、反应迟缓，她感觉自己没用，没有什么能让自己开心，活着也太累了，经常早醒……小史以往身体健康，性格开朗，父母身体健康。

问题与思考：
1. 该患者目前主要存在哪些护理问题？
2. 如何制订与实施护理计划？

二、2000年2月16日，两位女孩告诉父母要去看电影，但是实际上她们是到某个人家里参加宴会。宴会中有的人喝酒，有的人在吸大麻。一个17岁的女孩苏珊要了一杯某品牌的饮料，这时一位20岁的男孩将饮料递给了她并告诉她喝了后会忘记一切烦恼。她很好奇，在喝的过程中，与朋友说该品牌的饮料很难喝，但是她仍然把该饮料喝了下去。几分钟后，她出现呕吐症状并昏倒过去。其他人把她抬到浴室，与另一位女孩安吉在一起，她也是喝了一杯饮料后便昏倒的。当男孩子发现无法唤醒两个女孩时，便将她们送到附近的医院。

问题与思考：
1. 哪些心理、社会因素导致毒品的使用？
2. 社区护士应该采取怎样的急救措施？

三、徐某，男，32岁。既往有吸毒史，因不规则发热、腹泻、进行性体重下降2个月，发现颈部、腋窝多处淋巴结肿大半月到综合医院就诊。血常规：WBC 3.0×10^9/L，N 0.91，L 0.09，PLT 270×10^9/L，Hb 80g/L，胸片提示左上肺斑片状影，血清HIV抗体阳性，诊断为艾滋病。经医院治疗后，现已出院返回家中疗养。

问题与思考：
1. 对该患者进行家庭访视时重点需评估哪些内容？
2. 对该患者的家庭成员的健康教育有哪些？

附录 1 健康教育评估与干预指导

说明：该评估与指导旨在协助社区护士识别健康学习的需求，设计健康教育策略，对教育对象开展适当的教育。

适用人群：各年龄段有共同学习需求的人群。

姓名：_____ 电话：_____ 地址：_____

一、学习环境评估

（一）生理因素

1. 年龄_____ 性别_____ 种族_____
2. 有学习需求吗？_____ 如果有，哪些学习需求是由教育对象的年龄和发展水平引起的？_____
3. 教育对象的发展层次和身体成熟会影响学习的能力或使用的教育策略吗？_____ 如果是，如何影响？_____
4. 什么样的身体状况会提高教育对象的健康教育需求（如妊娠、心脏病）：_____
5. 身体状况会对教育对象的学习能力产生什么影响？_____

（二）心理因素

1. 目标人群有健康教育的需求的意识吗？_____
2. 目标人群中成员学习的意愿和动力程度？_____
3. 教育对象对健康和健康教育的态度会提高或降低学习能力吗？_____
4. 什么样的心理因素会阻碍学习（压力、抑郁、焦虑、迷惑、困惑）？_____
5. 目标人群的应对技巧是什么？_____
6. 应对技巧会如何影响学习？_____

（三）物理环境因素

1. 物理环境方面的情况会引起人们对健康教育的需求吗？_____ 如果是，请写出_____
2. 学习的物理环境要求有哪些（噪声、光线、干扰）？_____

（四）社会文化因素

1. 学习伙伴对学习动力会产生什么影响？_____
2. 目标人群的教育层次：_____
3. 目标人群中的成员优先获得的健康信息是：_____
4. 目标人群的社会经济水平是：_____
5. 文化或宗教信仰及行为会影响学习吗？_____
6. 目标人群成员的母语：_____
7. 他们对主要语言的掌握程度_____
8. 目标人群的职业会引起他们对健康教育的需求吗？_____ 如果是，如何影响？

9. 目标人群中健康行为的社会支持水平（同伴交往、角色模式）？_____
10. 社会状况还有其他可能会影响健康教育的方面吗？（如教育机会的次数或途径）
_____
_____如果有，他们产生什么影响_____

（五）行为因素
1. 目标人群中流行的消费模式会引起对健康教育的需求吗（如饮食、吸烟、饮酒或吸毒）？
2. 这些消费模式是什么？_____
3. 还有其他行为会引起对人们健康教育的需求吗？（如安全措施、性行为、预防接种）：
_____

（六）保健体系因素
1. 当地卫生保健提供者重视健康教育吗？_____
2. 目标人群的成员在接受健康教育的地方有获取卫生保健的途径吗？_____
3. 目标人群是否存在关于卫生保健服务使用教育的需要？_____
4. 目标人群对于可利用的卫生保健资源的认知水平是怎样的？_____
5. 卫生保健的建议会引起人们对健康教育的需求吗？_____
6. 有影响学习能力的健康保健因素吗？（如药物）_____
7. 对卫生保健服务和服务提供者的态度会影响学习能力吗？_____如果是，如何影响？
_____

二、健康教育计划和实施

（一）健康教育诊断
1. _____
2. _____
3. _____
4. _____
5. _____

（二）学习目标和学习要点

学习目标	学习要点
1.	1.
2.	2.
3.	3.
4.	4.
5.	5.

（三）教学策略和原理

教学策略	原理
1.	1.
2.	2.
3.	3.
4.	4.
5.	5.

结果评估计划：

1．目标 1 的测量

2．目标 2 的测量

3．目标 3 的测量

4．目标 4 的测量

5．目标 5 的测量

三、健康教育评价

（一）学习结果评价

目标	状态（满足/不满足）	依据

（二）过程评价方法和结果

（三）必要的修改

附录2　家庭健康评估与干预指导

说明：该评估结合护理维度模式，对家庭健康需求进行评估，为护士制订、实施计划和评价保健效果提供指导。

适用范围：适用所有类型家庭。

姓名：_____　电话：_____　地址：_____

一、生理因素

姓名	年龄	性别	健康状况
1.			
2.			
3.			
4.			
5.			

（一）发育和年龄
1. 每个家庭成员是否完成了各自的发展任务？_____
2. 家庭成员对个体发展的支持程度：_____
3. 个体发展对家庭健康的影响：_____
4. 家庭处于哪个发展阶段？_____
5. 家庭相关发展任务完成得怎么样？_____

（二）生理功能
1. 家庭成员目前的健康问题和治疗方案（类型、作用、来源）：_____
2. 家庭成员重要的既往史：_____
3. 重要的家族史：_____
4. 家庭成员的免疫状态：_____

二、心理因素

1. 家庭的优点和缺点：_____
2. 家庭沟通（典型模式、作用、目的、气氛、规则）：_____
3. 家庭成员的情感支持度：_____
4. 家庭成员的应对技巧（类型、作用、应对危机的反应）：_____
5. 家庭凝聚力：_____
6. 家庭决策机制：_____
7. 家庭成员的互动：_____

8．惩诫（类型、起源、持久性、适合）：_____
9．家庭成员的精神疾病史：_____
10．家庭目标（是否与个体和社会目标保持一致）：_____
11．家庭成员的压力源：_____
12．家庭暴力的依据：_____

三、物理环境因素

1．住宅（方位、面积）：_____
2．现存的家庭安全隐患：_____
3．周边环境（安全性、设施和服务是否便捷、污染物）：_____
4．社区提供物资和服务的途径：_____
5．家庭应急计划：_____

四、社会文化因素

（一）家庭角色

家庭角色	扮演者	是否称职	角色模式
1. 领导者			
2. 照顾儿童者			
3. 性角色			
4. 养家糊口者			
5. 倾诉对象			
6. 家规实施者			
7. 家庭主妇			
8. 修理工			
9. 理财者			

1．是否存在角色行为冲突或角色负荷过重：_____
2．角色是否称职：_____
3．预期的家庭角色变化：_____
4．角色与主流文化一致：_____
5．家庭成员的宗教信仰及其对健康的影响：_____
6．家庭文化背景对健康的影响：_____
7．家庭经济（来源、是否宽裕、管理效率）：_____
8．家庭成员教育水平：_____
9．家庭可获得的外部资源：_____

（二）职业

家庭成员	职业	雇主
1.		
2.		
3.		
4.		
5.		

1. 职业对家庭成员健康的危害：_____
2. 家庭移民情况和影响：_____

五、行为因素

（一）消费模式
1. 家庭饮食模式（数量、食物嗜好、准备、充足、特殊需求）：_____
2. 其他物质使用情况（烟、酒精或毒品）：_____
3. 处方和非处方药物使用：_____
4. 休息和锻炼模式：_____

（二）休闲娱乐
1. 家庭成员典型的娱乐活动：_____
2. 家庭娱乐活动的健康隐患：_____
3. 增强家庭凝聚力的娱乐活动：_____

（三）其他行为
1. 安全设施和措施的使用：_____
2. 家庭成员安全教育：_____
3. 家庭计划（需求、类型、作用）：_____
4. 性生活（性伴侣、对性活动的态度）：_____

六、保健体系因素

1. 家庭对健康的定义和态度：_____
2. 家庭应对疾病的反应：_____
3. 健康相关的决策：_____
4. 使用民间疗法和自我护理：_____
5. 常规健康保健来源：_____
6. 卫生保健的资金来源：_____
7. 一级、二级、三级卫生保健服务的使用情况：_____
8. 阻碍获取卫生保健的因素：_____

附录3　社区儿童、青少年健康评估与干预指导

说明：该评估和指导旨在协助社区护士评估儿童及青少年的健康状态，有助于护士做出护理诊断、制订护理计划、实施和评价护理措施，从而解决现有的健康问题和促进儿童及青少年健康。

适用人群：新生儿至青少年。

姓名：_____电话：_____地址：_____
监护人：_____与儿童/青少年的关系：_____

一、生理因素

(一)发育、年龄与基因遗传

1. 年龄：_____
2. 出生日期：_____
3. 性别：_____
4. 民族：_____
5. 出生体重：_____出生身长：_____生长模式（与标准模式和旧模式对比）：_____
6. 重要发展阶段的表现（DDST或其他试验）：_____
7. 父母对孩子发育及其意义的认知：_____
8. 重大家庭健康史（包括基因家族谱）：_____

(二)生理因素

1. 孕期重大事件：_____先天缺陷：_____
2. 现有急/慢性疾病（如有请描述健康问题、状况、治疗情况）：_____
3. 现有的身体健康问题的症状和体征：_____
4. 身体残疾或功能受限的部位：_____
5. 重大既往病史、受伤史、住院史（如有，请描述事情、发生时间、结果）：_____
6. 系统回顾

头部[头痛（频率、性质、治疗效果）、晕厥、脑外伤]：_____
眼睛（视力、发红、是否配戴眼镜、最后一次眼睛检查时间、泪道阻塞、分泌物、流泪、瘙痒）：_____
耳朵（听力困难、分泌物、耳痛、耳部炎症）：_____
口腔和喉咙（咽喉痛、牙周病、牙痛、龋齿）：_____
呼吸系统（感冒频率、鼻出血、咳嗽、肺炎、哮喘、气短、鼻窦炎、花粉过敏）：_____
心血管系统[心脏疾病、高血压、胸痛、发绀（尤其哭泣或活动时）、气短、心脏杂音、水肿]：_____
消化系统（恶心、呕吐、腹泻、便秘、胃肠胀气、腹痛、食欲减退、体重增加或下降、直肠

疼痛或出血、大便性状和次数）：_____
　　泌尿系统（排尿功能紊乱、尿频、尿急、夜尿增多、排尿困难、尿潴留、肾区疼痛、特殊气味、排尿力度、婴幼儿使用尿布的数量）：_____
　　生殖系统（阴道或阴茎分泌物、第二性征发育、月经、痛经、遗精、接受性教育的程度、性活动的范围、初次性交年龄、性传播疾病史）：_____
　　肌肉骨骼系统（关节疼痛、肿胀、颤抖、外伤史、骨折史、扭伤或拉伤、肌无力）：_____
　　皮肤 [湿疹、尿布疹、斑块（性状、部位、颜色）、皮肤颜色的改变、瘙痒、毛发脱落、指甲变色或脱落、杵状指、胎记、汗腺肿胀、刺伤、文身]：_____
　　造血系统 [贫血、出血倾向、青紫倾向、输血史（时间、原因）]：_____
　　免疫状态：_____
　　7．体格检查
　　高度、体重、头围、胸围：_____
　　生命体征（T，P，R，BP）：_____
　　一般特征（姿态、步态、残疾、卫生状况）：_____
　　皮肤（尿布疹、湿疹、痤疮、粟粒疹、青紫、发红、卫生状况、文身）：_____
　　头颈部（淋巴结、脸部）：_____
　　眼睛（聚焦和跟踪移动物品的能力）：_____
　　耳朵（定位声音的能力）：_____
　　鼻腔和鼻窦：_____
　　口腔和喉咙（假膜、牙齿数目、口腔卫生状况、龋齿）：_____
　　胸部：
　　　　乳房检查（新生儿乳房肿胀、早熟、乳房正常发育、男性乳腺发育）：_____
　　　　心脏（杂音、心音分裂）：_____
　　　　肺：_____
　　腹部：_____
　　生殖器（睾丸未降试验、阴道撕裂、分泌物、肛门闭锁、第二性征发育）：_____
　　肌肉骨骼系统（肢体对称性、脊柱裂、脊柱侧凸、先天性髋关节脱位、肌力）：_____
　　神经系统（脑神经、深部腱反射、温度、运动、感觉、震颤、新生儿反射）：_____
　　筛查试验结果（苯丙酮尿症、甲状腺素、血细胞比容、镰状细胞、血铅浓度、结核菌素、尿液分析、性传播疾病、早孕）：_____

　　二、心理因素

　　1．反应模式和父母反应：_____
　　2．父母期望（适当）：_____
　　3．性别社会化及其对健康的影响：_____
　　4．管教孩子（类型、一致性、适宜性）：_____
　　5．父母应对技巧：_____
　　6．父母与子女的互动：_____
　　7．自我形象：_____
　　8．情绪状态（平常和最近异常表现）：_____
　　9．被虐待或忽视的证据：_____
　　10．最近重大变故（死亡、离异、搬迁）：_____
　　11．心理健康问题的依据：_____

12. 自杀意念：_____
13. 承受社会或父母的压力程度：_____

三、物理环境因素

1. 居住地：_____
2. 家里是否拥有足够的私人空间：_____
3. 家里是否存在安全隐患：_____
4. 家庭对各年龄阶段儿童的防护措施：_____
5. 家里是否有武器：_____
6. 家里是否养宠物（种类、数量、室内还是室外）：_____
7. 周边环境（安全、污染物等）：_____
8. 环境中是否有污染物（二手烟）：_____
9. 污染物对健康有什么影响：_____

四、社会文化因素

1. 教育程度（年级、成绩）：_____
2. 与同龄人的互动：_____
3. 与他人的互动：_____
4. 抚养孩子的态度或实践：_____
5. 父母文化程度：_____
6. 家里使用何种语言沟通：_____
7. 代沟冲突：_____
8. 外托小孩（地点、照看者、妥善性）：_____
9. 父母职业及对儿童、青少年的影响：_____
10. 家庭责任 / 期望：_____
11. 儿童或青少年工作（类型、工作时间、对健康的影响）：_____

五、行为因素

（一）消费模式

1. 婴幼儿（配方奶粉、母乳喂养、配方奶准备、喂养技巧）：_____
2. 其他年龄段儿童（平衡营养、垃圾食品量、食物过敏）：_____
3. 父母对营养需求的认知：_____
4. 毒品、酒精、烟草的暴露：_____
5. 酒精、烟或毒品使用情况：_____

（二）休息和活动

1. 睡眠模式：_____
2. 运动类型和运动量：_____
3. 安全防护措施和设备使用情况：_____
4. 其他

性生活（频率、服用避孕药、使用避孕套、性取向）：_____
安全带和其他安全设备：_____
安全教育的广度：_____
FGM 的文化实践：_____

慢性疾病的自我保健（需要，知识，效能）：_____
风险行为：_____

六、保健体系因素

1. 一级预防服务的使用（一般保健和牙齿保健）：_____
2. 疾病治疗资源：_____
3. 父母关于疾病治疗和医疗辅助服务需求的知识：_____
4. 可获取的需要的卫生保健服务：_____
5. 可获取的保健服务的使用：_____
6. 保健服务资金（保险，是否能够支付）：_____
7. 保健服务获取障碍：_____

附录4 社区妇女健康评估与干预指导

说明：该评估和指导旨在协助社区护士评估成年女性的健康状态、确定护理诊断、制订护理计划、实施和评价护理措施，解决女性现有的健康问题，促进女性的健康。

适用人群：青、中年妇女。

姓名：_____ 电话：_____ 地址：_____

一、生理因素

（一）发育与基因遗传

1. 年龄：_____ 出生日期：_____ 民族：_____
2. 成年人发育表现：_____
3. 重大家庭健康史（包括基因家族谱）：_____

（二）生理功能

1. 现有急/慢性疾病（如有，请描述健康问题、状况、治疗情况）：_____
2. 现有身体健康问题的症状和体征：_____
3. 身体残疾或功能受限的范围：_____
4. 重大既往病史、手术史、受伤史、住院史（如有，请描述事情、发生时间、结果）：_____
5. 系统回顾

头部[头痛（频率、性质、治疗效果）、晕厥、脑外伤]：_____

眼睛（视力、发红、是否配戴眼镜、最后一次眼睛检查时间、泪道阻塞、分泌物、流泪、瘙痒）：_____

耳朵（听力下降、分泌物、耳痛、耳鸣）：_____

口腔和喉咙（咽炎、牙周病、牙痛、龋齿、最后一次看牙医的时间）：_____

呼吸系统（感冒频率、鼻出血、咳嗽、肺炎、哮喘、呼吸困难、鼻窦炎、花粉过敏症）：__

心血管系统（心脏疾病、高血压、胸痛、发绀、呼吸困难、心脏杂音、水肿）：_____

消化系统（恶心、呕吐、腹泻、便秘、胃肠胀气、腹痛、食欲减退、体重增加或下降、直肠疼痛或出血）：_____

泌尿系统（排尿困难、尿频、尿急、夜尿增多、排尿困难、尿潴留、肾区疼痛）：_____

生殖系统[乳房肿块、乳房外形改变、乳房分泌物、最后一次乳房X线检查、痛经、月经不规则、经期延长、外阴水肿、阴道分泌物（颜色、性状、量）、性交痛、经前期综合征、最近一次子宫颈抹片检查、性生活、口服避孕药或其他避孕工具的使用、安全套的使用、性满足感、性

伴侣个数、性取向、性传播疾病史、外阴侧切史]：_____
　　最后一次月经时间：_____ 月经初潮年龄：_____
　　孕产史 / 结果：_____
　　肌肉骨骼系统（关节疼痛、肿胀、颤抖、外伤史、肌肉萎缩、骨质疏松症、钙吸收、骨折史）：_____
　　皮肤 [皮肤损伤（描述特征、部位、颜色）、皮肤颜色的改变、瘙痒、毛发脱落、指甲变色或脱落、胎记、汗腺肿胀]：_____
　　神经系统（癫痫、共济失调、抽搐、外伤、瘫痪）：_____
　　造血系统 [贫血、出血倾向、青紫倾向、输血史（时间、原因）]：_____
　　免疫系统（感染频率、HIV 感染、免疫抑制剂使用情况）：_____
　　免疫状态：_____

　6．体格检查
　　身高和体重：_____
　　生命体征（T，P，R，BP）：_____
　　一般特征（姿态、步态、残疾、卫生状况）：_____
　　皮肤（包括头发和指甲）：_____
　　头颈部（淋巴结、脸部）：_____
　　眼睛：_____
　　耳朵：_____
　　鼻腔和鼻窦：_____
　　口腔和喉咙（嘴唇、牙龈、硬腭、咽、舌、牙齿）：_____
　　胸部：
　　　　乳房检查：_____
　　　　心脏：_____
　　　　肺：_____
　　腹部：_____
　　生殖器（包括肛门、直肠、卵巢、外阴侧切瘢痕）：_____
　　运动系统（肢体对称性、脊柱、关节、肌肉）：_____
　　神经系统（脑神经、深部腱反射、温度、运动、感觉）：_____
　　筛查及其他试验结果：_____

　二、心理因素

　1．自我形象、自尊：_____
　2．心理疾病史：_____
　3．情绪状态（平常和最近异常表现）：_____
　4．定向能力：_____
　5．应对能力（策略、效率）：_____
　6．最近重大变故（死亡、离异、搬迁）：_____
　7．自杀意念：_____
　8．沟通交往（程度、满意度）：_____
　9．人际关系（程度、满意度）：_____
　10．压力（来源、应对技巧、支持）：_____
　11．身体和心理虐待的依据：_____

三、物理环境因素

1. 居住地：_____
2. 家里是否拥有足够的私人空间：_____
3. 家里是否存在安全隐患（如有请列举出来）：_____
4. 工作环境是否存在安全隐患（如有请列举出来）：_____
5. 家里是否养宠物（种类、数量、室内还是室外）：_____
6. 周边环境（安全、污染物等）：_____

四、社会文化因素

1. 教育（正规教育、健康知识、特殊学习要求）：_____
2. 收入（来源、宽裕度、理财技巧）：_____
3. 社会支持网络（组成、支持度、利用度、婚姻状况、婚姻关系特征）：_____
4. 影响健康的文化习俗：_____
5. 性别社会化及对健康的影响：_____
6. 家庭关系及对健康的影响：_____
7. 家庭责任（照顾者角色、照顾负担、其他角色）：_____
8. 健康行为的社会支持力度：_____
9. 宗教信仰（对健康的重要性和影响）：_____
10. 成年人角色榜样：_____
11. 职业（过去和现在、危害、工作更换模式）：_____
12. 交通是否便利：_____

五、行为因素

（一）消费模式

1. 日常饮食（食物类型、爱好、准备、营养、特殊嗜好、文化限制）：_____
2. 酒精、烟或毒品使用情况：_____
3. 是否饮用咖啡因：_____
4. 使用药物（类型、是否适当）：_____

（二）休息和活动

1. 睡眠模式：_____
2. 运动类型和运动量：_____
3. 休闲活动（活动类型、危险性）：_____

（三）其他

1. 性活动（频率、使用避孕药、使用安全套、性取向、多性伴侣、性活动）：_____
2. 安全带和其他安全设备的使用：_____

六、保健体系因素

1. 一级预防服务的使用（普查和牙医）：_____
2. 对健康及健康保健的态度：_____
3. 健康保健的通常来源：_____
4. 健康保健的资金（类型、是否充足）：_____

5. 护理障碍：_____
6. 对健康保健服务的使用（是否恰当）：_____

附录 5　社区成年男性健康评估与干预指导

说明：该评估和干预指导旨在协助社区护士评估成年男性的健康状态、确定护理诊断、制订护理计划、实施和评价护理措施，解决男性现有的健康问题，促进男性健康。

适用人群：青、中年男性

姓名：＿＿＿＿＿＿＿＿电话：＿＿＿＿＿＿＿＿地址：＿＿＿＿＿＿＿＿

一、生理因素

（一）发育与基因遗传

1．年龄：＿＿＿＿＿＿＿出生日期：＿＿＿＿＿＿＿民族：＿＿＿＿＿＿＿
2．男性性征发育：＿＿＿＿＿＿＿＿＿＿＿＿＿＿＿＿＿＿＿＿＿＿＿＿＿
3．重大家庭健康史（包括基因家族图谱）：＿＿＿＿＿＿＿＿＿＿＿＿＿＿

（二）生理功能

1．现有急/慢性疾病（如有，请描述健康问题、状况、治疗情况）：＿＿＿＿
2．现有身体健康问题的症状和体征：＿＿＿＿＿＿＿＿＿＿＿＿＿＿＿＿＿
3．身体残疾或功能受限的范围：＿＿＿＿＿＿＿＿＿＿＿＿＿＿＿＿＿＿＿
4．重大既往病史、手术史、受伤史、住院史（如有，请描述事情、发生时间、结果）：＿＿＿＿＿＿＿＿＿＿＿＿＿＿＿＿＿＿＿＿＿＿＿＿＿＿＿＿＿＿＿＿＿

5．系统回顾
头部[头痛（频率、性质、治疗效果）、晕厥、脑外伤]：＿＿＿

眼睛（视力、发红、是否配戴眼镜、最后一次眼睛检查时间、泪道阻塞、分泌物、流泪、瘙痒）：＿＿＿＿＿＿＿＿＿＿＿＿＿＿＿＿＿＿＿＿＿＿＿＿＿＿＿＿＿＿＿＿＿

耳朵（听力下降、分泌物、耳痛、耳鸣）：＿＿＿＿＿＿＿＿＿＿＿＿＿＿＿

口腔和喉咙（咽炎、牙周病、牙痛、龋齿、最后一次看牙医的时间）：＿＿＿

呼吸系统（感冒频率、鼻出血、咳嗽、肺炎、哮喘、呼吸困难、鼻窦炎、花粉过敏症）：＿＿＿＿＿＿＿＿＿＿＿＿＿＿＿＿＿＿＿＿＿＿＿＿＿＿＿＿＿＿＿

心血管系统（心脏疾病、高血压、胸痛、发绀、呼吸困难、心脏杂音、水肿）：＿＿＿＿

消化系统（恶心、呕吐、腹泻、便秘、胃肠胀气、腹痛、食欲减退、体重增加或下降、直肠疼痛或出血）：＿＿＿＿＿＿＿＿＿＿＿＿＿＿＿＿＿＿＿＿＿＿＿＿＿＿＿＿

泌尿系统（排尿困难、尿频、尿急、夜尿增多、排尿困难、尿潴留、肾区疼痛）：＿＿＿＿

生殖系统[前列腺炎、阴茎分泌物（颜色、性状、量）、阴茎瘢痕、睾丸自我检查、睾丸疼痛、肿块、性无能、阴囊肿大、性生活、性伴侣个数、安全套使用、性满足感、性传播疾病史]：＿＿

肌肉骨骼系统（关节疼痛、肿胀、颤抖、外伤史、肌无力）：_____
_____
　　皮肤 [皮肤损伤（描述特征、部位、颜色）、皮肤颜色的改变、瘙痒、毛发脱落、指甲变色或脱落、胎记、汗腺肿胀]：_____
　　神经系统（癫痫、共济失调、抽搐、外伤、瘫痪）：_____
_____
　　造血系统 [贫血、出血倾向、青紫倾向、输血史（时间、原因）]：_____
_____
　　免疫系统（感染频率、HIV 感染、免疫抑制剂使用情况）：_____
_____
　　免疫状态：_____
　6．体格检查
　　身高和体重：_____
　　生命体征（T，P，R，BP）：_____
　　一般特征（姿态、步态、残疾、卫生状况）：_____
　　皮肤（包括头发和指甲）：_____
　　头颈部（淋巴结、脸部）：_____
　　　眼睛：_____
　　　耳朵：_____
　　　鼻腔和鼻窦：_____
　　　口腔和喉咙（嘴唇、牙龈、硬腭、咽、舌、牙齿）：_____
　　胸部：
　　　乳房检查：_____
　　　心脏：_____
　　　肺：_____
　　腹部：_____
　　生殖器（包括肛门、直肠、前列腺）：_____
　　运动系统（肢体对称性、脊柱、关节、肌肉）：_____
　　神经系统（脑神经、深部腱反射、温度、运动、感觉）：_____
　　筛查及其他试验结果：_____

二、心理因素

1．自我形象、自尊：_____
2．心理疾病史：_____
3．情绪状态（平常和最近异常表现）：_____
4．定向能力：_____
5．应对能力（策略、效率）：_____
6．最近重大变故（死亡、离异、搬迁）：_____
7．自杀意念：_____
8．沟通交往（程度、满意度）：_____
9．人际关系（程度、满意度）：_____
10．压力（来源、应对技巧、社会支持）：_____
11．身心受虐待的依据：_____

三、物理环境因素

1. 居住地：_____
2. 家里是否拥有足够的私人空间：_____
3. 家里是否存在安全隐患（如有请列举出来）：_____
4. 工作环境是否存在安全隐患（如有请列举出来）：_____
5. 家里是否养宠物（种类、数量、室内还是室外）：_____
6. 周边环境（安全、污染物等）：_____

四、社会文化因素

1. 教育（正规教育程度、健康知识、特殊学习要求）：_____
2. 收入（来源、宽裕度、理财技巧）：_____
3. 社会支持网络（组成、支持度、利用度、婚姻状况、婚姻关系特征）：_____
_____
4. 影响健康的文化习俗：_____
5. 性别社会化及对健康的影响：_____
6. 家庭责任及对健康的影响：_____
7. 健康行为社会支持力度：_____
8. 宗教信仰（重要性、对健康的影响、重视程度）：_____
9. 成年人角色模式：_____
10. 职业（过去和现在、危害、工作更换模式）：_____
11. 交通是否便利：_____

五、行为因素

（一）消费模式

1. 日常饮食（食物类型、爱好、准备、营养、特殊嗜好、文化限制）：_____
2. 酒精、烟、或毒品使用情况：_____
3. 是否饮用咖啡因：_____
4. 使用药物（类型、是否适当）：_____

（二）休息和活动

1. 睡眠模式：_____
2. 运动类型和运动量：_____
3. 休闲活动（活动类型、危险性）：_____

（三）其他

1. 性活动（频率、使用避孕药、使用安全套、性取向、多性伴侣、性活动）：_____
_____
2. 安全带和其他安全设备的使用：_____

六、保健体系因素

1. 一级预防服务的使用（普查和牙医）：_____
2. 对健康及健康保健的态度：_____
3. 健康保健的通常来源：_____
4. 健康保健的资金（类型、是否充足）：_____

5. 护理障碍：_____
6. 对健康保健服务的使用（是否恰当）：_____

附录6 社区老年人健康评估与干预指导

说明：该评估和干预指导旨在协助社区护士评估老年人的健康状态、确定护理诊断、制订护理计划、实施和评价护理措施，解决老年人现有的健康问题，促进老年人健康。

适用人群：所有老年人，也可用作社区老年人常见问题的筛查工具。

姓名：_____ 电话：_____ 地址：_____

一、生理因素

（一）生理功能

个人健康意识：_____

系统回顾（包括年龄对健康的影响）_____

1. 眼睛（视力障碍、是否配戴眼镜）：_____
2. 耳朵（听力障碍、是否佩戴助听器）：_____
3. 口腔和喉咙[义齿（恰当、适用）、口腔干燥、牙龈出血]：_____
4. 皮肤（皮肤完整性、皮肤弹性、干燥、瘙痒、皮损、青紫、出血、皮肤颜色的改变、毛发脱落、指甲增厚、头发护理、指甲护理、皮肤护理、四肢温度、排汗减少）：_____
_____
5. 呼吸系统（运动时呼吸困难、发绀、肺气肿、咳嗽）：_____
6. 心血管系统（心脏疾病史、心悸、高血压、活动对心率的影响、水肿、疲劳、直立性低血压、静脉曲张、静脉淤滞性溃疡）：_____
7. 消化系统（胃肠胀气、便秘、胃部烧灼痛、直肠出血、大便失禁、吞咽困难、食欲改变、咀嚼能力）：_____
8. 运动系统（活动度、关节疼痛肿胀、借助拐杖或其他工具、骨折史、脊柱后凸、脊柱侧凸）：_____
9. 神经系统（癫痫、共济失调、抽搐、震颤、瘫痪、嗅觉、触觉、温度觉和味觉下降、麻痹或刺痛）：_____
10. 生殖系统（性欲下降）：_____
男性（勃起障碍、前列腺炎）：_____
女性（开始绝经、绝经症状、激素替代疗法、乳腺癌、子宫切除术、最后一次月经、乳房X线照片）：_____
11. 泌尿系统（尿频、尿急、小便失禁、小便颜色、气味、夜尿增多）：_____
_____
12. 免疫系统（感染频率、HIV感染、免疫抑制剂使用情况）：_____
13. 造血系统（贫血、鼻出血、出血倾向）：_____
14. 是否患有急慢性健康问题（诊断、状态、治疗、效果）：_____
15. 自理能力

洗浴：_____
着装：_____
如厕：_____
活动：_____
饮食：_____
大小便：_____
沟通交流：_____

二、心理因素

1．精神状态/定位：_____
2．年龄、退休对自我形象的影响：_____
3．退休后心态调整：_____
4．压力来源：_____
5．应对技巧：_____
6．精神疾病史：_____
7．丧偶：_____
8．生活满意度：_____
9．死亡准备：_____
10．抑郁的诊断依据：_____
11．被虐待或歧视的依据：_____

三、物理环境因素

1．家里是否存在安全隐患（见家庭安全调查表）：_____
2．家里是否具有安全特征：_____
3．周围环境可获得资源：_____
4．周围环境安全性：_____
5．驾驶：_____
6．家庭维修：_____
7．宠物：_____
8．暖气、光线、通风是否充足：_____

四、社会文化因素

1．社会互动和支持网络：_____
2．社会对老人的态度及其健康的影响：_____
3．收入（来源、是否宽裕、理财技巧）：_____
4．家庭关系：_____
5．家庭责任对健康的影响：_____
6．教育水平：_____
7．宗教信仰及其对老年人生活的重要性：_____
8．文化、种族对健康的影响：_____
9．对社会制度化的反应：_____
10．目前职业及其对健康的潜在影响：_____
11．过去的职业对健康的影响：_____

12．交通便利：_____
13．购买物品方便（如杂货店）：_____

五、行为因素

（一）消费模式

1．营养（能否满足需求、特殊需求、食欲、饮食模式、食物嗜好和烹调方法、食物添加剂、食物保存）：_____
2．烟、酒精、其他毒品使用情况：_____
3．使用药物（类型、适当、效果）：_____

（二）休息和运动

1．睡眠模式：_____
2．运动：_____

（三）休闲娱乐

1．喜欢的娱乐活动：_____
2．娱乐活动的机会：_____

（四）性生活

1．亲密的机会：_____
2．满足性需求的替代模式：_____

（五）独立性

1．自我照顾能力：_____
2．独立决策能力：_____

六、保健体系因素

1．卫生保健资源：_____
2．卫生保健资金（医疗，保险）：_____
3．处方药物费用：_____
4．卫生保健服务的使用：_____
5．获取卫生保健服务的障碍：_____

附录 7　GLBT 人群健康评估与干预指导

说明：该评估和干预指导旨在协助社区护士评估 GLBT 人群的健康状态、确定护理诊断、制订护理计划、实施和评价护理措施，解决他们现有的健康问题，促进健康。

适用人群：社区 GLBT 人群。

一、生理因素

（一）发育与基因遗传
1. 年龄：＿＿＿＿＿性别：＿＿＿＿＿出生日期：＿＿＿＿＿＿民族：＿＿＿＿
2. 重大家庭健康史（包括基因家族谱）：＿＿＿＿＿＿＿＿＿＿＿＿＿＿＿＿＿＿＿＿

（二）生理功能
1. 现有急/慢性疾病（如有，请描述健康问题、状况、治疗情况）：＿＿＿＿＿＿＿
2. 现有身体健康问题的症状和体征：＿＿＿＿＿＿＿＿＿＿＿＿＿＿＿＿＿＿＿＿
3. 身体残疾或功能受限的范围：＿＿＿＿＿＿＿＿＿＿＿＿＿＿＿＿＿＿
4. 重大既往病史、手术史、受伤史、住院史（如有，请描述事情、发生时间、结果）：＿＿＿＿
5. 系统回顾

头部 [头痛（频率、性质、治疗效果）、晕厥、脑外伤]：＿＿＿＿＿＿＿＿＿＿＿
眼睛（视力、发红、是否配戴眼镜、最后一次眼睛检查时间、泪道阻塞、分泌物、流泪、瘙痒）：＿＿＿＿＿＿＿＿＿＿＿＿＿＿＿＿＿＿＿＿＿＿＿＿＿＿＿＿＿＿＿＿＿＿

耳朵（听力下降、分泌物、耳痛、耳鸣）：＿＿＿＿＿＿＿＿＿＿＿＿＿＿＿＿＿

口腔和喉咙（咽炎、牙周病、牙痛、龋齿、最后一次看牙医的时间）：＿＿＿＿＿＿＿

呼吸系统（感冒频率、鼻出血、咳嗽、肺炎、哮喘、呼吸困难、鼻窦炎、花粉过敏症）：＿＿

心血管系统（心脏疾病、高血压、胸痛、发绀、呼吸困难、心脏杂音、水肿）：＿＿＿＿

消化系统（恶心、呕吐、腹泻、便秘、胃肠胀气、腹痛、食欲减退、体重增加或下降、直肠疼痛或出血）：＿＿＿＿＿＿＿＿＿＿＿＿＿＿＿＿＿＿＿＿＿＿＿＿＿＿＿＿＿＿＿

泌尿系统（排尿困难、尿频、尿急、夜尿增多、排尿困难、尿潴留、肾区疼痛）：＿＿＿

生殖系统 [阴道或阴茎分泌物（颜色、性状、量）、月经、痛经、性生活、口服避孕药或其他避孕工具的使用、安全套的使用、性满足感、性伴侣个数、性取向、性传播疾病史]：＿＿＿＿

肌肉骨骼系统（关节疼痛、肿胀、颤抖、外伤史、肌肉萎缩、骨折史）：＿＿＿＿＿＿

皮肤 [皮肤损伤（描述特征、部位、颜色）、皮肤颜色的改变、瘙痒、毛发脱落、指甲变色或脱落、胎记、汗腺肿胀]：＿＿＿＿＿＿＿＿＿＿＿＿＿＿＿＿＿＿＿＿＿＿＿＿＿＿＿

神经系统（癫痫、共济失调、抽搐、外伤、瘫痪）：_____
造血系统［贫血、出血倾向、青紫倾向、输血史（时间、原因）］：_____
免疫系统（感染频率、HIV感染、免疫抑制剂使用情况）：_____
免疫状态：_____

6．体格检查
身高和体重：_____
生命体征（T，P，R，BP）：_____
一般特征（姿态、步态、残疾、卫生状况）：_____
皮肤（包括头发和指甲）：_____
头颈部（淋巴结、脸部）：_____
  眼睛：_____
  耳朵：_____
  鼻腔和鼻窦：_____
  口腔和喉咙（嘴唇、牙龈、硬腭、咽、舌、牙齿）：_____

胸部：_____
  乳房检查：_____
  心脏：_____
  肺：_____
腹部：_____
生殖器（包括肛门、直肠、卵巢、前列腺）：_____
运动系统（肢体对称性、脊柱、关节、肌肉）：_____
神经系统（脑神经、深部腱反射、温度、运动、感觉）：_____
筛查及其他试验结果：_____

二、心理因素

1．自我形象、自尊：_____
2．心理、精神疾病史：_____
3．情绪状态（平常和最近异常表现）：_____
4．定向能力：_____
5．应对能力（策略、效率）：_____
6．最近重大变故（死亡、离异、搬迁）：_____
7．自杀意念：_____
8．沟通交往（程度、满意度）：_____
9．人际关系（程度、满意度）：_____
10．压力（来源、应对技巧、支持）：_____
11．身体和心理虐待的依据：_____

三、物理环境因素

1．居住地：_____
2．家里是否拥有足够的私人空间：_____
3．家里是否存在安全隐患（如有请列举出来）：_____
4．工作环境是否存在安全隐患（如有请列举出来）：_____

5. 家里是否养宠物（种类、数量、室内还是室外）：＿＿＿＿＿＿＿＿＿＿＿＿＿＿
6. 周边环境（安全、污染物等）：＿＿＿＿＿＿＿＿＿＿＿＿＿＿＿＿＿＿＿

四、社会文化因素

1. 教育（正规教育、健康知识、特殊学习要求）：＿＿＿＿＿＿＿＿＿＿＿＿
2. 收入（来源、宽裕度、理财技巧）：＿＿＿＿＿＿＿＿＿＿＿＿＿＿＿＿
3. 社会支持网络（组成、支持度、利用度、婚姻状况、婚姻关系特征）：＿＿＿＿
4. 影响健康的文化习俗：＿＿＿＿＿＿＿＿＿＿＿＿＿＿＿＿＿＿＿＿＿＿
5. 性别社会化及对健康的影响：＿＿＿＿＿＿＿＿＿＿＿＿＿＿＿＿＿＿＿
6. 家庭关系及对健康的影响：＿＿＿＿＿＿＿＿＿＿＿＿＿＿＿＿＿＿＿＿
7. 家庭责任（照顾者角色、照顾负担、其他角色）：＿＿＿＿＿＿＿＿＿＿＿
8. 健康行为的社会支持力度：＿＿＿＿＿＿＿＿＿＿＿＿＿＿＿＿＿＿＿＿
9. 宗教信仰（对健康的重要性和影响）：＿＿＿＿＿＿＿＿＿＿＿＿＿＿＿＿
10. 成年人角色榜样：＿＿＿＿＿＿＿＿＿＿＿＿＿＿＿＿＿＿＿＿＿＿＿＿
11. 职业（过去和现在、危害、工作更换模式）：＿＿＿＿＿＿＿＿＿＿＿＿＿
12. 交通是否便利：＿＿＿＿＿＿＿＿＿＿＿＿＿＿＿＿＿＿＿＿＿＿＿＿＿

五、行为因素

（一）消费模式

1. 日常饮食（食物类型、爱好、准备、营养、特殊嗜好、文化限制）：＿＿＿＿
＿＿＿＿＿＿＿＿＿＿＿＿＿＿＿＿＿＿＿＿＿＿＿＿＿＿＿＿＿＿＿＿＿
2. 酒精、烟或毒品使用情况：＿＿＿＿＿＿＿＿＿＿＿＿＿＿＿＿＿＿＿＿
3. 是否饮用咖啡因：＿＿＿＿＿＿＿＿＿＿＿＿＿＿＿＿＿＿＿＿＿＿＿＿
4. 使用药物（类型、是否适当）：＿＿＿＿＿＿＿＿＿＿＿＿＿＿＿＿＿＿

（二）休息和活动

1. 睡眠模式：＿＿＿＿＿＿＿＿＿＿＿＿＿＿＿＿＿＿＿＿＿＿＿＿＿＿＿
2. 运动类型和运动量：＿＿＿＿＿＿＿＿＿＿＿＿＿＿＿＿＿＿＿＿＿＿＿
3. 休闲活动（活动类型、危险性）：＿＿＿＿＿＿＿＿＿＿＿＿＿＿＿＿＿

（三）其他

1. 性行为（频率、使用避孕药、使用安全套、性取向、多性伴侣、性活动）：＿＿＿
＿＿＿＿＿＿＿＿＿＿＿＿＿＿＿＿＿＿＿＿＿＿＿＿＿＿＿＿＿＿＿＿＿
2. 安全带和其他安全设备的使用：＿＿＿＿＿＿＿＿＿＿＿＿＿＿＿＿＿＿

六、保健体系因素

1. 一级预防服务的使用（普查和牙医）：＿＿＿＿＿＿＿＿＿＿＿＿＿＿＿＿
2. 对健康及健康保健的态度：＿＿＿＿＿＿＿＿＿＿＿＿＿＿＿＿＿＿＿＿
3. 健康保健的通常来源：＿＿＿＿＿＿＿＿＿＿＿＿＿＿＿＿＿＿＿＿＿＿
4. 健康保健的资金（类型、是否充足）：＿＿＿＿＿＿＿＿＿＿＿＿＿＿＿＿
5. 护理障碍：＿＿＿＿＿＿＿＿＿＿＿＿＿＿＿＿＿＿＿＿＿＿＿＿＿＿＿
6. 对健康保健服务的使用（是否恰当）：＿＿＿＿＿＿＿＿＿＿＿＿＿＿＿＿

附录 8 学校场所中的人群健康评估

说明：该评估旨在协助社区护士应用维度模式关注学校场所的个体或群体健康问题，评估学校人群而不是个别学生或教职员工的健康状况。

适用人群：适用于任何学校人群，包括从幼儿园或日托中心到大学，适用于不同文化群体的学校。

一、生理因素

1. 学校人群的年龄、性别和种族构成：_____
2. 学生中发育迟缓的程度和严重性：_____
3. 特殊的发育方面：_____
4. 残障情况的出现：_____
5. 传染性疾病的发生率（学生和教职工）：_____
6. 慢性疾病的发病率和现患率（学生和教职工）：_____
7. 遗传性疾病的现患率：_____
8. 免疫接种水平：_____

二、心理因素

1. 学校表现出与学生的联系程度：_____
2. 学校节假日的活动组织（需求适宜性，健康有效性）：_____
3. 环境的优美性：_____
4. 学生间的关系：_____
5. 学校暴力或受害者的现患率：_____
6. 教师和学生之间的关系：_____
7. 教师和教师之间的关系：_____
8. 学校纪律（类型、程度、适合性、一致性、公平性）：_____
9. 评分操作（一致性和公平性）：_____
10. 家长和学校的联系（特点和程度）：_____
11. 学校环境中的压力源：_____
12. 学校人群中精神疾病的现患率：_____

三、物理环境因素

1. 学校周边的交通状况：_____
2. 校车尾气的暴露：_____
3. 校车安全带的使用率：_____
4. 学校周边的安全危害：_____
5. 学校周边杀虫剂和有毒物质的使用情况：_____
6. 学校周围的污染物：_____

7．学校环境中的火灾和安全危害：_____
8．实验室有毒化学物品的使用、艺术课、清洁和维修：_____
9．休闲娱乐区有破碎的玻璃：_____
10．娱乐设施修复率低：_____
11．娱乐设施下的坚硬表层：_____
12．学校环境中的动物：_____
13．学校环境中的植物过敏原或有毒物质：_____
14．足够的暖气、光源和制冷设备：_____
15．噪声大小：_____
16．食物清洁措施：_____
17．卫生间设施（适合性、修复情况）：_____
18．淋浴设施的清洁度：_____
19．学生传染性疾病的隔离设施：_____
20．残障学生或教职工专用设施和入口：_____
21．学校周边潜在的灾害：_____

四、社会文化因素

1．社区对教育和学校持有的态度：_____
2．学校项目的社区支持：_____
3．学校周边的犯罪情况（程度、对学校和学生健康的影响）：_____
4．资金（来源、程度、适合性和优先性）：_____
5．学生的家庭环境：_____
6．学生和教职工的社会经济状况：_____
7．群组间的冲突情况：_____
8．学校暴力事件的发生率：_____
9．学校对于暴力事件的政策：_____
10．学生网络成瘾的潜在因素_____
11．教职工、学生的种族/文化背景：_____
12．家庭教育水平和健康知识知晓程度：_____
13．学生中无家可归的情况：_____
14．父母亲参与学校活动的情况：_____

五、行为因素

（一）消费模式

1．学校配餐项目的质量：_____
2．学生/教职工营养水平：_____
3．特殊营养需求（学生或教职工）：_____
4．学校人群中食物过敏发生情况：_____
5．营养知识（在学生、教职工和家长中的知晓程度）：_____
6．学生、教职工、家庭成员中饮酒或毒品使用情况：_____
7．学生、教职工、家庭成员中烟草使用情况：_____
8．学校对烟草、毒品和饮酒使用情况的政策：_____
9．药物使用（类型、储存、配药管理）：_____

（二）锻炼和休闲活动

1. 学校人群休息和锻炼的方式：_____
2. 娱乐活动的机会（类型、适龄）：_____
3. 安全器材的正确使用：_____

（三）其他方面

1. 学生中的性行为（范围、避孕药和避孕套的使用和其他避孕工具的使用情况）：_____
2. 安全设施的使用（安全带）：_____
3. 学校人群中赌博的情况：_____
4. 学校人群中文身和刺青的情况：_____

六、保健体系因素

1. 学校提供的健康保健服务：_____
2. 学校护士工作情况和其他学校健康服务的利用情况：_____
3. 社区健康保健（躯体和精神）服务的可获得性：_____
4. 学校人群利用健康保健服务的程度：_____
5. 健康保健服务的资金（来源、是否充足）：_____
6. 学校课程强调健康的重要性：_____
7. 社区健康保健人员对学校健康项目的支持：_____
8. 学校和社区健康服务的合作程度：_____
9. 学校和社区对健康和健康保健持有的态度：_____

附录9 工作场所中的人群健康评估

说明：该评估旨在协助社区护士发现职业环境工作中的从业人员现存的健康问题，制订护理干预计划、实施和评价措施。

适用人群：适用于在商业和企业工作的从业人员，也适用于制造业和服务业工作的少量或大量从业人员。

一、生理因素

1. 从业人员中年龄、性别和种族构成：_____
2. 从业人员中残疾发生率：_____
3. 从业人员中伤害发生率、类型和长期的结果：_____
4. 从业人员中（职业病、传染病和慢性病）的发病率和患病率：_____
5. 从业人员中遗传性疾病现患率：_____
6. 从业人员缺勤程度：_____
7. 从业人员补偿法案的数量和类型：_____
8. 免疫接种 [白喉、百日咳、破伤风、水痘、麻疹、风疹（特别是育龄妇女）流感、肺炎]：_____
9. 定期筛查和检测结果：_____

二、心理因素

1. 工作日的组织（倒班工作、轮休、加班）：_____
2. 环境的美感：_____
3. 从业人员间的关系：_____
4. 从业人员和管理者之间的关系：_____
5. 从业人员的士气：_____
6. 监管者领导风格（适合性）：_____
7. 从业人员实践评价（一致性、公平性）：_____
8. 工作满意度：_____
9. 从业人员掌控工作的程度：_____
10. 从业人员情感付出的程度：_____
11. 工作场所压力来源和程度（来源、处理能力）：_____
12. 工作/家庭角色冲突程度：_____
13. 压力管理项目的有效性：_____
14. 从业人员中情感问题/精神疾病的现患率：_____
15. 从业人员援助项目的有效性：_____

三、物理环境因素

1. 常规上下班的往返（距离、交通工具）：_____

2. 休息区的安全性：_____
3. 工作场所杀虫剂和其他有毒物质的使用：_____
4. 工作环境中的污染物：_____
5. 危险因素的防火或安全设施：_____
6. 有毒物质的潜在暴露：_____
7. 危险设备的使用：_____
8. 极端天气情况的暴露程度：_____
9. 潜在的坠落：_____
10. 抬起重物的需求：_____
11. 工作中重复移动的程度：_____
12. 工作区的人类工程学：_____
13. 工作环境中的动物/昆虫：_____
14. 工作环境中植物致敏原或毒物：_____
15. 减少安全设施中危险因素的公司政策（现存、强化、效果）：_____
16. 适合的暖气、光源和制冷设备，通风：_____
17. 噪声水平：_____
18. 食物准备的清洁度和贮存区域：_____
19. 卫生间设施（适合性、修复情况）：_____
20. 淋浴设施处理外暴露有毒物质的有效性：_____
21. 残障从业人员专用设施和入口：_____
22. 从业场所潜在的灾害：_____

四、社会文化因素

1. 雇佣机构经济稳定性：_____
2. 薪金水平（合适、均等）：_____
3. 可利用的健康福利：_____
4. 社区对雇佣组织持有的态度：_____
5. 周边的犯罪率：_____
6. 工作场所潜在暴力：_____
7. 职业影响家庭责任：_____
8. 照顾孩子的有效性：_____
9. 家庭成员离开策略：_____
10. 组间冲突/分歧：_____
11. 从业人员文化背景和对健康的影响：_____
12. 从业人员使用的语言：_____
13. 从业人员教育水平和健康知识知晓程度：_____
14. 工人合作支持度/凝聚力程度：_____
15. 健康行为合作工人支持度：_____
16. 健康行为管理人员支持度：_____
17. 职业安全与健康标准应用/加强：_____
18. 工业特殊标准应用/加强：_____
19. 健康相关策略的实施：_____

20．性骚扰程度：_____

五、行为因素

（一）消费模式

1．提供食物的营养品质：_____
2．从业人员营养水平：_____
3．特殊的营养需求：_____
4．营养知识：_____
5．从业人员饮酒和毒品使用情况：_____
6．烟草使用（程度、政策、戒烟项目）：_____
7．从业人员药物使用：_____

（二）休闲活动

1．从事工作类型和健康影响：_____
2．安全方针和工序的适用性：_____
3．安全设施和工序恰当地使用：_____
4．从业人员中因病缺勤的程度：_____

六、保健体系因素

1．工作场所提供的健康保健服务：_____
2．其他健康保健服务的适用性：_____
3．从业人员健康保健服务的使用情况：_____
4．健康保健服务的资金（充足性、来源）：_____
5．从业人员健康保险覆盖率：_____
6．从业人员对健康和健康保健服务持有的态度：_____
7．健康促进项目和类型的适用性：_____
8．强调健康促进重要性/工作场所的疾病预防：_____
9．工序中充分控制和监测有毒暴露物：_____
10．监测系统充分检测危险物的暴露/对健康的不利作用：_____
11．健康保健体系内部和外部之间合作程度：_____

附录10 灾害评估与计划指导

说明：该评估旨在协助社区护士和其他社区成员评估社区灾害防备的层次和有效应对灾害的计划。评估内容包括生理、心理、物理环境、社会文化、行为和保健体系方面的因素。

适用范围：社区层面上进行评估和计划灾害的防备措施、制订防灾计划。

一、评估

（一）生理因素

1. 哪些年龄段人群受灾害影响最明显？_____
2. 上述年龄段人群有何特殊健康需求？_____
3. 哪些种族/民族受灾害影响最大？_____ 种族/民族因素对灾害应急反应有何影响？_____
4. 预计灾害的严重程度：_____ 最易发生的损害类型？_____
5. 灾害易感人群流行何种慢性病？_____
6. 预计灾害可导致何种传染性疾病？_____
7. 社区何种传染性疾病可能影响灾害应急反应和灾后恢复？（如TB、HIV感染）_____
8. 灾害易感人群的妊娠率：_____

（二）心理因素

1. 社区成员对灾前准备的态度：_____
2. 社区如何应对曾发生过的灾害？_____
3. 社区成员对灾害预警的反应：_____
4. 哪些因素会影响社区成员对灾害的反应？_____
5. 社区应对灾害的能力：_____
6. 灾害易感人群流行何种心理疾病？_____
7. 心理疾病对灾害应急反应有何影响？_____
8. 灾害所致失踪人数：_____
9. 灾害所致死亡人数：_____
10. 灾害所致财产损失：_____
11. 灾害所致心理影响（受害者及救援人员）：_____
12. 灾害对社区居民心理健康造成的长期影响：_____

（三）物理环境因素

1. 社区自然环境存在何种灾害隐患？

洪水：_____

森林火灾：_____

地震：_____

爆炸或火山喷发：_____

极端气候：_____
其他（请具体说明）：_____
2. 受灾影响最大/小的建筑物？_____
3. 社区重要的建筑物能抵御多大的灾害？_____
4. 哪些建筑物能用于紧急避难？_____
5. 当地气候对社区灾害应急反应有何影响？_____
6. 是否存在妨碍灾害应急反应的环境因素？（如交通闭塞）_____
7. 灾害是否影响社区供水系统？_____
8. 灾害是否与动物有关？____如果相关，对人体健康带来哪些影响？_____
9. 灾害对建筑物的损伤程度：_____
10. 建筑物是否存在持续受损的危险？_____建筑物的损伤是否进一步危及受害者及救援人员？_____
11. 被转移人员是否需要避难所？_____

（四）社会文化因素

1. 社区的社会关系导致灾害的潜在可能性（如战争、内乱）：_____
2. 社区居民的凝聚力：_____
3. 社区成员是否团结协作，共同制订防灾、减灾计划？_____
4. 灾害易感人群是否存在内部矛盾？_____
5. 社区可提供哪些协助家庭重聚的措施？_____
6. 灾害发生时受害者可获取哪些社会支持？_____
7. 制订防灾、减灾计划时，社区机构间合作程度：_____
8. 社区居民对灾害应急反应计划的了解程度：_____
9. 发布哪些灾害预警计划？_____
10. 是否需要特殊方法向社区某些人群发布预警？_____如果需要，可采用哪些方法？_____
11. 发布灾害预警时是否存在语言障碍？_____如果有，可采取何种措施？_____
12. 预计灾害对社区日常通讯系统造成何种影响？_____
13. 哪种社区组织/部门负责协调防灾、减灾计划？_____
14. 社区成员参与防灾、减灾计划的程度：_____
15. 个体、家庭和社区成员灾前准备是否充分？_____
16. 防灾、减灾计划启动负责人：_____
17. 防灾、减灾的负责人及部门如何获取灾害信息？_____
18. 防灾、减灾领导人的威信：_____
19. 社区工业系统是否存在灾害隐患？_____如果有，可导致哪些灾害？_____
20. 当地工业部门是否严格执行安全标准？_____
21. 对工业部门的监管力度：_____
22. 社区哪些职能部门能够协助灾害应急反应？_____
23. 如何及时求助上述职能部门？_____
24. 救援人员是否充足？_____
25. 救援人员是否接受过正规培训？_____
26. 救援人员的培训内容是否及时更新？_____

27．受灾人群的经济状况：_____
28．灾后社区经济恢复能力：_____
29．预计灾后需要哪些经济援助？_____
30．如何获取这些经济援助？_____
31．预计不同类型的灾害对当地经济的影响：_____
32．是否存在潜在的交通运输灾害？_____
33．预计灾害对当地交通的影响：_____
34．预计灾害对社区重要服务部门的影响：_____
35．社区哪些机构可协助灾后恢复？_____
36．哪些设备可应对灾害？_____
37．这些设备能否正常运转？_____
38．救灾物资和设备保存地点：_____ 是否便于居民及时获取？____

（五）行为因素

1．消费模式（如吸烟、酗酒）导致灾害的可能性：_____
2．社区物品使用及滥用程度：_____
3．物品滥用对社区灾害应急反应有何影响？_____
4．如何向受害者和救援者提供食物和水？_____
5．如何分发食物和水？_____
6．灾害是否影响社区居民的特殊饮食？如何满足这些饮食需要？_____
7．哪些社区娱乐活动存在灾害隐患？_____
8．社区成员是否积极使用预防灾害的安全娱乐设施？_____
9．社区成员的哪些娱乐活动可能会提高灾害应急反应的能力？____
10．灾害所致的心理影响使社区人群物品滥用的发生率和流行率提高了多少？_____

（六）保健体系因素

1．社区服务机构的灾前准备是否充分？_____
2．哪些机构可照顾受害者？_____
3．卫生保健系统为特殊人群（老、幼、孕、残）的灾前准备是否充分？_____
4．社区成员对基本急救和其他健康相关知识的掌握程度：_____
5．哪些医护人员可在灾害中提供医疗服务（急救和常规医疗服务）？_____
6．他们能否被及时调动？_____
7．预计灾害对卫生保健机构的影响：_____
8．采取哪些措施能使医疗服务机构尽快恢复运作？_____
9．预计灾后卫生保健需求：_____
10．制订了哪些计划满足上述需求？_____
11．制订了哪些计划对伤员进行分级？_____
12．制订了哪些计划建立医疗区域？_____
13．制订了哪些计划将伤员转移至治疗区域？_____
14．为受害者制订了哪些救治方案？_____
15．重要的医疗物资是否储备在便捷区域？_____
16．灾害应急反应需要哪些医疗和急救物品？_____
17．避难所的医疗服务组织需要哪些救援物资？_____
18．救援物资是否储备在便捷区域？_____
19．药物和物资能否及时转运至灾区？_____

20．如何分发药品和救援物资？_____
21．是否制订了确认死者、通知家属、处理尸体的计划？_____
计划的主要内容有哪些？_____
22．灾后及恢复期能及时提供哪些心理保健服务？_____

二、诊断和计划

（一）社区潜在灾害

潜在灾害的类型	诱发因素

（二）志愿者

人群	志愿资源

（三）灾害预防、救援行为

预防行为	救援行为

（四）预期灾害相关健康问题和计划的干预措施

预期问题	计划的干预措施

附录11 慢性疾病的危险因素评估量表

说明：该量表旨在协助社区护士识别处于常见慢性疾病风险因素的个体或者人群。危险因素包括生理、心理、物理环境、社会文化、行为和保健体系方面的因素。

适用对象：适用于各年龄段和文化背景的人群。

	是	否

一、生理因素

1. 某年龄阶段的个体或者人群是否处于慢性健康问题的特定风险因素中　□　□
2. 是否有慢性健康问题的家族遗传史　□　□
3. 是否存在引起其他慢性健康问题的疾病　□　□
4. 是否有增加意外伤害的身体问题　□　□
5. 是否超重　□　□
6. 是否患有高血压　□　□
7. 是否有哮喘或呼吸系统疾病　□　□
8. 是否有潜在的功能障碍　□　□
9. 是否有人类乳头状瘤病毒免疫能力　□　□

二、心理因素

1. 是否处于压力中　□　□
2. 是否现有的心理问题阻碍了慢性疾病的控制　□　□
3. 是否已经适应慢性疾病　□　□

三、物理环境因素

1. 是否暴露于环境污染中　□　□
2. 环境状况是否增加意外伤害的危险　□　□
3. 是否暴露于高分贝的噪声环境中　□　□
4. 是否暴露于极端温度中　□　□
5. 是否暴露于高电离辐射中　□　□
6. 是否对物理环境进行调节　□　□

四、社会文化因素

1. 社会准则是否支持增加慢性健康问题的风险的行为　□　□
2. 同辈们是否支持增加慢性健康问题的风险的行为　□　□
3. 经济或教育因素是否增加疾病的风险　□　□
4. 社会羞辱感是否与病情相关　□　□
5. 社会对慢性疾病所持有的态度是否阻碍疾病的控制　□　□

6. 文化信念和行为是否增加慢性健康问题的风险 □ □
7. 立法是否影响慢性健康问题的风险 □ □
8. 职业是否增加疾病的风险 □ □
9. 如果是高危职业，在工作中是否采取预防措施 □ □

五、行为因素

1. 饮食是否增加慢性健康问题的风险 □ □
2. 慢性健康问题是否需要改变饮食 □ □
3. 是否吸烟或者使用其他类型烟草 □ □
4. 是否使用增加慢性健康问题风险因素的药物或酒精 □ □
5. 是否有久坐不动的生活方式 □ □
6. 自我护理实践是否降低了慢性疾病所导致的死亡风险 □ □
7. 性行为是否增加了慢性健康问题的风险（如多个性伴侣增加了子宫癌的概率） □ □
8. 户外运动时，是否使用防晒霜或穿保护性衣服 □ □
9. 是否使用安全设施（如安全带，听力保护措施） □ □
10. 是否参加一些增加慢性疾病风险的娱乐活动 □ □
11. 慢性疾病是否需要规律用药 □ □
12. 慢性疾病需要其他自我护理行为（如血糖监测） □ □

六、保健体系因素

1. 是否进行慢性健康问题的常规筛查 □ □
2. 是否接受过针对慢性健康问题的风险因素的教育 □ □
3. 是否遵医嘱接受增加慢性健康问题风险的治疗 □ □
4. 是否服用增加意外伤害风险的药物 □ □
5. 卫生保健体系是否增加疾病的风险 □ □
6. 疾病的筛查、诊断和治疗服务是否可以获得 □ □
7. 针对疾病是否有可选择性的治疗方式 □ □
8. 卫生保健人员对慢性疾病患者的态度是否阻碍疾病的控制效果 □ □

附录12 心理疾病的危险因素评估量表

说明：该量表旨在协助社区护士识别处于心理疾病风险因素的个体或者人群。危险因素包括生理、心理、物理环境、社会文化、行为和保健体系方面的因素。

适用对象：适用于各年龄段和文化背景的人群。

	是	否
一、生理因素		
1．是否有心理疾病家族遗传史	□	□
2．是否存在引起心理疾病的身体健康问题	□	□
3．家庭成员中是否有增加照顾者负担和心理问题的身体健康问题	□	□
4．身体健康问题或治疗是否引起心理健康问题提示性的体征和症状	□	□
5．心理疾病的出现是否使身体疾病的治疗复杂化	□	□
二、心理因素		
1．是否处于高压力中	□	□
2．压力是否导致或加剧心理健康问题	□	□
3．是否有积极的应对策略	□	□
4．是否出现提示心理健康问题的症状和体征	□	□
5．是否适应现有的心理健康问题	□	□
6．是否有精神共患病	□	□
7．由于心理健康问题，是否处于自杀风险中	□	□
三、物理环境因素		
1．是否出现季节性的情绪改变	□	□
2．是否暴露于可能导致心理健康问题的环境污染中	□	□
四、社会文化因素		
1．心理健康问题是否影响到社会交往（如与家人或其他人）	□	□
2．由于心理问题，是否遭受过社会羞辱	□	□
3．文化信仰是否影响到对心理健康问题的认知和救助	□	□
4．心理健康问题是否增加无家可归感的风险	□	□
5．是否有足够的社会支持系统	□	□
6．是否在职工作	□	□
7．工作压力是否增加心理健康问题的风险	□	□
8．心理疾病是否影响到工作能力	□	□

五、行为因素

1. 在自我管理中，是否喝酒、吸烟或吸毒 ☐ ☐
2. 运动是否有助于心理健康问题的控制 ☐ ☐
3. 烟草使用是否影响心理健康问题 ☐ ☐
4. 心理健康问题是否影响自我照顾行为 ☐ ☐

六、保健体系因素

1. 是否可以获得心理健康问题的治疗 ☐ ☐
2. 是否有包括心理健康问题治疗在内的医疗保险 ☐ ☐
3. 卫生保健人员对心理健康问题的症状和体征是否有警惕 ☐ ☐
4. 是否遵照医嘱进行治疗 ☐ ☐
5. 是否出现治疗副作用或不良效果 ☐ ☐
6. 对其他健康问题的处理是否引起或加剧心理健康问题 ☐ ☐
7. 卫生保健人员对心理疾病的态度是否阻碍疾病的控制 ☐ ☐

附录13 物质滥用的危险因素评估量表

说明：该量表旨在协助社区护士识别个体或处于常见物质滥用风险因素的人群。危险因素包括生理、心理、物理环境、社会文化、行为和保健体系方面的因素。

适用人群：用于各年龄段和文化背景的人群。

	是	否
一、生理因素		
1．某一年龄段的个体或者人群是否处于物质滥用的特定危险因素中	□	□
2．是否有物质滥用的家族史	□	□
3．是否有引起其他物质滥用的疾病	□	□
4．是否有周期性的中毒症状	□	□
5．是否有周期性的戒断症状	□	□
6．是否有物质滥用的长期影响的症状和体征	□	□
7．是否怀孕	□	□
8．是否有胎儿暴露于精神活性物质的病史	□	□
9．是否有睡眠困难	□	□
二、心理因素		
1．是否处于压力环境中	□	□
2．是否自我形象差	□	□
3．是否有现实的生活目标	□	□
4．是否控制冲动能力差	□	□
5．是否应对技能差	□	□
6．是否沮丧	□	□
7．最近是否经历明显的失落	□	□
8．是否有精神或者心理疾病史	□	□
9．目前是否表现出其他精神病理的症状	□	□
三、社会文化因素		
1．社区准则是否支持物质滥用	□	□
2．同辈们是否支持物质滥用	□	□
3．酗酒或者吸毒是否是社交的常规部分	□	□
4．毒品或酒精是否容易获取	□	□
5．是否有针对毒品和酒精获取途径的强制法律	□	□
6．文化或者宗教观念会影响毒品或酒精的使用	□	□
7．是否失业	□	□

8．是否有经济困难
9．是否受到歧视
10．职业因素是否增加物质滥用的危险
11．是否经常工作缺勤或旷课
12．是否有困难实现工作或学校期望
13．是否有人际交往困难
14．家庭成员之间的互动是否有困难
15．家庭成员之间是否分工合作
16．是否为家庭暴力的受害者或施暴者
17．是否参与过暴力行为
18．是否被社会所孤立
19．是否无家可归
20．是否参加过与毒品和酒精相关的暴力活动

四、行为因素

1．是否食欲丧失
2．是否吸烟或使用其他种类烟草
3．是否把吸毒作为一种娱乐
4．毒品或者酒精的使用是否与休闲活动有关系
5．是否参与其他高危险行为（如酒后驾驶）
6．是否发生过毒品中毒

五、保健体系因素

1．是否接受过精神活性药物的治疗
2．是否有药物滥用治疗史
3．卫生保健人员是否对药物滥用的体征进行了评估
4．卫生保健人员是否对药物滥用高风险人群采取简单的干预措施
5．是否可以获得药物滥用的治疗
6．是否有足够资金进行药物滥用治疗

附录14 家庭暴力的危险因素评估量表

说明：该量表旨在协助社区护士识别处于家庭暴力危险中的个体或者人群。评估各种形式的暴力，如儿童虐待、亲密伴侣虐待和老年人虐待。

适用人群：适应于各年龄段和文化背景的人群。

	是	否
一、生理因素		
1．各年龄段家庭成员是否处于特殊的被虐待危险因素中	□	□
2．家庭成员中是否存在可能增加暴力风险因素的身体疾病	□	□
3．家庭成员中是否有被忽视或虐待的身体证据	□	□
4．家庭成员中是否有人怀孕	□	□
5．家庭成员中是否有头部外伤史	□	□
二、心理因素		
1．家庭成员是否处于压力环境下	□	□
2．家庭成员是否自我概念差	□	□
3．家庭成员是否应对技能差	□	□
4．家庭成员是否表现为较差的冲动行为控制	□	□
5．家庭成员是否郁闷	□	□
6．家庭中是否存在负面情感氛围	□	□
7．是否存在家族心理或情感疾病史	□	□
8．家庭成员中是否表现出令人担忧的特征	□	□
9．家庭成员是否有不切实际的期望	□	□
10．一些家庭成员是否比其他成员过度拥有权利	□	□
三、社会文化因素		
1．社区准则是否支持家庭暴力	□	□
2．其他重要人物是否支持家庭暴力	□	□
3．家庭成员中是否受到过家庭暴力	□	□
4．家庭成员之间的交往是否积极	□	□
5．家庭是否有经济困难	□	□
6．文化或宗教信仰观是否影响暴力的危险因素	□	□
7．家庭中是否有一个或多个成员失业	□	□
8．家庭是否被社会所孤立	□	□
9．家庭的社会支持网络是否不足	□	□
10．家庭成员中是否有情感或经济依赖的证据	□	□

11．是否有暴力受害者的职业风险因素　　　　　　　　　　□　□
12．是否有与暴力受害者相关的社会耻辱的认知　　　　　　□　□
13．人群中是否有引起暴力增加的社会不安因素　　　　　　□　□

四、行为因素

1．家庭成员是否喝酒或酗酒　　　　　　　　　　　　　　□　□
2．家庭成员是否使用或吸食毒品　　　　　　　　　　　　□　□
3．家庭中某个成员是否过度地处于性主导地位　　　　　　□　□
4．家庭中是否有同居成员　　　　　　　　　　　　　　　□　□
5．性取向或性别认同是否引起潜在暴力　　　　　　　　　□　□
6．其他行为是否是导致暴力的风险因素（如打架）　　　　□　□

五、保健体系因素

1．家庭成员是否经常使用卫生服务（特别是急救服务）　　□　□
2．家庭成员是否有常规的卫生保健资源　　　　　　　　　□　□
3．卫生或医疗保健需求是否给家庭成员带来压力　　　　　□　□
4．卫生保健人员是否对暴力进行评估　　　　　　　　　　□　□
5．是否有可取的为暴力受害者和施暴者的支持服务　　　　□　□

附录15 传染性疾病的危险因素评估量表

说明：该量表旨在协助社区护士识别处于传染性疾病的危险因素中的个体或者群体。危险因素包括生理、心理、物理环境、社会文化、行为和保健体系方面的因素。

适用对象：适用于不同年龄和种族/文化的人群。

	是	否
一、生理因素		
1．麻疹	□	□
2．腮腺炎	□	□
3．风疹	□	□
4．白喉	□	□
5．百日咳	□	□
6．破伤风	□	□
7．脊髓灰质炎	□	□
8．B型流感嗜血杆菌疾病	□	□
9．甲肝	□	□
10．乙肝	□	□
11．艾滋病感染	□	□
12．性传播疾病	□	□
13．肺结核	□	□
14．流感	□	□
15．水痘	□	□
16．是否患有慢性病	□	□
17．是否接受过免疫抑制治疗	□	□
18．是否HIV感染	□	□
19．是否感到过度疲劳	□	□
20．是否怀孕	□	□
21．是否有性病史	□	□
22．是否输过血或血制品	□	□
23．是否有上述传染性疾病的症状	□	□
二、心理因素		
1．是否感到有压力	□	□
2．是否感到郁闷	□	□
3．是否缺乏自我形象而导致高危险行为	□	□
4．是否有外伤史导致增加患病的危险	□	□

5．是否现有精神疾病导致增加患病的危险 □ □
6．是否患病对心理有潜在的影响 □ □

三、物理环境因素

1．是否居住环境拥挤 □ □
2．是否有被昆虫或动物咬伤的危险 □ □
3．物理环境因素是传染性疾病的暴露来源 □ □
4．物理环境条件是否是导致动物或昆虫疾病的传播媒介 □ □
5．是否暴露于感染性的食物或水源 □ □
6．是否暴露于不清洁的环境中 □ □
7．季节变化影响感染疾病的危险 □ □
8．环境因素阻碍了诊断和治疗服务 □ □

四、社会文化因素

1．是否是无家可归者 □ □
2．是否住在收容所或其他地方 □ □
3．趋于同伴压力是否有高危险行为 □ □
4．社会更支持高危险行为 □ □
5．家庭成员或朋友是否患病 □ □
6．职业是否增加患病的危险 □ □
7．如果从事高危险职业，是否使用了普遍的警告标志 □ □
8．是否照顾孩子（作为接受者或提供者） □ □
9．文化信仰和行为是否增加患病危险 □ □
10．是否生活在传染性疾病流行区 □ □
11．是否曾经在传染性疾病流行区旅游 □ □
12．患病的社会态度是否阻碍了疾病的控制效果 □ □
13．患病伴随的羞辱感是否阻碍了疾病的控制效果 □ □
14．大众媒体的舆论导向是否影响患病的危险行为和态度 □ □
15．社会经济地位是否影响患病的危险 □ □
16．教育水平是否影响患病的危险 □ □
17．社会性别影响患病的危险 □ □
18．疾病是否有潜在生物恐怖的危险 □ □

五、行为因素

1．是否有营养不良 □ □
2．是否有物质滥用行为 □ □
3．是否注射毒品 □ □
4．是否共用毒品用具 □ □
5．是否经常去毒品注射场所 □ □
6．是否有性活动 □ □
7．是否有多个性伴侣 □ □
8．是否使用安全性用品 □ □
9．是否常规使用避孕套 □ □

10. 是否进行过冲洗治疗 ☐ ☐
11. 是否使用口服避孕药 ☐ ☐
12. 是否为毒品或金钱从事卖淫 ☐ ☐
13. 是否与高危人群中多个成员有性交活动 ☐ ☐
14. 是否有好的个人卫生行为（例如洗手） ☐ ☐
15. 在吃水果蔬菜之前是否进行了彻底的清洗 ☐ ☐
16. 是否充分烹调食物杀灭微生物 ☐ ☐
17. 在饮用水或烹调使用水前是否对污染水进行净化处理 ☐ ☐

六、保健体系因素

1. 是否有足够的免疫力抵抗以下疾病：
    麻疹 ☐ ☐
    腮腺炎 ☐ ☐
    风疹 ☐ ☐
    白喉 ☐ ☐
    百日咳 ☐ ☐
    破伤风 ☐ ☐
    B型流感嗜血杆菌疾病 ☐ ☐
    甲肝 ☐ ☐
    乙肝 ☐ ☐
    HPV感染 ☐ ☐
    水痘 ☐ ☐
    流感 ☐ ☐
    肺结核 ☐ ☐
2. 是否能够支付免疫接种服务 ☐ ☐
3. 保险是否覆盖免疫接种服务 ☐ ☐
4. 保健服务者是否谈到疾病的症状和体征 ☐ ☐
5. 保健服务者的行为是否与疾病的发生有关（如抗生素的过度滥用） ☐ ☐
6. 常规的医疗干预是否有引发疾病的危险 ☐ ☐
7. 诊断和治疗服务是否容易获得 ☐ ☐
8. 保健服务者对患者的态度是否影响患者就医意愿 ☐ ☐

中英文专业词汇索引

PRECEDE(predisposing, reinforcing, and enabling constructs in educational diagnosis and evaluation) 35

PROCEED(policy regulatory and organizational constructs in educational and environmental development) 35

A

案例发现(case finding) 6

B

暴发调查(outbreak investigation) 30
比(ratio) 20
变革代理人(change agent) 7
病例对照研究(case-control study) 25
病死率(case fatality rate) 22

C

超额死亡率(excess mortality rate) 22
程序维度(process dimension) 9
重组家庭(blended family) 50
抽样调查(sampling survey) 23
传染性疾病(communicable diseases) 114
粗死亡率(crude death rate) 21

D

地段护理(district nursing) 3
地域性社区(geographic community) 2
动作技能(psychomotor) 37
队列研究(cohort study) 25

E

儿童国家免疫规划(National Immunization Program, NIP) 115
二级预防(secondary prevention) 9

F

发病率(incidence rate) 20
反思维度(reflective dimension) 9
非即时性队列研究(non-concurrent cohort study) 27
非随机对照试验(nonrandomized controlled trial) 27

分析性研究(analytical study) 25

G

干预轮(intervention wheel) 9
干预性研究(intervention study) 27
感知(perceptual) 37
个案管理者(case manager) 5
个案选择(case selection) 45
个人之间的暴力(interpersonal violence) 111
个体层面的实践(individual-level practice) 10
个体匹配(individual matching) 26
公共(public) 3
工作氛围(workplace climate) 89
共同利益性社区(common-interest community) 2
构成比(proportion) 20
故意自我伤害(deliberate self-injury) 110
国家免疫规划(National Immunization Program) 115
过程评价(process evaluation) 39

H

合作性(collaboration) 4
合作者(collaborator) 6
核心家庭(nuclear family) 50
横断面调查(cross-sectional study) 22
护理个案管理(nursing case management) 41
护理维度(dimension of nursing) 9
患病率(prevalence rate) 20

J

基于社区的护理(community-based nursing) 3
即时性队列研究(concurrent cohort study) 26
集团暴力(collective violence) 111
技能维度(skills dimension) 9
家庭(family) 49
家庭/伴侣之间的暴力(family/partner violence) 111
家庭动态(family dynamics) 55
家庭访视(home visit) 59
家庭功能(family function) 51
家庭互动(family interactions) 72
家庭结构(family structure) 49

家庭生命周期（family life cycle）53
假阳性率（false positive proportion）24
假阴性率（false negative rate）24
健康保健维度（dimension of health care）9
健康促进（health promotion）32
健康教育（health education）36
健康素养（health literacy）37
健康体系维度（health system dimension）8
健康维度（dimension of health）8
健康问题解决性社区（community of solution）2
健康信念模式（health belief model，HBM）34
健康照顾功能（health care function）52
角色榜样（role model）5
教育者（educator）5
结局（outcome）27
结局评价（outcome evaluation）39
经济功能（economic function）51

K

康复训练（rehabilitation training）5
康复训练者（rehabilitation trainer）6
跨性别者（transgender）78
扩大免疫规划（expanded program on immunization，EPI）115

L

累积死亡率（cumulative death rate）22
历史性队列研究（historical cohort study）27
连续性（continuity）4
联络者（liaison）6
联盟建设者（coalition builder）7
灵敏度（sensitivity）24
领导力（leadership）7
领导者（leader）7
流行病学（epidemiology）19
率（rate）20
伦理维度（ethical dimension）9

M

慢性病（chronic diseases）97
描述性研究（descriptive study）22
明尼苏达模式（Minnesota model）9

N

男同性恋者（gays）78
女同性恋者（lesbians）78

P

配对（pair matching）26

匹配（matching）26
频数匹配（frequency matching）26
普查（census）23

Q

前瞻性队列研究（prospective cohort study）26
情感（affective）37
情感功能（affective function）51
情感力量（emotional strengths）55

R

人际关系维度（interpersonal dimension）9
人为灾害（human-generated disasters）92
认知（cognitive）37
认知维度（cognitive dimension）9

S

三级预防（tertiary prevention）9
筛检（screening）23
社会暴力（social violence）110
社会互动技能（social interaction skill）37
社会化功能（socialization function）51
社会文化维度（sociocultural dimension）8
社会营销（social marketing）7，38
社会营销者（social marketer）7
社区（community）1
社区暴力（community violence）111
社区层面的实践（community-level practice）10
社区动员者（community mobilizer）7
社区赋权（community empowerment）38
社区干预性试验（community intervention trial）28
社区护理（community health nursing）3
社区卫生服务（community health service）13
生存率（survival rate）22
生命统计（bio-statistics）19
生态比较研究（ecological comparison study）25
生态趋势研究（ecological trend study）25
生态学研究（ecological study）25
生物维度（biophysical dimension）8
生殖功能（reproductive function）51
实验性研究（experimental study）27
世界卫生组织（World Health Organization，WHO）1
双向性队列研究（ambispective cohort study）27
双性恋者（bisexuals）78
死亡率（mortality rate）21
似然比（likelihood ratio，LR）24
随机对照试验（randomized controlled trial，RCT）27

T

特异度（specificity）24
体系层面的实践（system-level practice）10

W

物理环境维度（physical environmental dimension）8
误诊率（fall-out rate）24

X

现场试验（field trial）28
现况调查（prevalence survey）22
效应（effect）27
效应评价（impact evaluation）39
协调者（coordinator）6
心理健康（mental health）102
心理维度（psychological dimension）8
新发传染病（emerging infectious diseases，EID）115
行为维度（behavioral dimension）8
形成评价（formative evaluation）39
性别焦虑症（gender dysphoria）79
性别认同障碍（gender identify disorder）79
学校卫生保健（school health care）84

Y

研究者（researcher）7
阳性似然比（positive likelihood ratio，+LR）24
药物/物质滥用（drug/substances abuse）106
一级预防（primary prevention）9
异性恋主义（heterosexism）80
阴性似然比（negative likelihood ratio，-LR）24
预测值（predictive value）24
约登指数（Youden's index）24
约会暴力（dating violence）111
孕傻（pregnant silly）69

Z

灾害（disaster）92
灾害护理（disaster nursing）92
照顾者（caregiver）5
针对自身的暴力（self-directed violence）110
真阳性率（true positive rate）24
真阴性率（true negative rate）24
政策倡导者（policy advocator）7
职业卫生（occupational health）88
重组家庭（blended family）50
转诊资源（referral resource）5
咨询者（counselor）5
自闭症谱系障碍（ASDs，autism spectrum disorders）102
自虐（self-abuse）110
自然灾害（natural disasters）92
自杀（suicide）110
自杀思想（suicidal ideation）110
自杀未遂（自杀企图 suicidal attempt）110
自主性（autonomy）4
总结评价（summative evaluation）39

主要参考文献

1. 林菊英. 社区护理. 2版. 北京：科学出版社，2006.
2. 刘素珍. 社区护理. 2版. 北京：人民卫生版社，2006.
3. 赵秋利. 社区护理学. 2版. 北京：人民卫生出版社，2007.
4. 李明子. 社区护理学. 北京：北京大学医学出版社，2006.
5. 李春玉. 社区护理学. 3版. 北京：人民卫生出版社，2012.
6. Mary Jo Clark. Community Health Nursing：Advocacy for Population Health. 5th Edition. Prentice Hall，2008.
7. Marcia Stanhope. Public Health Nursing：Population-Centered Health Care in the Community. Elsevier Inc，2007.
8. SmithBattle L，Diekemper M，Leander S. Moving upstream：Becoming a public health nurse, part 2. Public Health Nursing，2004，21（2）：95-102.
9. Bonaduce J. Reflections of a community health nurse (at heart). Home Health of Nurse，2009，27（3）：199-200.
10. Boyd L. Advanced practice nursing today. Registered Nurses Journal，2000，63（9）：57-62.
11. Tsai HM，Wang HH. Promotion of and reflections on the professional image of community health nurses. Hu Li Za Zhi，2009，56（4）：6-11.
12. Bedell JR，NL Cohen，Sullivan A. Case management：the current best practices and the next generation of innovation. Community Mental Health Journal，2000，36（2）：179-194.
13. Michaels C. Leading beyond traditional boundaries：a community nursing perspective. Nursing Administration Quarterly，1997，22（1）：30-37.
14. Williams DB. Population care management. What's in it for your organization? Nursing Case Management，2000，5（1）：1.
15. Cook R. Community nurse：the expanding role. British Journal of Community Nursing，2006，11（6）：241.
16. SmithBattle L，Diekemper M，Drake MA. Articulating the culture and tradition of community health nursing. Public Health Nursing，1999，16（3）：215-222.
17. Taggart L，Truesdale-Kennedy M，McIlfatrick S. The role of community nurses and residential staff in supporting women with intellectual disability to access breast screening services. Journal of Intellectual Disability Research，2011，55（1）：41-52.
18. Englebright J，Perlin J. The chief nurse executive role in large healthcare systems. Nursing Administration Quarterly，2008，32（3）：188-194.
19. Kneafsey R，Long AF，Ryan J. An exploration of the contribution of the community nurse to rehabilitation. Health and Social Care in the Community，2003，11（4）：321-328.
20. Berkowitz B，Dahl J，Guirl K，et al. Public health nursing leadership：A guide to managing the core functions. Washington，DC：American Nurses Association，2001.
21. Rattray T，Brunner W，Freestone J. A new spectrum of prevention：A model for public health

practice. Martinez CA: Contra Costa Health Services Public Health Division, 2002.
22. LeClerc CM, Doyon J, Gravelle D, et al. The autonomous-collaborative care model: meeting the future head on. Nursing leadership (Toronto, Ont.), 2008, 21 (2): 63-75.
23. Center for Health Improvement. Bringing policy change to your community [DB].http://www.healthpolicycoach.org/advocacy.asp?
24. Neoger BL, Thackeray R, Barnes MD, et al. Positioning social marketing as a planning process for health education. American Journal of Health Studies, 2003, 18 (2/3): 75-81.
25. Smith W. Social marketing: An evolving definition. American Journal of Health Behavior. 2000, 24: 7-11.
26. Maibach EW. Recreating communities to support active living: a new role for social marketing. American Journal of Health Promotion, 2003, 18 (1): 114-119.
27. Elaine LC, Toni CG. Nursing case management: from essentials to advanced practice applications. Mosby, 2005, 241-414.
28. 黄敬亨. 健康教育学. 3版. 上海：复旦大学出版社，2003.
29. 傅华. 社区卫生服务管理. 北京：北京大学医学出版社，2007.
30. 吕姿之. 健康教育与健康促进. 2版. 北京：北京大学医学出版社，2002.
31. 吕姿之. 健康教育与健康促进. 北京：北京大学医学出版社，1998.
32. 郑修霞. 社区护理学导论. 北京：北京大学医学出版社，2007.
33. 吴莉莉. 社区护理. 北京：高等教育出版社，2003.
34. 黄晶，王志红. 个案管理护理模式. 解放军护理杂志，2003，20（6）：47-48.
35. 洪音，屠丽君，麻丽萍，等. 美国个案护理管理模式. 现代医院，2008，8（4）：155-156.
36. 冯正仪，王珏. 社区护理学. 北京：中国中医药出版社，2005.
37. Rothman KJ, Greenland S, Lash TL. Modern Epidemiology. Philadelphia: Lippincott Williams & Wilkins, 2008. 87-127.
38. Lundy KS, Janes S (Eds.). Community Health Nursing: Caring for the Public' Health, 2nd Edition. Boston, MA: Jones and Bartlett, Publishers. 2009: 100-119.
39. 谭红专. 现代流行病学. 北京：人民卫生出版社，2008.
40. 沈洪兵，齐秀英. 流行病学. 北京：人民卫生出版社，2013.
41. 詹思延. 流行病学. 7版. 北京：人民卫生出版社，2014.
42. 王家良. 循证医学. 2版. 北京：人民卫生出版社，2010.
43. 梁赤波，王晓红，叶学英. 产后家庭访视质量标准的制订与应用. 护理学杂志，2013，28（10）：3-6.
44. 李伟忠. 影响家庭访视的问题及对策. 吉林医学，2013，34（3）：586-587.
45. 张爱迪，王潇，严谨. 医院延伸服务的研究进展. 护理学杂志，2014，29（22）：95-96.
46. 刘靖，王伊欢. 同性恋者身份认同研究综述. 中国农业大学学报，2011，28（1）：131-138.
47. 黄惟清. 社区护理学. 北京：人民卫生出版社，2004.
48. 冯正义. 社区护理. 上海：复旦大学出版社，2003.
49. 陈先华. 社区护理（涉外护理专业用）. 北京：高等教育出版社，2005.
50. 杨秉辉. 社区常见健康问题. 北京：人民卫生出版社，2006.
51. 刘纯艳. 社区护理学. 北京：清华大学出版社，2007.
52. 李明子，黄惟清. 社区护理学. 北京：北京大学医学出版社，2008.
53. 孙建萍. 老年护理学. 2版. 北京：人民卫生出版社，2008.
54. 化前珍. 老年护理学. 3版. 北京：人民卫生出版社，2012.

55. 殷磊．老年护理学．北京：人民卫生出版社，2003．
56. 李宁．护理诊断手册．北京：科学技术文献出版社，2001．
57. 林国荣，王炜，陈秀英，等．社区老年人认知功能调查分析．社区医学杂志，2006，4（1）：1-3．
58. 崔炎．儿科护理学．4版．北京：人民卫生出版社，2006．
59. 杨锡强，易著文．儿科学．6版．北京：人民卫生出版社，2006．
60. 金宏义．重点人群保健．北京：人民卫生出版社，2005．
61. 洪戴玲．儿科护理学．北京：北京大学医学出版社，2004．
62. 黄力毅．儿科护理学．北京：人民卫生出版社，2004．
63. Monts R．Men don't seek treatment for depression. Community Health Forum. 2002，3（5）：53．
64. Mussolino ME，Looker AC，Orwoll ES. Jogging and bone mineral density in men：results from NHANES III．American Journal of Public Health，2001，91（7）：1056-1059．
65. Huey FL. Global impact of innovations on chronic disease in the genomics era .The Pfizer Journal，2001，11（2）：13．
66. Division of Cancer Prevention and Control，National Center for Chronic Disease Prevention and Health Promotion. Cancer survivorship-United States，1971-2001. Morbidity and Mortality Weekly Report，2004，53（526）：528-529．
67. Shepherd AJ. An overview of osteoporosis. Alternative Therapies in Health and Medicine，2004，10（2）：26-33；quiz 34，92．
68. Alan Guttmacher Institute. In their own right：Addressing the sexual and reproductive health of American men. Retrieved September 18，2005，form http：//www.guttmacher.org/pubs/summaries/exs_men.html．
69. 远志，赵洪，赵涛．男性卫生与保健．福州：福建科学技术出版社，1988．
70. 邓艳霞．湖南省中学生吸烟现状及影响因素分析．长沙：中南大学，2007．
71. 盛慧强，洪艳．电离辐射对男性生育力的影响．医学研究杂志，2014，43（9）：155-158．
72. 汪泽兴，管晓翔．BRCA2相关男性乳腺癌的生物学特性．癌症进展，2013，11（1）：8-11．
73. 徐明娜．老年男性骨质疏松与颈动脉粥样硬化的相关性研究．长春：吉林大学，2013．
74. 何路明．社区护理．上海：同济大学出版社，2007．
75. 李小妹．护理学导论．2版．北京：人民卫生出版社出版，2006．
76. Wight RG，Liblanc AJ，de Vries B，et al. Stress and mental health among midlife and older gay-identified men．American Journal of Public Health，2012，102：503-510．
77. Singh D，Fine DN，Marrazzo JM. Chlamydia trachomatis infection among women reporting sexual activity with women screened in family planning clinics in the Pacific northwest.American Journal of Public Health，2011，101：1284-1290．
78. Kim HJ，Fredriksen-Goldsen KI. Hispanic lesbians and bisexual women at heightened risk for health disparities．American Journal of Public Health，2012，102：e9-e15．
79. Conron KJ，Scott G，Landers SJ. Transgender health in Massachusetts：Results from a household probability sample of adults．American Journal of Public Health，2012，1021：118-112．
80. Mutchler MG，Mckay T，McDavitt B，et al. Using peer ethography to address health disparities among urban black and Latino men who have sex with men. American Journal of Public Health，2013，103：849-852．
81. Eaton LA，Cherry C，Cain D，et al. A novel approach to prevention for at-risk HIV-negative men who have sex with men：Creating a teachable moment to promote informed sexual decision-

making. American Journal of Public Health, 2011, 101: 539-545.
82. Kelvin EA, Mantell JE, Candelario N, et al. Off-label use of the female for anal intercourse in New York City. American Journal of Public Health, 2011, 101: 2233-2234.
83. Rozsa M. Crystal meth and its use among gay men. Retrieved from Http://www.addictionpro.com/print/article/crystal-meth-and-its-use-among-gay-men.
84. Parsons JT, Kowalczyk WJ, Botsko M, et al. Aggregated versus day level association between methamphetamine use and HIV medication non-adherence among gay and bisexual men. AIDS Behavior, 2013, 17: 1478-1487.
85. Sanchez-Ponte A, Marti E, Rubio J, et al. Illegal injection of industrial silicone oil for breast augmentation: Risks, solutions, and results. The Breast Journal, 2012, 18: 174-176.
86. Finlayson TJ, Le B, Smith A, et al. HIV risk, prevention, and testing behaviors among men who have sex with men-National HIV Behavioral Surveillance Systems, 21 U.S. Cities, United States, 2008.Morbidity and Mortality Weekly Report, 60 (SS-14): 1-34.
87. Hull HF, Ambrose CS. The impact of school-located influenza vaccination programs on student absenteeism: a review of the U.S. literature. Journal of School Nursing, 2011, 27 (1): 34-42.
88. Johnson KH, Bergren MD. Meaningful use of school health data. Journal of School Nursing, 2011, 27 (2): 102-110.
89. Barnes M, Courtney MD, Pratt J, et al. School-based youth health nurses: roles, responsibilities, challenges, and rewards. Public Health Nursing, 2004, 21 (4): 316-322.
90. Clendon J, White G. The feasibility of a nurse practitioner-led primary health care clinic in a school setting: a community needs analysis. Journal of Advanced Nursing, 2001, 34 (2): 171-178.
91. Magalnick H, Mazyck D. Role of the school nurse in providing school health services. American Academy of Pediatrics, 2008, 121 (5): 1052-1056.
92. Luthy KE, Thorpe A, Dymock LC, et al. Evaluation of an intervention program to increase immunization compliance among school children. Journal of School Nursing, 2011, 27 (4): 252-257.
93. 李映兰. 社区护理学. 长沙：中南大学出版社, 2008.
94. 何国平. 卫生保健. 2版. 北京：高等教育出版社, 2007.
95. 何国平. 实用社区护理. 北京：人民卫生出版社, 2002.
96. 张明岛. 医学心理学. 上海：上海科学技术出版社, 1997.
97. 傅华. 社区预防与保健. 北京：人民卫生出版社, 2000.
98. 陈锦治, 朱志宁. 卫生保健. 广州：广东人民出版社, 2001.
99. 包家明. 护理健康教育与健康促进. 杭州：浙江大学出版, 2008.
100. Karasek R. The stress-disequilibrium theory: chronic disease development, low social control, and physiological de-regulation. Medicina del Lavoro, 2006, 97 (2): 258-271.
101. Siegrist J, Starke D, Chandola T, et al. The measurement of effort-reward imbalance at work: European comparisons. Social Science Medicine, 2004, 58 (8): 1483-1499.
102. Bauer JE, Hyland A, Li Q, et al. A longitudinal assessment of the impact of smoke-free worksite policies on tobacco use. American Journal of Public Health, 2005, 95 (6): 1024-1029.
103. Boden LI. Running on empty: families, time, and workplace injuries. American Journal of Public Health, 2005, 95 (11): 1894-1897.
104. Burke MJ, Sarpy SA, Smith-Crowe K, et al. Relative effectiveness of worker safety and health

training methods. American Journal of Public Health, 2006, 96 (2): 315-324.

105. Centers for Disease Control and prevention. Healthy people data. Retrieved September 6, 2005, from http://wonder, cdc.gov/data2010.

106. Katz DL, O'Connell M, Yeh MC, et al. Public health strategies for preventing and controlling overweight and obesity in school and worksite settings: a report on recommendations of the Task Force on Community Preventive Services. Morbidity and Mortality Weekly Report, 2005, 54 (RR-10): 1-12.

107. Kim GS, Cho WJ, Lee CY, et al. The relationship of work stress and family stress to the self-rated health of women employed in the industrial sector in Korea. Public Health Nursing, 2005, 22 (5): 389-397.

108. Melchior M, Krieger N, Kawachi I, et al. Work factors and occupational class disparities in sickness absence: findings from the GAZEL cohort study. American Journal of Public Health, 2005, 95 (7): 1206-1212.

109. Fatal injuries among volunteer workers--United States, 1993-2002. MMWR Morbidity and Mortality Weekly Report, 2005, 54 (30): 744-747.

110. Grayson D, Dale AM, Bohr P, et al. Ergonomic evaluation: part of a treatment protocol for musculoskeletal injuries. AAOHN Journal, 2005, 53 (10): 450-457; quiz 458-459.

111. Goetzel RZ, Anderson DR, Whitmer RW, et al. The relationship between modifiable health risks and health care expenditures. An analysis of the multi-employer HERO health risk and cost database. Journal of Occupational and Environmental Medicine, 1998, 40 (10): 843-854.

112. O'Donnell M. Building health promotion into the national agenda: Washington, DC, February 14-16, 2001; a call to action. Ameerican Journal of Health Promotion, 2000, 14 (5): 4-6.

113. 王保真. 医疗保障. 北京: 人民卫生出版社, 2005.

114. 黄琏华. 公共卫生护理概论. 北京: 科学技术文献出版社, 1999.

115. 戴俊明. 职业紧张评估方法与早期健康效应. 上海: 复旦大学出版社, 2008.

116. 金泰廙. 职业卫生与职业医学. 6版. 北京: 人民卫生出版社, 2007.

117. WHO. The workplace: a priority setting for health promotion (EB/OL). [2011-11-27]. http://www.who.int/occupational_health/topics/workplace/en/.

118. WHO. Jakarta statement on healthy workplaces (EB/OL). (1997-07-21) [2011-11-27]. http://www.who.int/healthpromotion/.

119. 李霜, 李涛, 李朝林. 赋权理论在工作场所健康促进领域应用现状及展望. 中国职业医学. 2012, 2 (39): 166-169.

120. 梁万年. 卫生事业管理学. 2版. 北京: 人民卫生出版社, 2007.

121. 米歇尔·P·奥唐奈. 工作场所健康促进. 3版. 北京: 化学工业出版社, 2009.

122. Songer T. Epidemiology of Disaster.http://www.pitt.edu/AF-Shome/e/p/epi2170/public/html/lecture 15/sld001.htm.

123. Jonkman SN, van Gelder PH, Vrijling JK. An overview of quantitative risk measures for loss of life and economic damage. Journal of Hazardous Materials, 2003, 99 (1): 1-30.

124. American Psychiatric Association. Epidemiology.http://www.psych.org/disaster/dpc-epidemiology.cfm.

125. Garvin JH, Martin KS, Stassen DL, et al. The Omaha System. Coded data that describe patient care. Journal of AHIMA, 2008, 79 (3): 44-49; quiz 51-52.

126. Langan, JC, James DC. Preparing nurses for disaster management. Upper Saddle River, NJ:

Person Prentice Hall, 2005.
127. International Federation of Red Cross and Red Crescent Societies. World Disasters Report, 1998.
128. Vrijling JK, Gender PHAJM. An analysis of the evaluation of a human life, in: M.P. Cottam, D.W. Harvey, R.P. Page, J.Tait, ESREL2000-Foresight and precaution, vol1, Edin-burgh, Scotland, UK, 2000.197-200.
129. Bowles DS, Anderson LR, Evelyn JB, et al. Alamo dam demonstration risk assessment, ASDSO meeting. http://www.engineering.usu.edu/uwr/www/faculty/DSB/alamo.html, 1999.
130. Tengs TO, Adams ME, Pliskin JS, et al. Five-hundred live saving interventions and their cost effectiveness. Risk Analysis, 1995, 15 (3): 369-390.
131. Lind N. Tolerable risk, safety, risk and reliability-trends in engineering. Malta, 2001.
132. Nathwani JS, Lind NC, Pandey MD. Affordable safety by choice: The life quality method. Institute for risk research, University of Waterloo, Canada, 1997.
133. Jennifer H, Karen S, Debee L, et al. The Omaha system code date that describe patient care. Journal of AHIMA, 2008, 79 (3): 44-49.
134. 戴晓阳. 护理心理学. 北京: 人民卫生出版社, 1999.
135. 廖文科. 日本学校卫生保健工作概况. 中国学校卫生, 2001, 22 (2): 100-101.
136. 许景灿, 郭巧红, 任小红. 灾害护理学的发展现状和展望. 护理研究, 2010, 24 (3B): 659-661.
137. 张晓春. 世界灾害护理学会成立. 中华护理杂志, 2008, 43 (11): 990.
138. 谭红专. 灾害流行病学的研究进展与发展趋势. 疾病控制杂志, 2006, 10 (4): 395-399.
139. 南裕子, 渡边智慧, 张晓春, 等. 日本灾害护理学的发展与现状. 中华护理杂志, 2005, 40 (4): 263-265.
140. 李春玉. 社区护理实践指南. 北京: 中国协和医科大学出版社, 2004.
141. 杨晓媛. 灾害护理学. 北京: 军事医学科学出版社, 2009.
142. 姜丽萍. 社区护理学. 3版. 北京: 人民卫生出版社, 2014.
143. 谢日华, 张琳琳. 社区护理学. 北京: 北京大学医学出版社, 2012.
144. 代亚丽. 社区护理学. 北京: 科学出版社, 2014.
145. 何国平, 赵秋利. 社区护理理论与实践. 北京: 人民卫生出版社, 2012.
146. 傅华. 预防医学. 5版. 北京: 人民卫生出版社, 2008.
147. 杨民. 日本中小学的学校卫生保健工作. 教育科学, 2009, 25 (6): 89-93.
148. 柳琴, 张银玲, 曹宝华. 詹宁斯灾害护理管理模式的介绍与启示. 护士进修杂志, 2015, 30 (4): 318-320.
149. 崔留欣, 刘国华. 预防医学. 北京: 人民军医出版社, 2005.
150. 赵生秀, 李晓芳. 高原灾害护理发展现状. 中华灾害救援医学, 2014, 2 (12): 604-606.
151. 郑建慧. 日本灾害护理教育和分级管理的体制与启示. 中国急救复苏与灾害医学杂志, 2012, 7 (12): 1142-1143.
152. 海英, 张敏婕, 贝品联, 等. 上海市普陀区2012年学校卫生保健人员配置情况调查. 上海预防医学, 2013, 25 (11): 640-642.
153. 刘雪琴, 谭晓青. 奥马哈系统的发展及在护理领域中的应用. 中华护理杂志, 2010, 45 (4): 369-371.
154. 巩玉秀. 社区护理学. 北京: 人民卫生出版社, 2008.
155. 刘晓虹. 社区精神卫生护理. 北京: 北京大学医学出版社, 2007.
156. 左月燃. 社区护理. 北京: 高等教育出版社, 2005.

157. Riolo SA, Nguyen TA, Greden JF, et al. Prevalence of depression by race/ethnicity: findings from the National Health and Nutrition Examination Survey III. American Journal of Public Health, 2005, 95 (6): 998-1000.
158. Peden AR, Rayens MK, Hall LA, et al. Testing an intervention to reduce negative thinking, depressive symptoms, and chronic stressors in low-income single mothers. Journal of Nursing Scholarship, 2005, 37 (3): 268-274.
159. Frangou S, Murray RM. Schizophrenia. 2nd ed. London: Martin Dunitz, 2000.
160. Keltner NL. Genomic influences on schizophrenia-related neurotransmitter systems. Journal of Nursing Scholarship, 2005, 37 (4): 322-328.
161. Zierold KM, Knobeloch L, Anderson H. Prevalence of chronic diseases in adults exposed to arsenic-contaminated drinking water. American Journal of Public Health, 2004, 94 (11): 1936-1937.
162. Serious psychological distress among persons with diabetes--New York City, 2003. Morbidity and Mortality Weekly Report, 2004, 53 (46): 1089-1092.
163. Kelder SH, Murray NG, Orpinas P, et al. Depression and substance use in minority middle-school students. Am J Public Health, 2001, 91 (5): 761-766.
164. Mental health in the United States: health risk behaviors and conditions among persons with depression--new Mexico, 2003. Morbidity and Mortality Weekly Report, 2005, 54 (39): 989-991.
165. Turcu A, Toubin S, Mourey F, et al. Falls and depression in older people. Gerontology, 2004, 50 (5): 303-308.
166. Lu L, Fang Y, Wang X. Drug abuse in China: past, present and future. Cell Mol Neurobiol, 2008, 28 (4): 479-490.
167. Bao YP, Liu ZM, Lu L. Review of HIV and HCV infection among drug users in China. Curr Opin Psychiatry, 2010, 23: 187-194.
168. Nelson PK, Mathers BM, Cowie B, et al. Global epidemiology of hepatitis B and hepatitis C in people who inject drugs: results of systematic reviews. Lancet, 2011, 378 (9791): 571-583.
169. Yang C, Latkin C, Luan R, et al. HIV, syphilis, hepatitis C and risk behaviours among commercial sex male clients in Sichuan province, China. Sex Transm Infect, 2010, 86 (7): 559-564.
170. Ministry of Health of the People's Republic of China. 2012 China AIDS Response Progress Report. Beijing: Ministry of Public Security, 2012.
171. Darke S, Ross J, Teesson M, et al. Factors associated with 12 months continuous heroin abstinence: findings from the Australian Treatment Outcome Study (ATOS). J Subst Abuse Treat, 2005, 28 (3): 255-263.
172. UNODC, World Drug Report 2010. Vienna: United Nations, 2010.
173. Li J, Ha TH, Zhang C, et al. The Chinese government's response to drug use and HIV/AIDS: a review of policies and programs. Harm Reduct J, 2010, 7: 4.
174. 王秀兰, 谢苗荣, 张淑文译. 临床药物治疗学: 物质滥用. 北京: 人民卫生出版社, 2007.
175. 王增珍. 成瘾行为心理治疗——操作指南与案例. 北京: 人民卫生出版社, 2012.
176. 施红辉, 李荣文, 蔡燕强. 毒品成瘾矫治概论. 北京: 科学出版社, 2009.
177. 崔敏. 毒品犯罪发展趋势与遏制对策. 北京: 警官教育出版社, 1999.
178. 梁赤波, 王晓红, 叶学英. 产后家庭访视质量标准的制订与应用. 护理学杂志, 2013, 28 (10): 3-6.
179. 杨绍基. 传染病学. 北京: 人民卫生出版社, 2006.